Monograms & Decorations From the Art Nouveau Period

Edited by
Wilhelm Diebener

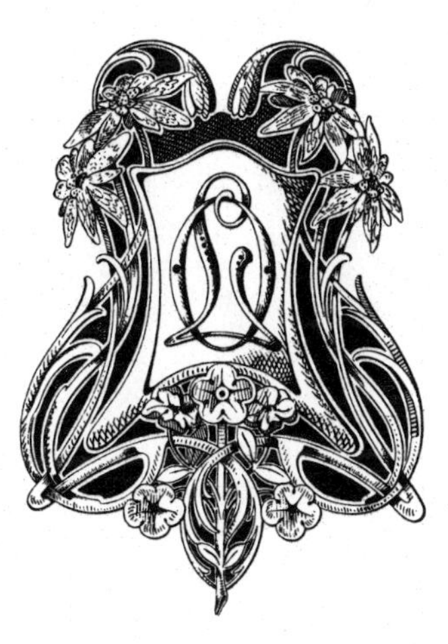

Dover Publications, Inc.
New York

Published in Canada by General Publishing Company, Ltd., 30 Lesmill Road, Don Mills, Toronto, Ontario.
Published in the United Kingdom by Constable and Company, Ltd., 10 Orange Street, London WC2H 7EG.

This Dover edition, first published in 1982, contains all the plates from the sixth edition, 1911, of the work *Monogramme und Dekorationen*, published by the Verlag von Wilhelm Diebener, Leipzig. The original German introductory matter has been abridged and adapted in the Publisher's Note, Index of Monograms and captions of the present edition.

DOVER *Pictorial Archive* SERIES

Manufactured in the United States of America
Dover Publications, Inc.
31 East 2nd Street
Mineola, N.Y. 11501

Library of Congress Cataloging in Publication Data

Monogramme und Dekorationen. English.
Monograms and decorations from the Art Nouveau period.

Translation of: Monogramme und Dekorationen.
Includes index.
1. Monograms. 2. Decoration and ornament—Art Nouveau.
I. Diebener, Wilhelm, d. 1922. II. Title.
NK3640.M713 1982 745.6'1 82-7426
ISBN 0-486-24347-8 AACR2

Publisher's Note

Shortly after 1900, at the height of the Art Nouveau period, the publisher Wilhelm Diebener, long associated with the interests of German jewelers and goldsmiths, issued the first edition of these monograms, which he considered especially suitable for engraving on precious metals. The book was so successful among commercial artists and craftsmen in *all* fields of endeavor that it quickly went through many editions. This present Dover volume contains all the plates from the enlarged sixth edition.

The designs for Diebener's collection were contributed by eight eminent leaders in the German industrial arts: E. Doepler, Gustav Gessner, R. Langner, Ewald Menzel, Robert Neubert, Georg Wastian, Bernhard Wenig and—above all—Peter Behrens (1868–1940), who was at the time director of the Industrial Art School in Düsseldorf, and shortly afterward became chief designer and architect for the huge AEG electrical firm and generally one of the outstanding twentieth-century German architect/designers.

The book is divided into several sections. Plates 1 through 78 contain monograms with five different period flavors: Renaissance (e.g., design AA-1; all examples quoted here are on Plate 1), Louis XV (e.g., design AB-2), Louis XIV (combining one Renaissance and one Louis XV letter; e.g., design AB-3), English (e.g., design AA-5) and Art Nouveau (e.g., design AA-11). Plates 79–103 and 104–111, respectively, comprise two more sets of monograms—all Art Nouveau. Interspersed with these monograms is a useful selection of symbols of trades and organizations, along with other design suggestions. Plates 112 through 120 contain miscellaneous decorative elements, and the last sixteen plates contain a number of useful alphabets.

The Index of Monograms that follows makes it easy to find all the combinations in the book.

Index of Monograms

THE BOLDFACE NUMBERS ARE THOSE OF THE PLATES, THE OTHERS THOSE OF THE INDIVIDUAL MONOGRAMS ON THE PLATES.

AA **1,** 1. 4. 5. 6. 11. **79,** 1. 11. **93,** 29.
AB **1,** 2. 3. 8. 14. 16. 18. **79,** 2. 12. **103.** 25. **111,** 23.
AC **1,** 7. 9 12. 19. 20. **79,** 3. 13. **110,** 18.
AD **1,** 10. 13. 15. 17. 21. 22. **79,** 4. 14. **89,** 26.
AE **2,** 1. 6. 7. 14. 21. **79,** 5. 15. **110,** 21.
AF **2,** 2. 4. 11. 18. 19. **79,** 6. 16. 21. **85,** 27. **89,** 27.
AG **2,** 10. 13. 15. 17. 20. **30,** 2. **79,** 7. 17. **80,** 24. **110,** 6. **111,** 1.
AH **2,** 5. 8. 9. 22. 23. **79,** 8. 18. 22. **82,** 26. **97,** 17.
AJ **3,** 1. 2. 3. 14. 16. **79,** 9. 19.
AK **3,** 4. 5. 6. 8. 9. **79,** 10, 20.
AL **3,** 10. 11. 13. 15. 17. 18. **44,** 5. **80,** 1. 11. **108,** 1.
AM **4,** 1. 5. 11. 12. 19. 21. **80,** 2. 12. **91,** 28. **110,** 8.
AN **4,** 2. 3. 4. 9. 14. **80,** 3. 13. **107,** 16.
AO **4,** 6. 7. 8. 10. 13. 15. 16. 17. 18. 20. 21. **54,** 1. **80,** 4. 14. **85,** 30. **111,** 24.
AP **5,** 1. 2. 3. 4. 17. **80,** 5. 15. 28. **83,** 29. **96,** 20.
AQ **5,** 5. 6. 7. 8. 18.
AR **5,** 9. 11. 13. 15. 19. **80,** 6. 16. **81,** 26. **84,** 30. **86,** 29.
AS **5,** 10. 12, 14. 16. 20. **62,** 15. **80,** 7. 17. 23. **81,** 24. **82,** 25. **83,** 27.
AT **6,** 2. 3. 8. 15. 20. **80,** 8. 18.
AU **6,** 4. 5. 10. 16. 19. **68,** 2. **80,** 9. 19. **94,** 28. **98,** 24.
AV **6,** 6. 9. 11. 17. 18. **67,** 11. **70,** 8. **80,** 10. 20. **81,** 25. **85,** 29.
AW **6,** 1. 7. 12. 14. 21. 22. **67,** 13. **72,** 7. **81,** 1. 11. **104,** 1.
AX **7,** 1. 4. 7. 9. 14.
AY **7,** 2. 5. 6. 10. 11.
AZ **7,** 3. 8. 12. 13. 15. **76,** 2 **80,** 2. 12.
BA **1,** 16. **7,** 16. 17. **79,** 2. 12. **110,** 10.
BB **7,** 18. 19. 20. 21. 22. **81,** 3. 13.
BC **8,** 1. 3. 5. 6. 20. **81,** 4. 14.
BD **8,** 4. 7. 8. 9. 17. **81,** 5. 15.
BE **8,** 2. 10. 11. 15. 21. **21,** 13. **81,** 6. 16.
BF **8,** 12. 13. 14. 16. 18. 19. **81,** 7. 17.
BG **9,** 1. 2. 4. 5. 12. **81,** 8. 18. **99.** 17. **103,** 24.
BH **9,** 3. 6. 7. 8. 19. **81,** 9. 19. **107,** 17.
BJ **9,** 9. 11. 13. 15. 20. **81,** 10. 20. **83,** 25.
BK **9,** 14. 16. 17. 18. 21. **82,** 1, 11.
BL **10,** 1. 2. 4. 5. 18. **79,** 24. **81,** 23. **82,** 2. 12. 28. **108,** 2. **111,** 2.
BM **10,** 3. 6. 7. 9. 19. **82,** 3. 13.
BN **10,** 10. 11. 15. 16. 21. **82,** 4. 14.
BO **10,** 12. 13. 14. 17. 20. 22. **54.** 2. **82,** 5. 15.
BP **11,** 1. 2. 4. 5. 13. **82,** 6. 16. **90,** 28.
BQ Interlacing *BO*. For representation of *Q* see plate 5 *AQ*.
BR **11,** 3. 6. 8. 9. 15. **82,** 7. 17.
BS **11,** 7. 10. 11. 16. 17. **82,** 8. 18. **107,** 11.
BT **11,** 12. 14. 18. 20. 21. 22. **82,** 9. 19. 22. **98,** 21.
BU **11,** 19. 23. 24. 25. 26. **82,** 10. 20.
BV **12,** 1. 2. 3. 4. 5. **70,** 10. **83,** 1. 13.
BW **12,** 6 7. 8. 9. 12. **72,** 9. **82,** 21. **83,** 2. 14. **105,** 8. **106,** 7. **107,** 6.
X, Y see plate 7 and 75.
BZ **12,** 10. 11. 13. 16. 17. **83,** 3. 15.
CA **1,** 9. 12. 19. 21. **12,** 15. 21. **79,** 3. 13. **110,** 18.
CB **8,** 3. **12.** 14. 18. 22. **81.** 4 14.
CC **12,** 20. 23. 24. 25. 26. **83,** 4. 16.
CD **13,** 1. 2. 4. 5. 17. **82,** 22. **83.** 5, 17.
CE **13,** 3. 6. 7. 8. 18. **83,** 6. 18. **93.** 30.
CF **13,** 9. 11. 13. 14. 20. **80,** 27. **83** 7. 19.
CG **13,** 12. 15. 16. 19. 21. **83,** 8. 20. **86,** 27. **89,** 28. **90,** 27. **97,** 19. **107,** 19.
CH **14,** 1. 2. 3. 4. 5. **83,** 9. 21.
CJ **14,** 6. 7. 8. 10. 12. **76** 7. **83,** 10. 22. **84,** 31.
CK **14,** 9. 11. 13. 15. 17. **83,** 11. 23.
CL **14,** 14. 18. 19. 21. 22. **83,** 12, 24. **108,** 3.
CM **14,** 20. 23. 24. 25. 26. **84,** 1. 13. 27.
CN **15,** 1. 2. 4. 5. 17. **84,** 2. 14.
CO **15,** 3. 6. 7. 8. 18. **54,** 5. **84,** 3. 15. **101,** 21. **111,** 3.
CP **15,** 9. 11. 13. 15. 20. **84,** 4, 16.
CQ Interlacing *CO*. For representation of *Q* see plate 5 *AQ*.
CR **15,** 12. 14. 16. 19. 21. **84,** 5. 17.
CS **16.** 1. 2. 3. 4. 5. **84,** 6. 18.
CT **16,** 6. 7. 8. 9. 10. **84,** 7. 19. **93,** 25.
CU **16,** 11. 12. 13. 15. 17. **84.** 8. 20.
CV **16.** 14. 18. 19. 21. 22. **70.** 14. **84,** 9. 21.
CW **16,** 20. 23. 24. 25. 26. **72,** 11. **84,** 10. 22.
X, Y see plate 7 and 75.
CZ **17.** 1. 2. 3. 4. 7. **76,** 5. **84,** 11. 23.
DA **1,** 13. 17. 21. **17,** 5. 8. **79,** 4. 14. **89,** 26.
DB **8,** 7. 17. **17,** 6. 9. **81,** 5. 15.
DC **13,** 1. 5. 17. **17,** 10. 11. **83.** 5. 17.
DD **17,** 12. 13. 15. 17. 19. **84,** 12. 24.
DE **17,** 14. 16. 20. 21. 22. **21,** 19. **85,** 1. 13
DF **17,** 23. 24. 25. 26. 27. **85,** 2. 14.
DG **17,** 28. 29. 30. 31. 32. **85,** 3. 15. 31.
DH **18,** 1. 2. 4. 5. 10. 17. **85,** 4. 16.
DJ **18,** 3. 6. 7. 8. 18. **85,** 5. 17. **102,** 29. **111,** 25.
DK **18,** 9. 11. 13. 14. 20. **85,** 6. 18. **92,** 26.
DL **18,** 12. 15. 16. 19. 21. **85,** 7. 19. **88,** 22. **95,** 17. 20. **100,** 20. **107,** 13. **108,** 4.
DM **19,** 1. 2. 3. 4. 5. **67.** 12. **85,** 8. 20.
DN **19,** 6. 7. 8. 9. 10. **85,** 9. 21.
DO **19,** 11. 12. 14. 16. 17. **54,** 6. **85,** 10. 22.
DP **19,** 15. 18. 19. 20. 21. **85,** 11. 23. **97,** 20.
DQ Interlacing *DO*. For representation of *Q* see plate 5 *AQ*.
DR **19,** 22. 23. 24. 25. 26. **85.** 12. 24. 26. 32. **88,** 26.
DS **20,** 1, 2, 4, 6, 18. **86,** 1. 13. **111,** 4. 17.
DT **20,** 3. 5. 8. 9. 19. **86,** 2. 14.
DU **20,** 10. 11. 14. 15. 21. **86,** 3. 15.
DV **20,** 13. 16. 17. 20. 22. **70,** 15. **86,** 4. 16. **105,** 2.
DW **21,** 1. 2. 3. 4. 7. **72,** 13. **73,** 17. **79,** 23. **86,** 5. 17. **88.** 25. **102,** 26. **110,** 17.
X, Y see plate 7 and 75.
DZ **21,** 5. 6. 8. 9. 10. **76,** 10. **86,** 6. 18. **99,** 25.
EA **2,** 21. **21,** 11. 12. 14. **79,** 5. 15. **110,** 21.
EB **8,** 10. 21. **21,** 13. 16. **80,** 21. **81.** 6, 16.
EC **13,** 7. **21,** 14. 15. **83,** 6. 18. **93,** 30.
ED **17,** 16. 22. **21,** 18. 19. **85,** 1. 13.
EE **21,** 20. 21. 22. 23. 24. 27. **86,** 7. 19.
EF **21,** 25. 26. 28. 29. **22,** 3. **86,** 8. 20.
EG **22,** 2. 4. 10. 11. 13. **86,** 9. 21. **107,** 15.
EH **22.** 5. 8. 12. 14. 18. **86,** 10. 22.
EJ **22,** 6 7. 15. 19. 20. **86,** 11. 23. **111,** 5.
EK **22,** 9. 16. 17. 21. 22. **86,** 12. 24.
EL **23,** 1. 2. 5. 8. 12. **87,** 1. 11. **108,** 5.
EM **23,** 3. 4. 6. 7. 10. **78,** 10. **87,** 2. 12.
EN **23,** 9. 11. 14. 18. 21. **87,** 3. 13.
EO **23,** 15. 16. 17. 22. 24. 25. **87,** 4. 14.
EP **23,** 19. 20. 23. **24,** 1. 4. **87,** 5. 15. 25.
EQ Interlacing *EO*. For representation of *Q* see plate 5 *AQ*.
ER **24,** 6. 9. 12. 16. 19. **87.** 6. 16.
ES **24,** 2. 3. 5. 7. 11. **87,** 7. 17.
ET **24,** 8. 13. 14. 17. 21. **85.** 25. **87,** 8. 18. 22.
EU **24,** 15. 18. 20. 22. 23. **87,** 9. 19.
EV **25,** 1. 2. 5. 6. 8. **70,** 16. **87.** 10. 20.
EW **25,** 3. 7. 9. 10. 12. 13. **87,** 21. **88,** 1. 11. **104,** 2. 3. 4. 6. 7. 8. 9. **105,** 5. 6. 7. 9. **106,** 4. 6, 9.
X, Y see plate 7 and 75.
EZ **25,** 4. 11. 14. 17. 21. **76,** 9. **88,** 2. 12.

FA **2**, 4. **25**, 16. 18. **79**, 6. 16. 21. **85**, 27. **89**, 27.
FB **8**, 12. 19. **25**, 15. 20. **81**, 7. 17. **87**, 27.
FC **13**, 9. 13. 14. 20. **25**. 22. 23. **80**, 27. **83**, 7. 19.
FD **17**, 23 26. **25**, 19. 24. **85**, 2. 14. **99**, 21.
FE **21**, 25. 26. **26**, 1. 10. **86**, 8. 20.
FF **26**, 2. 4. 6. 9. 11. **88**, 3. 13.
FG **26**, 5. 8. 12. 13. 20. **87**, 23. **88**, 4. 14. **99**, 24. **111**, 6.
FH **26**, 14. 15. 16. 19. 23. **88**, 5. 15.
FJ **26**, 3. 17. 18. 21. 22. **88**, 6. 16.
FK **27**, 1. 2. 3. 4. 7. **88**, 7. 17. **96**, 24. **107**, 12.
FL **27**, 5. 8. 9. 11. 13. **88**, 8. 18. **108**, 6.
FM **27**, 6. 10. 14 16. 17. **88**, 9. 19.
FN **27**, 12. 15. 18. 19. 20. **88**, 10. 20.
FO **28**, 1. 2. 3. 4. 5. **54**, 11. **89**, 1. 13.
FP **28**, 6. 7. 8. 10. 12. **81**, 21. **89**, 2. 14.
FQ Interlacing *FO*. For representation of *Q* see plate 5 *AQ*.
FR **28**, 9. 11. 13. 14. 16. **89**, **3**. **15**.
FS **28**, 17. 18. 19. 21. 22. **89**, **4**. **16**.
FT **28**, 15. 20. 23. 24. 25. 26. **89**, **5**. **17**.
FU **29**, 2. 7. 9. 19. 20. **89**, 6. 18.
FV **29**, 1. 4. 5. 14. 15. **70**, 19. **89**, 7. 19.
FW **29**, 6. 8. 10. 17. 18. **73**, **4**. **89**, 8. 20.
X, Y see plate 7 and 75.
FZ **29**, 11. 13. 16. 21. 22. **89**. 9. 21.
GA **2**, 10. 13. 17. **30**, 1. 2. **79**. 7. 17. **80**, 24. **110**, 6.
GB **9**, 1. **30**, 3. 5. **81**, 8. 18. **99**, 17. **103**. 20.
GC **13**, 12. **30**, 4. 7. **83**, 8. 20. **86**, 27. **89**, 28. **90**, 27. **97**, 19.
GD **17**, 29. **30**, 8. 9. **85**, 3. 15 31.
GE **22**, 2. 10. **30**, 6. 13. **86**, 9. 21. **107**, 15.
GF **26**, 5. 8. 20. **30**, 1. 12. **87**, 23. **88**, 4. 14. **99**, 24.
GG **30**, 10. 15. 16. 19. 21. **83**, 26. **89**, 10. 22.
GH **30**, 14. 18. 20. 22. 23. **34**, 21. **89**, 11. 23. 25.
GJ **31**, 1. 2. 3. 5. 23. **89**, 12. 24. **92**, 29. **95**, 18. 19. **101**, 19. **103**, 26.
GK **31**, 4. 7. 10. 12. 21. **90**, **1**. **13**.
GL **31**, 6. 13. 14. 16. 18. 25. **90**, 2. 14. **108**, 7.
GM **31**, 9. 11. 15. 22. 24. **90**, 3. 15. **91**, 27.
GN **31**, 17. 19. 20. 26. 27. **83**, 28. **90**, 4. 16. **98**, 18.
GO **32**, 1. 5. 6. 15. 19. **54**, 14. **90**, 5. 17. **102**, 25.
GP **32**, 2. 4. 7. 13. 22. **90**. 6. 18. **111**, 7.
GQ Interlacing *GO*. For representation of *Q* see plate 5 *AQ*.
GR **32**, 11. 14. 16. 18. 20. 21. **87**, 28. **90**. 7. 19. **97**, 27.
GS **32**, 3. 8. 9. 12. 17. **88**. 30. **90**, 8. 20. **91**, 23. **107**, 24.
GT **33**, 2. 3. 4. 11. 18. **90**, 9. 21. **97**, 21.
GU **33**, 1. 5. 7. 8. 19. **90**, 10. 22. **101**, 22.
GV **33**, 9. 12. 15. 16. 23. **70**, 20. **90**, 11. 23.
GW **33**, 6. 10. 14. 22. 26. **73**. 6. **88**, 31. **90**, 12. 24. **98**, 20. **107**, 21. **110**, 11.
X, Y see plate 7 and 75.
GZ **33**, 17. 20. 21. 24. 25. **91**, 1. 11. **92**, 22. **107**, 2. **110**, 22.
HA **2**, 5. 23. **34**, 1. 2. **79**, 8. 18. 22. **82**, 26. **97**, 17.
HB **9**, 7. 19. **34**, 3. 4. **81**, 9. 19. **95**, 21. **107**, 17.
HC **14**, 1. 2. 3. **34**, 5. 6. **83**, 9. 21.
HD **18**, 1. 17. **34**, 8. 16. **85**, 4. 16.
HE **22**, 5. 8. 12. 18. **34**, 7. 10. **86**, 10. 22.
HF **26**, 16. 19. **34**, 9. 13. **88**, 5. 15.
HG **30**, 14. 22. 23. **34**, 19. 21. **89**, 11. 23. 25. **106**. 1.
HH **34**, 11. 15. 20. 23. 25. **91**, 2. 12.
HJ **34**, 12. 14. 22. 24. 26. **91**, 3. 13.
HK **34**, 17. 18. 27. 28. 29. **90**, 30. **91**, **4**. **14**.
HL **35**, 1. 2. **4**. 5. 17. **91**, 5. 15. **103**, 19. **108**, 8.
HM **35**, 3. 6. 12. 13. 16. **81**, 27. **91**, 6. 16. **110**, 19.
HN **35**, 7. 8. 9. 15. 18. **91**, 7. 17.
HO **35**, 11. 14. 19. 20. 21. **54**, 17. **73**, 20. **91**, 8. 18. **97**, 18. **107**, 1. **110**, 20.
HP **36**, 1. 2. 3. 6. 9. **91**, 9. 19.
HQ Interlacing *HO*. For representation of *Q* see plate 5 *AQ*.
HR **36**, 7. 8. 10. 17. 18. **91**, 10. 20.
HS **36**, 4. 5. 12. 13. 16. **92**, 1. 11. 21. **97**, 22. **107**, 3. **110**, 14. **111**, 8.
HT **36**, 14. 15. 19. 20. 21. **92**, 2. 12. **96**, 18. 19. **110**, 5. 15.
HU **37**, 1. 2. 4 6. 7. **92**, 3. 13.
HV **37**, 3. 5. 8. 14. 17. **70**, 25. **92**, 4. 14.
HW **37**, 9. 10. 12. 18. **73**, 8. **92**, 5. 15.
X, Y see plate 7 and 75.
HZ **37**, 11. 13. 15. 16. 20. **76**, 16. **92**, 1, 16. **107**, 8.
JA **3**, 14. 16. **38**, 1. 2. **79**, 9. 19.
JB **9**, 9. 20. **38**, 3. 4. **81**, 10. 20. **83**, 25. **111**, 9.
JC **14**, 6. 8. 12. **38**, 6. 7. **83**, 10. 22. **84**, 31.
JD **18**, 7. 18. **38**, 8. 9. **85**, 5. 17. **102**, 29.
JE **22**, 6. 7. 15. **38**, 11. 15. **86**, 11. 23.
JF **26**, 3. 21. **38**, 5. 12. **88**, 6. 16.
JG **31**, 1. 23. **38**, 10. 14. **89**, 12. 24. **90**, 26. **92**, 29. **95**, 18. 19. **101**, 19. **103**, 26. **109**, 12.
JH **34**, 12. 22. **38**, 13. 18. **90**, 3. 13.
JJ **38**, 19. 20. 23. 24. 27. **92**, 7. 17.
JK **38**, 17. 21. 22. 25. 26. **92**, 8. 18.
JL **38**, 16. **39**, 1. 5. 7. 16. 21. **92**, 9. 19. **108**, 9.
JM **39**, 3. 6. 8. 9. 20. **92**, 10. 20. **98**, 25.
JN **39**, 2. 10. 11. 13. 17. **93**, 1. 13.
JO **39**, 12. 14. 16. 18. 24. **54**, 19. **93**. 2. 14.
JP **39**, 4. 15. 19. 22. 23. **93**. 3. 15. **98**, 26.
JQ Interlacing *JO*. For representation of *Q* see plate 5 *AQ*.
JR **40**, 1. 2. 4. 10. 22. **93**, 4. 16.
JS **37**, 19. **40**, 3. 7. 11. 13. 24. **93**, 5. 17. **99**, 18. **100**, 19. **107**, 4. **110** 3.
JT **40**, 5. 6. 9. 19. 26. **93**, 6. 18.
JU **40**, 8. 12. 16. 18. 23. **93** 7. 19.
JV **40**, 15. 17. 20. 21. 25. **71**, 2. **93**, 8. 20.
JW **41**, 1. 2. 7. 14. 31. **73**, 10. **93**, 9. 21.
X, Y see plate 7 and 75.
JZ **41**, 4. 9. 11. 15. 21. **76**, 19. **93**, 10. 22.
KA **3**, 8. **41**. 3. 6. **79**, 10. 20. **107**, 7. **110**, 9.
KB **9**, 18. **41**, 5. 8. **82**, 1. 11. **111**, 10.
KC **14**, 9. 11. 15. **41**, 10. 13. **83**, 11. 23.
KD **18**, 9. **41**, 12. 30. **85**, 6. 18. **92**, 26.
KE **22**, 9. 16. 21. **41**, 17. 18. **86**, 12. 24.
KF **27**, 2. **41**, 19. 32. **88**, 7. 17.
KG **31**, 4. 7. 12. 21. **41**, 16. 25. **90**, 1. 13.
KH **34**, 17. **41**. 23. 26. **90**, 30. **91**. 4. 14.
KJ **38**, 22. 25. **41**, 20. 27. **92**, 8. 18.
KK **41**, 22. 24. 28. 29. 33. **93**, 11. 23.
KL **42**, 2. 4. 10. 15. 17. **86**, 26. **93**, 12. 24. **108**, 10.
KM **42**, 3. 8. 9. 11. 14. **94**, 1. 13.
KN **42**. 1. 5. 7. 18. 21. **94**, 2. 14.
KO **42**, 13. 19. 22. 23. 26. **54**. 21. **94**, 3. 15.
KP **42**, 12. 16. 20. 24. 25. **88**, 27. **94**, 4. 16.
KQ Interlacing *KO*. For representation of *Q* see plate 5 *AQ*.
KR **43**, 2. 6. 10. 14. 24. **94**, 5. 17.
KS **43**, 1. 3. 4. 5. 20. **88**. 28. **94**, 6. 18.
KT **43**, 7. 8. 9. 13. 23. **94**, 7. 19. 29.
KU **43**, 11. 16. 17. 18. 25. **94**, 8. 20.
KV **43**, 12. 19. 21. 22. 26. **71**, 4. **94**, 9. 21.
KW **44**, 1. 2. 4. 19. 25. **73**, 11. **94**, 10. 22.
X, Y see plate 7 and 75.
KZ **44**, 3. 6. 8. 23. 27. **94**, 11. 23.
LA **3**, 10. 11. 17. **44**, 5. 10. **80**, 1. 11.
LB **10**, 1. 18. **44**. 9. 12. **79**, 24. **81**, 23. **82**, 2. 12. 22.
LC **14**, 18. 21. **44**, 11. 15. **83**, 12. 24.
LD **18**, 12. **44**. 13. 17. **85**, 7. 19. **88**, 22. **91**, 22. **95**, 17. 20. **100**, 20. **107**, 13.
LE **23**, 1. 2. 8. **44**, 7. 14. **87**, 1. 11.
LF **27**, 9. 11. **44**, 18. 24. **88**, 8. 18.
LG **31**, 13. 18. 25. **44**, 20. 21. **90**, 2. 14.
LH **35**, 1. 17. **44**. 16. 22. **91**, 5, 15. **103**, 19.
LJ **39**, 1. 21. **44**. 26. 28. **92**. 9. 19.
LK **42**, 15. 17. **45**, 1. 6. **86**, 26. **93**, 12. 24.
LL **45**, 2. 3. 4. 7. 15. **94**, 12. 24. **95**, 22. **108**, 11.
LM **45**, 5. 8. 10. 12. 21. **95**, 1. 9.
LN **45**, 9. 11. 14. 17. 20. **95**, 2. 10.
LO **45**, 13. 16. 18. 19. 22. 23. **54**, 22. **95**, 3. 11.
LP **46**, 1. 2. 6. 7. 9. **95**, 4. 12.
LQ Interlacing *LO*. For representation of *Q* see plate 5 *AQ*.
LR **46**, 3. 4. 5. 12. 15. **47**, 19. **86**, 30. **95**. 5. 13. **107**, 20. **111**, 11.
LS **46**, 8. 10. 14. 17. 18. **95**, 6. 14.
LT **46**, 11. 13. 16. 20. 21. **95**, 7. 15.
LU **47**, 1. 2. 4. 6. 17. **95**, 8. 16.
LV **47**, 3. 7. 9. 11. 12. **71**, 6. **96**, 1. 9.
LW **47**, 5. 10. 13. 16. 21. **73**, 16. **96**, 2. 10. **106**, 1.

X, Y see plate 7 and 75.

LZ **47**, 8. 14. 15. 18. 20. **76**, 21. **96**, 3. 11.

MA **4**, 1. 5. 19. **48**. 1. 2. **80**, 2. 12. **91**, 28. **110**, 8.

MB **10**, 7. 19. **48**, 3. 4. **82**, 3. 13. **106**, 3.

MC **14**, 20. 23. 24. 25. **48**, 5. 7. **84**, 1. 13. 27.

MD **19**, 1. 4. **48**, 6. 8. **67**, 12. **85**, 8. 20.

ME **23**, 3. 4. 6. **48**, 9. 10. **87**, 2. 12.

MF **27**, 6. 17. **48**. 12. 13. **88**, 9. 19.

MG **31**, 9. 15. 22. 24. **48**, 14. 15. **90**, 3. 15. **91**, 27.

MH **35**, 12. 13. **48**, 17. 20. **81**, 27., **91**, 6. 16. **106**, 8. **110**, 19.

MJ **39**, 3. 20. **48**, 18. 22. **92**, 10. 20. **98**, 25. **100**, 21.

MK **42**, 8. 14. **48**, 19. 25. **94**, 1. 13.

ML **45**, 5. 12. **48**, 23. 27. **95**, 1. 9. **109**, 1.

MM **48**, 16. 21. 24. 26. 28. **96**, 4. 12.

MN **49**, 1. 2. 4. 10. 13. **96**, 5. 13. **110**, 4.

MO **49**, 3. 6. 7. 14. 15. **54**, 7. 24. **96**, 6. 14. **98**, 23.

MP **49**, 5. 9. 17. 18. 19. 20. **96**, 7. 15. **106**, 5.

MQ Interlacing *MO*. For representation of *Q* see plate 5 *AQ*.

MR **49**, 8. 11. 12. 16. 21. **96**, 8. 16.

MS **50**, 1. 2. 3. 5. 13. **63**, 20. **93**, 28. **97**, 1. 9.

MT **50**, 4. 7. 17. 19. 20. **97**, 2. 10. **102**, 28. **110**, 1.

MU **50**, 6. 9. 11. 12. 15. **82**, 27. **91**, 26. **96**, 23. **97**, 3. 11. **98**, 27. **111**. 12.

MV **50**, 8. 10. 14. 18. 23. **71**, 9. **90**. 24. **97**, 4. 12.

MW **50**, 16. 21. 22. 24. 25. **73**, 13. **80**, 26. **93**, 26. **96**, 21. **97**, 5. 13. **99**, 22.

X, Y see plate 7 and 75.

MZ **51**, 1. 2. 3. 5. 7. **77**, 3. **97**, 6. 14.

NA **4**, 3. 9. 14. **51**, 4. 9. **80**, 3. 13. **107**, 16.

NB **10**, 10. 21. **51**, 6. 15. **82**, 4. 14.

NC **15**, 1. 2. 5. 17. **51**, 8. 11. **84**, 2. 14.

ND **19**, 6. 9. **51**, 10. 20. **85**, 9. 21.

NE **23**, 11. 18. 21. **51**, 12. 22. **87**, 3. 13.

NF **27**, 19. 20. **51**, 13. 14. **88**, 10. 20.

NG **31**, 17. 20. 26. 27. **51**, 16. 24. **83**, 28. **90**, 4. 16. **98**, 18.

NH **35**, 7. **51**, 19. 21. **91**, 7. 17.

NJ **39**, 11. 17. **51**, 18. 25. **93**, 1. 13. **111**, 13.

NK **42**, 1. 21. **51**, 23. 26. **94**, 2. 14.

NL **45**, 9. 17. 20. **51**, 27. 28. **95**, 2. 10. **109**, 2.

NM **49**, 1. 13. **51**, 29. 30. **96**, 5. 13. **110**, 4.

NN **52**, 1. 2. 3. 5. 14. **97**, 7. 15.

NO **52**, 4. 6. 10. 11. 16. **54**, 26. **97**, 8. 16.

NP **52**, 9. 13. 17. 18. 19. **98**, 1. 9.

NQ Interlacing *NO*. For representation of *Q* see plate 5 *AQ*.

NR **52**, 7. 8. 15. 20. 21. **98**, 2. 10.

NS **53**, 2. 3. 4. 6. 8. **63**, 22. **98**, 3. 11.

NT **53**, 1. 7. 11. 12. 28. **87**, 29. **98**, 4. 12.

NU **53**, 5. 9. 15. 17. 22. **98**, 5. 13.

NV **53**, 16. 19. 21. 24. 29. **71**, 12. **98**, 6. 14.

NW **53**, 10. 13. 20. 25. 27. **73**, 14. **98**, 7. 15.

X, Y see plate 7 and 75.

NZ **53**, 14. 18. 23. 26. 30. **77**, 8. **98**, 8. 16.

OA **4**, 7. 8. 13. 15. 16. 17. 18. 20. 21. **54**, 1. 4. **80**, 4. 14. **85**. 30. **111**, 24.

OB **10**, 12. 13. 22. **54**, 2. 3. **82**, 5. 15.

OC **15**, 7. 18. **54**, 5. 8. **84**, 3. 15. **101**, 21.

OD **19**, 14. 16. **54**, 6. 9. **85**, 10. 22.

OE **23**, 17. 24. **54**, 12. 13. **87**, 4. 14.

OF **28**, 1. 4. **54**, 10. 11. **89**, 1. 13.

OG **32**, 1. 6. 19. **54**. 14. 15. **90**, 5. 17. **102**, 25. **111**, 14.

OH **35**, 11. 19. 20. 21. **54**, 16. 17. **91**, 8. 18. **97**, 18. **107**, 1. **110**, 20.

OJ **39**, 12. 24. **54**, 18. 19. **93**, 2. 14.

OK **42**, 13. 22. 23. 26. **54**, 21. 23. **94**, 3. 15.

OL **45**, 16. 18. 23. **54**, 22. 25. **95**, 3. 11. **109**, 3.

OM **49**, 3. 6. 14. 15. **54**, 7. 20. 24. **96**, 6. 14. **98**, 23.

ON **52**, 4. 6. 10. 16. **54**, 26. 27. **97**, 8. 16.

OO **55**, 1. 3. 4. 5. 8. **99**, 1. 9.

OP **55**, 6. 7. 9. 11. 15. **99**, 2. 10.

OQ Interlacing *OO*. For representation of *Q* see plate 5 *AQ*.

OR **55**, 10. 12. 13. 14. 19. **61**, 4. **99**, 3. 11.

OS **55**, 2. 16. 17. 18. 21. **63**, 16. **98**, 17. **99**, 4. 12. **107**, 10. 22.

OT **56**, 1. 2. 6. 7. 10. **99**, 5. 13.

OU **56**, 3. 4. 5. 11. 23. **99**, 6. 14.

OV **56**, 9. 12. 14. 16. 24. **71**, 13. **99**, 7. 15.

OW **56**, 8. 18. 19. 22. 26. **74**, 5. **88**, 24. **99**, 8. 16. **107**, 18. 23. **110**. 2.

X, Y see plate 7 and 75.

OZ **56**, 15. 17. 20. 21. 25. **77**, 9. **100**, 1. 9.

PA **5**, 1. **57**, 1. 2. **80**, 5. 15. 28. **96**, 20.

PB **11**, 1. **57**, 3. 4. **82**, 6. 16. **90**, 28. **107**, 14. **110**, 7. 13.

PC **15**, 5. 9. **57**, 5. 6. **84**, 4. 16.

PD **19**, 18. 20. **57**, 8. 9. **85**, 11. 23. **97**, 20. **105**, 2. **107**, 5.

PE **23**, 19. **24**, 1. **57**, 10. 13. **87**, 5. 15. 25.

PF **28**, 6. 8. **57**, 7. 15. **89**, 2. 14.

PG **32**, 2. 22. **57**, 12. 18. **90**, 6. 18.

PH **36**, 6. **57**, 14. 16. **65**, 17. **91**, 9. 19.

PJ **39**, 19. 23. **57**, 17. 20. **93**, 3. 15. **98**, 26.

PK **42**, 16. 24. **57**, 19. 21. **88**, 27. **94**, 4. 16.

PL **46**, 1. 7. 9. **57**, 22. 25. **95**, 4. 12. **109**, 4.

PM **49**, 9. 17. 19. 20. **57**, 23. 27. **96**, 7. 15. **106**, 5.

PN **52**, 13. 17. 18. **57**, 24. 26. **98**, 1, 9.

PO **55**, 9. 11. 15. **57**, 28. 29. **99**, 2. 10.

PP **58**, 2. 3. 5. 8. 17. **100**, 2. 10.

PQ Interlacing *PO*. For representation of *Q* see plate 5 *AQ*.

PR **58**, 4. 6. 9. 11. 12. 21. **84**, 28. **100**, 3. 11. **107**, 9.

PS **58**, 1. 10. 13. 14. 18. **100**, 4. 12. **110**, 23.

PT **58**, 7. 15. 16. 19. 20. **100**, 5. 13.

PU **59**, 1. 2. 3. 6. 15. **100**, 6. 14.

PV **59**, 4. 5. 7. 8. 12. **71**, 15. **100**, 7. 15.

PW **59**, 9. 13. 14. 16. 19. **74**, 1. 6. **100**, 8. 16.

X, Y see plate 7 and 75.

PZ **59**, 11. 17. 18. 20. 21. **77**, 7. **101**, 1. 9. **111**, 15.

QQ, **5**, 5. 6. 7. 8. 18. **60**, 11.

Q Interlacing *O*. For representation of *Q* see plate 5 *AQ*.

QE, **60**, 11.

RA **5**, 11. **60**, 1. 2. **80**, 6. 16. **81**, 26. **84**, 30. **86**, 29.

RB **11**, 5. 6. **60**, 3. 4. **82**, 7. 17.

RC **15**, 12. 19. **60**, 5. 6. **84**, 5. 17.

RD **19**, 23. 25. **60**, 7. 9. **85**, 12. 24. 32. **88**, 26.

RE **24**, 6. 12. 19. **60**, 8. 10. **87**, 6. 16.

RF **28**, 14. **60**. 12. 15. **89**, 3. 15.

RG **32**, 14. 16. 21. **60**, 14. 17. **90**, 7. 19. 25. **97**, 27. **110**, 12.

RH **36**, 7. **60**, 13. 16. **91**, 10. 20.

RJ **40**, 1. 22. **60**, 18. 19. **93**, 4. 16.

RK **43**, 6. 24. **60**, 21. 22. **94**, 5. 17.

RL **46**, 4. 12. 15. **60**, 20. 23. **69**, 12. **81**, 22. **86**, 30. **91**, 25. **95**, 5. 13. **107**, 20. **109**, 5.

RM **49**, 16. **60**, 25. 26. **96**, 8. 16.

RN **52**, 20. 21. **61**, 1. 2. **98**, 2. 10.

RO **55**, 12. 13. 14. 19. **61**, 3. 4. **99**, 3. 11.

RP **58**, 12. 21. **61**, 5. 13. **84**, 28. **100**, 3. 11.

RQ Interlacing *RO*. For representation of *Q* see plate 5 *AQ*.

RR **61**, 6. 8. 11. 12. 16. **84**, 26. **101**, 2. 10. 18.

RS **61**, 7. 10. 14. 17. 18. **97**, 26. **101**, 3. 11. **104**, 5.

RT **61**, 9. 15. 23. 24. 25. **101**, 4. 12.

RU **61**, 19. 21. 22. 26. 27. **101**, 5. 13.

RV **62**, 1. 2. 3. 7. 8. **71**, 17. **101**. 6. 14.

RW **62**, 4. 5. 6. 11. 12. **74**, 8. **101**, 7. 15.

X, Y see plate 7 and 75.

RZ **62**, 10. 13. 14. 16. 20. **101**, 8. 16.

SA **5**, 10. 14. 20. **62**, 15. 17. **80**, 7. 17. 23. **81**, 24. **82**, 25. **83**. 27.

SB **11**, 7. **62**, 18. 19. **82**, 8. 18. **107**, 11.

SC **16**, 1. 4. **62**, 21. 22. **84**, 6. 18.

SD **20**, 1. 18. **63**, 1. 2. **86**, 1. 13. **111**, 17.

SE **24**, 3. **63**, 3. 5. **87**, 7. 17.

SF **28**, 18. 21. **63**, 4. 7. **89**, 4. 16.

SG **32**, 9. 17. **63**, 6. 14. **88**, 30. **90**, 8. 20. **91**, 23. **107**, 24.

SH **36**, 5. 12. **63**, 9. 19. **92**, 1. 11. **97**, 22. **110**, 14.

SJ **40**, 7. 24. **63**, 8. 13. **93**, 5. 17. **99**, 18. **100**, 19. **110**, 3.

SK **43**, 1. 20. **63**, 10. 15. **88**, 28. **94**, 6. 18.

SL **46**, 14. 17. 18. **63**, 12. 17. **95**, 6. 14. **109**, 6.

SM **50**, 2. 13. **63**, 18. 20. **93**, 28. **97**, 1. 9. **107**, 3.

SN 53, 2. 6. 8. 63, 22. 23. 98, 3. 11.

SO 55, 2. 18. 21. 63, 16. 21. 98, 17. 99, 4. 12. 107, 10.

SP 58, 13. 14. 64, 1. 11. 100, 4. 12. 110, 23.

SQ Interlacing *SO*. For representation of *Q* see plate 5 *AQ*.

SR 61, 14. 18. 64, 2. 13. 97, 26. 101, 3. 11. 104, 5. 111, 16.

SS 64, 3. 5. 6. 8. 22. 102, 1. 13.

ST 64, 4. 7. 12. 17. 24. 92, 27. 102, 2. 14.

SU 64, 9. 10. 15. 16. 18. 102, 3. 15.

SV 64, 14. 19. 20. 21. 25. 71, 20. 82, 24. 102, 4. 16.

SW 65, 1. 2. 3. 4. 16. 74, 12. 84, 25. 102, 5. 17. 110, 16.

X, Y see plate 7 and 75.

SZ 65, 5. 6. 8. 18. 22. 102, 6. 18.

TA 6, 3. 20. 65, 7. 10. 80, 8. 18.

TB 11, 12. 14. 22. 65, 9. 12. 82, 9. 19. 22. 98, 21. 111, 18.

TC 16, 6. 7. 8. 9. 65, 11. 13. 84, 7. 19. 93, 25.

TD 20, 5. 19. 65, 14. 15. 86, 2. 14.

TE 24, 8. 14. 65, 19. 20. 85, 25. 87, 8. 18. 22.

TF 28, 15. 23. 24. 65, 21. wie 66, 25. 89, 5. 17.

TG 33, 2. 18. 65, 23. 24. 90, 9. 21. 100, 22.

TH 36, 14. 21. 66, 1. 2. 92, 2. 12. 96, 18. 19. 110, 5. 15.

TJ 40, 5. 26. 66, 3. 6. 93, 6. 18. 105, 4. 111, 19.

TK 43, 7. 23. 66, 4. 5. 94, 7. 19. 29.

TL 46, 13. 20. 21. 66, 7. 9. 95, 7. 15. 100, 7. 109, 7.

TM 50, 17. 20. 66, 8. 11. 97, 2. 10. 102, 28. 110, 7.

TN 53, 11. 12. 28. 66, 10. 13. 87, 29. 98, 4. 12.

TO 56, 1. 7. 66, 14. 17. 99, 5. 13.

TP 58, 15. 16. 66, 15. 18. 100, 5. 13.

TQ Interlacing *TO*. For representation of *Q* see plate 5 *AQ*.

TR 61, 9. 23. 66, 16. 19. 101, 4. 12.

TS 64, 7. 17. 66, 24. 92, 27. 102, 2. 14.

TT 66, 20. 21. 22. 25. 26. 102, 7, 19.

TU 67, 1. 2. 6. 8. 17. 92, 28. 93, 27. 97, 23. 25. 102, 8. 20.

TV 67, 4. 9. 14. 15. 16. 71, 21. 102, 9. 21.

TW 67, 5. 10. 18. 21. 22. 74, 14. 80, 25. 102, 10. 22.

X, Y see plate 7 and 75.

TZ 67, 7. 19. 20. 23. 24. 77, 18. 102, 11. 33.

UA 6, 4. 5. 68, 1. 2. 80, 9. 19. 94, 28. 98, 24.

UB 11, 19. 26. 68, 4. 5. 82, 10. 20.

UC 16, 12. 13. 15. 68, 7. 13. 84, 8. 20.

UD 20, 10. 21. 68, 8. 14. 86, 3. 15.

UE 24, 18. 20. 23. 68, 3. 10. 87, 9. 19.

UF 29, 9. 19. 20. 68, 6. 11. 89, 6. 18.

UG 33, 1. 7. 19. 68, 15. 17. 90, 10. 22. 101, 22.

UH 37, 2. 4. 7. 68, 16. 18. 92, 3. 13.

UJ 40, 16. 18. 68, 9. 19. 93, 7. 19.

UK 43, 11. 16. 18. 25. 68, 20. 22. 94, 8. 20.

UL 47, 1. 2. 6. 17. 68, 21. 23. 95, 8. 16. 109, 8.

UM 50, 6. 9. 11. 15. 68, 24. 25. 82, 27. 91, 26. 96, 23. 97, 3. 11. 98, 27.

UN 53, 9. 17. 22. 69, 1. 3. 98, 5. 13.

UO 56, 3. 4. 23. 69, 4. 6. 99, 6. 16.

UP 59, 1. 6. 69, 2. 8. 100, 6. 14.

UQ Interlacing *UO*. For representation of *Q* see plate 5 *AQ*.

UR 61, 21. 22. 26. 27. 69, 7. 19. 101, 5. 13.

US 64, 9. 10. 16. 18. 69, 10. 20. 102, 3. 15. 111, 20.

UT 67, 6. 8. 69, 5. 13. 17. 92, 28. 93, 27. 97, 23. 25. 102, 8. 20.

UU 69, 9. 11. 14. 17. 21. 102, 12. 24.

UV 69, 15. 16. 18. 22. 23. 71, 22. 72, 12. 103, 1. 10.

UW 70, 1. 3. 5. 6. 23. 74, 15. 103, 2. 11.

X, Y see plate 7 and 75.

UZ 70, 2. 4. 7. 11. 27. 77, 17. 103, 3. 12.

VA 6, 6. 9. 11. 18. 70, 8. 13. 80. 10. 20. 81, 25. 85, 29.

VB 12, 1. 2. 3. 4. 70, 10. 18. 83, 1. 13.

VC 16, 14. 18. 19. 70, 14. 17. 84, 9. 21.

VD 20, 13. 20. 22. 70, 15. 21. 86, 4. 16. 105, 2.

VE 25, 1. 6. 8. 70, 9. 16. 87, 10. 20.

VF 29, 1. 14. 15. 70, 19. 22. 89, 7. 19.

VG 33, 9. 12. 15. 23. 70, 20. 24. 90, 11. 23. 111, 26.

VH 37. 3. 5. 14. 17. 70. 25, 26. 92, 4. 14.

VJ 40, 15. 17. 20. 25. 71, 1. 2. 93, 8. 20.

VK 43, 12. 19. 22. 26. 71, 3. 4. 94, 9. 21.

VL 47, 3. 7. 9. 11. 71, 6. 7. 96, 1. 9. 109, 9.

VM 50, 8. 10. 14. 23. 71, 5. 9. 91, 24. 97, 4. 12.

VN 53, 16. 21. 24. 29. 71, 8. 12. 98, 6. 14.

VO 56, 9. 12. 16. 24. 71, 11. 13. 99, 7. 15.

VP 59, 4. 5. 7. 12. 71, 15. 16. 100, 7. 15.

VQ Interlacing *VO*. For representation of *Q* see plate 5 *AQ*.

VR 62, 1. 3. 7. 8. 71, 14. 17. 101, 6. 14.

VS 64, 14. 19. 20. 21. 71, 18. 20. 82, 24. 102, 4. 16.

VT 67, 4. 9. 14. 15. 71, 19. 21. 102, 9. 21.

VU 69, 16. 18. 22. 23. 71, 22. 23. 103, 1. 10.

VV 71, 24. 25. 26. 27. 103, 4. 13.

VW 72, 1. 2. 5. 6. 8. 74, 17. 103, 5. 14.

X, Y see plate 7 and 75.

VZ 72, 3. 4. 10. 14. 15. 103, 6. 15.

WA 6, 1. 7. 12. 14. 22. 72, 7. 16. 81, 1. 11. 104, 1.

WB 12, 6. 7. 8. 9. 72, 9. 17. 82, 21. 83, 2. 14. 105, 8. 106, 7. 111, 21.

WC 16, 20. 23. 25. 26. 72, 11. 18. 84. 10. 22

WD 21, 2. 3. 72, 13. 20. 73, 17. 79, 23. 86, 5. 17. 88, 25. 102, 26. 105, 3. 110, 17.

WE 25, 3. 7. 10. 12. 13. 73. 1. 2. 87, 21. 88, 1. 2. 104, 2. 3. 4. 6. 7. 105, 5. 106, 4. 6.

WF 29, 6. 17. 18. 73, 3. 4. 89, 8. 20.

WG 33, 6. 14. 22. 26. 73. 5. 6. 88, 31. 90, 12. 24. 98, 20. 107, 21. 110, 11.

WH 37, 9. 10. 18. 20. 73, 8. 15. 92, 5. 15.

WJ 41, 1. 2. 7. 73, 9. 10. 93, 9. 21.

WK 44, 1. 2. 19. 25. 73. 11. 12. 94, 10. 22.

WL 47, 5. 10. 13. 21. 73, 16. 18. 96, 2. 10. 109, 10.

WM 50, 16. 21. 25. 73, 13. 19. 80, 26. 93, 26. 96, 21. 97, 5. 13.

WN 53, 10. 20. 25. 27. 73, 14. 21. 98. 7. 15.

WO 56, 8. 18. 19. 26. 74, 4. 5. 88, 24. 99, 8. 16. 107, 18. 110, 2.

WP 59, 9. 13. 14. 19. 74, 1. 6. 100, 8. 16.

WQ Interlacing *WO*. For representation of *Q* see plate 5 *AQ*.

WR 62, 4. 6. 11. 12. 74, 3. 8. 84, 25. 101, 7. 15.

WS 65. 1. 2. 3. 4. 74. 9. 12. 84, 25. 102, 5. 10. 17. 22. 4. 110, 16.

WT 67, 10. 18. 21. 22. 74, 11. 14. 80, 25. 103, 2. 11.

WU 70, 1. 3. 6. 23. 74, 13. 15. 103, 2. 11.

WV 72, 1. 2. 5. 6. 74, 16. 17. 103, 5. 14.

WW 74, 7. 10. 18. 20. 21. 103, 7. 16.

WZ 74, 19. 75, 1. 2. 8. 9. 12. 103, 8. 17.

X 7, 1. 4. 7. 9. 14. 75, 3. 4. 5. 6. 10. 11. 13. 15.

Y 7, 2. 5. 6. 10. 11. 75, 7. 14. 16. 17. 18. 19. 20. 21. 76, 23.

ZA 7, 3. 12. 13. 15. 76, 1. 2. 81, 2. 12.

ZB 12, 11. 16. 76, 3. 4. 83, 3. 15.

ZC 17, 1. 2. 3. 76, 5. 6. 84, 11. 23. 111, 22.

ZD 21, 5. 6. 9. 76, 8. 10. 86, 6. 18. 99, 25.

ZE 25, 4. 11. 14. 17. 76, 9. 11. 88, 2. 12.

ZF 29, 11. 21. 22. 76, 12. 17. 89, 9. 21.

ZG 33, 17. 20. 21. 24. 76, 13. 14. 91, 1. 11. 107, 2.

ZH 37, 15. 16. 21. 76, 15. 16. 92, 6. 16. 107, 8.

ZJ 41, 4. 9. 11. 21. 76, 18. 19. 93, 10. 22.

ZK 44, 3. 6. 23. 27. 76, 20. 22. 94, 11. 23.

ZL 47, 8. 14. 15. 20. 76, 21. 24. 96, 3. 11. 109, 11.

ZM 51, 3. 5. 7. 77, 1. 3. 97, 6. 14.

ZN 53, 18. 23. 26. 30. 77, 4. 8. 98, 8. 16.

ZO 56, 17. 20. 21. 25. 77, 2. 9. 100, 1. 9.

ZP 59, 17. 18. 20. 77, 6. 7. 101, 1. 9.

ZQ Interlacing *ZO*. For representation of *Q* see plate 5 *AQ*.

ZR 62, 13. 14. 20. 77, 10. 14. 101, 8. 16.

ZS 65, 5. 8. 18. 22. 77, 11. 15. 102, 6. 18.

ZT 67, 7. 19. 20. 77, 12. 18. 102, 11. 23.

ZU 70, 4. 11. 27. 77, 13. 17. 103, 3. 12.

ZV 72, 3. 4. 10. 15. 78, 2. 3. 103, 6. 15.

ZW 75, 1. 8. 9. 12. 78, 4. 5. 103, 8. 17.

X, Y see plate 7 and 75.

ZZ 78, 6. 7. 8. 9. 11. 103, 9. 18.

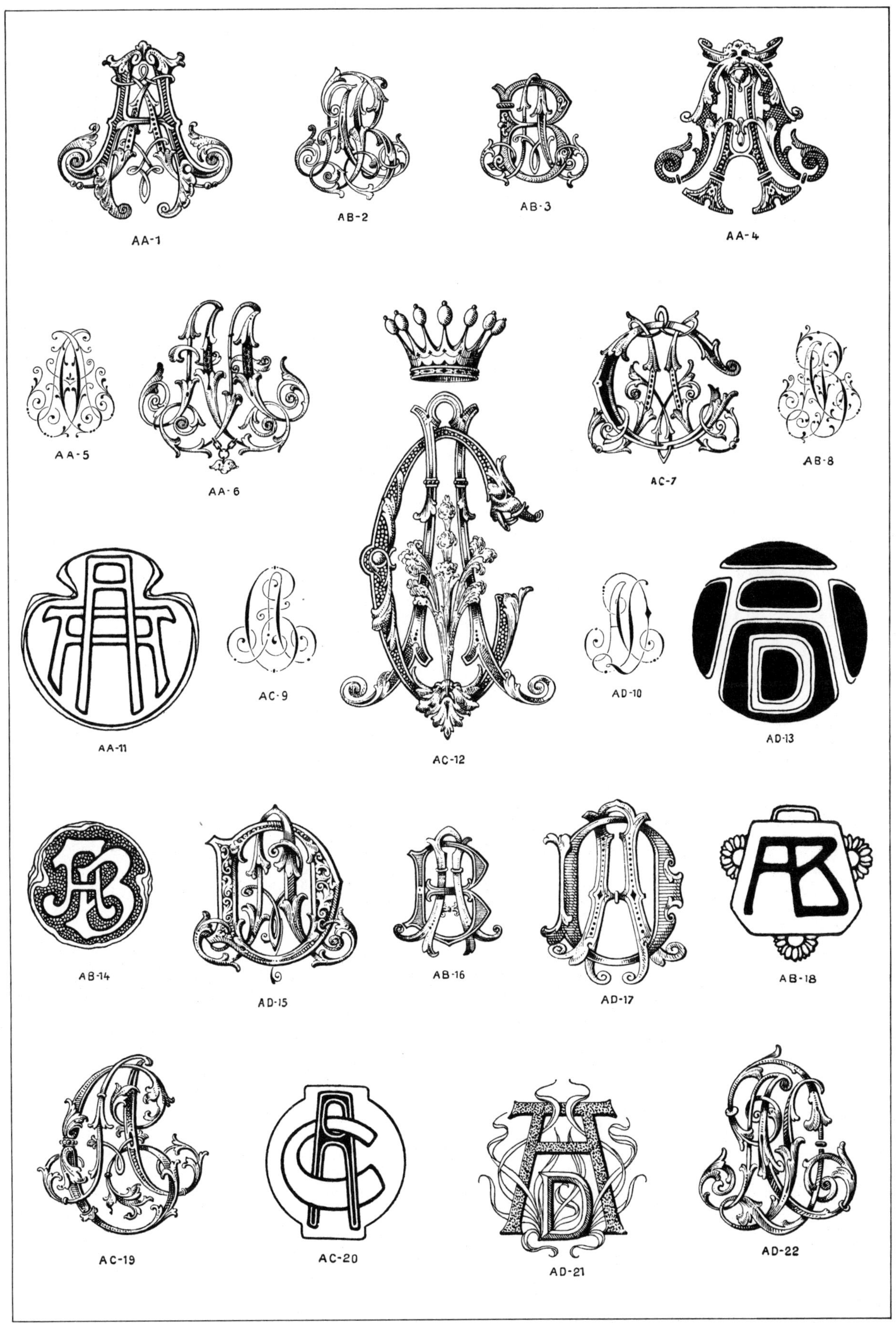

PLATE 1. Monograms (Art Nouveau and Other Styles): AA–AD

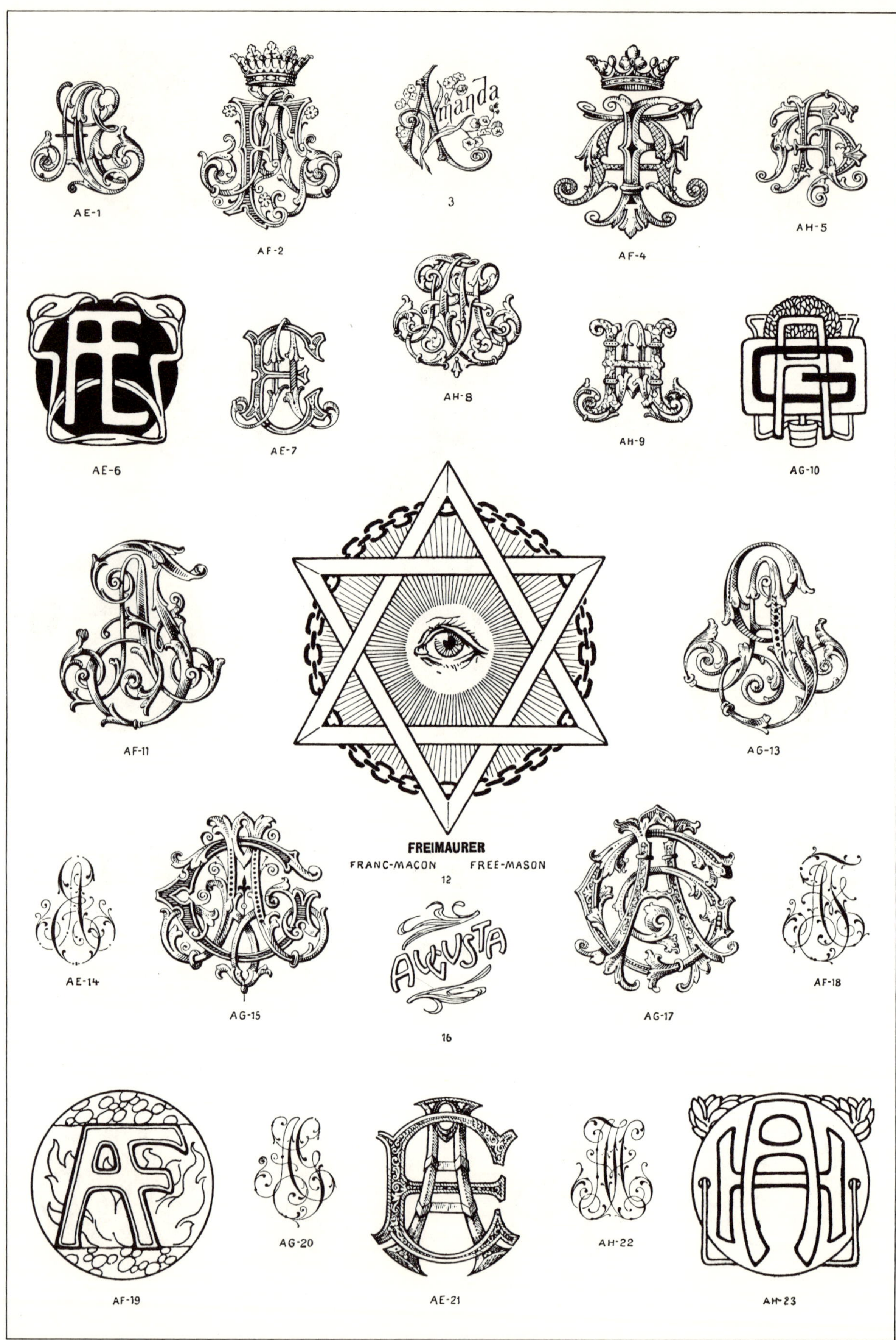

PLATE 2. Monograms (Art Nouveau and Other Styles): AE–AH

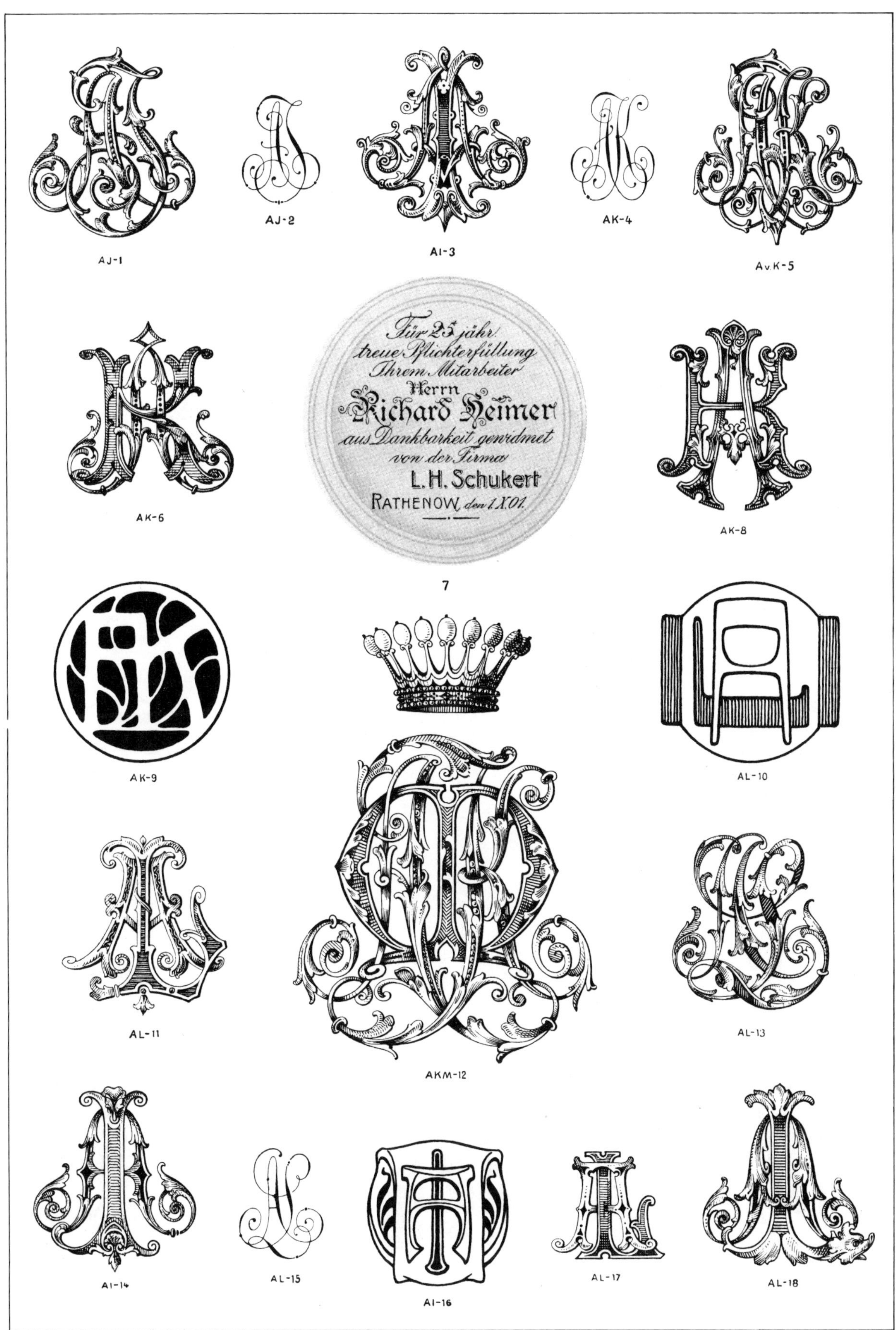

PLATE 3. Monograms (Art Nouveau and Other Styles): AJ–AL

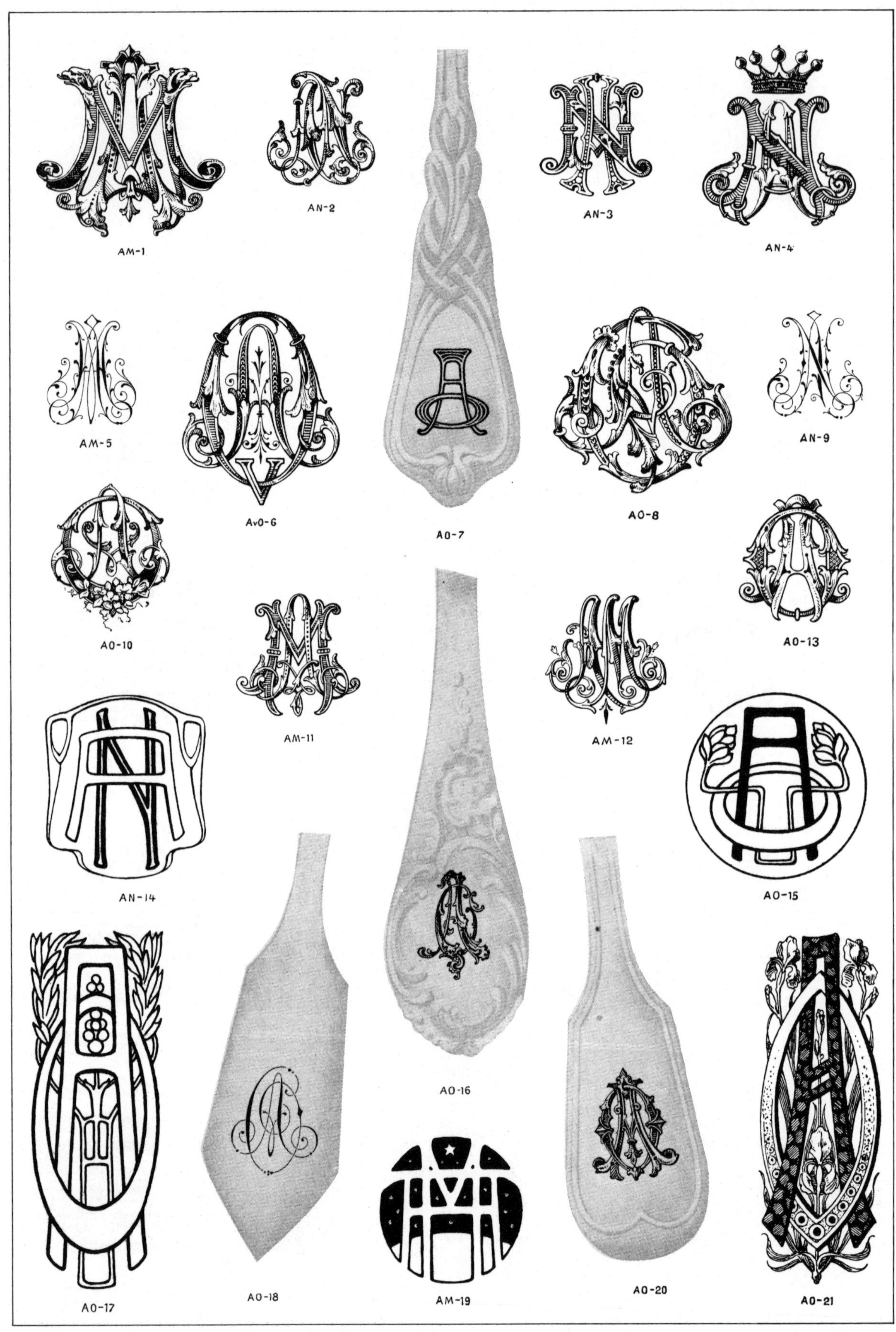

PLATE 4. Monograms (Art Nouveau and Other Styles): AM–AO

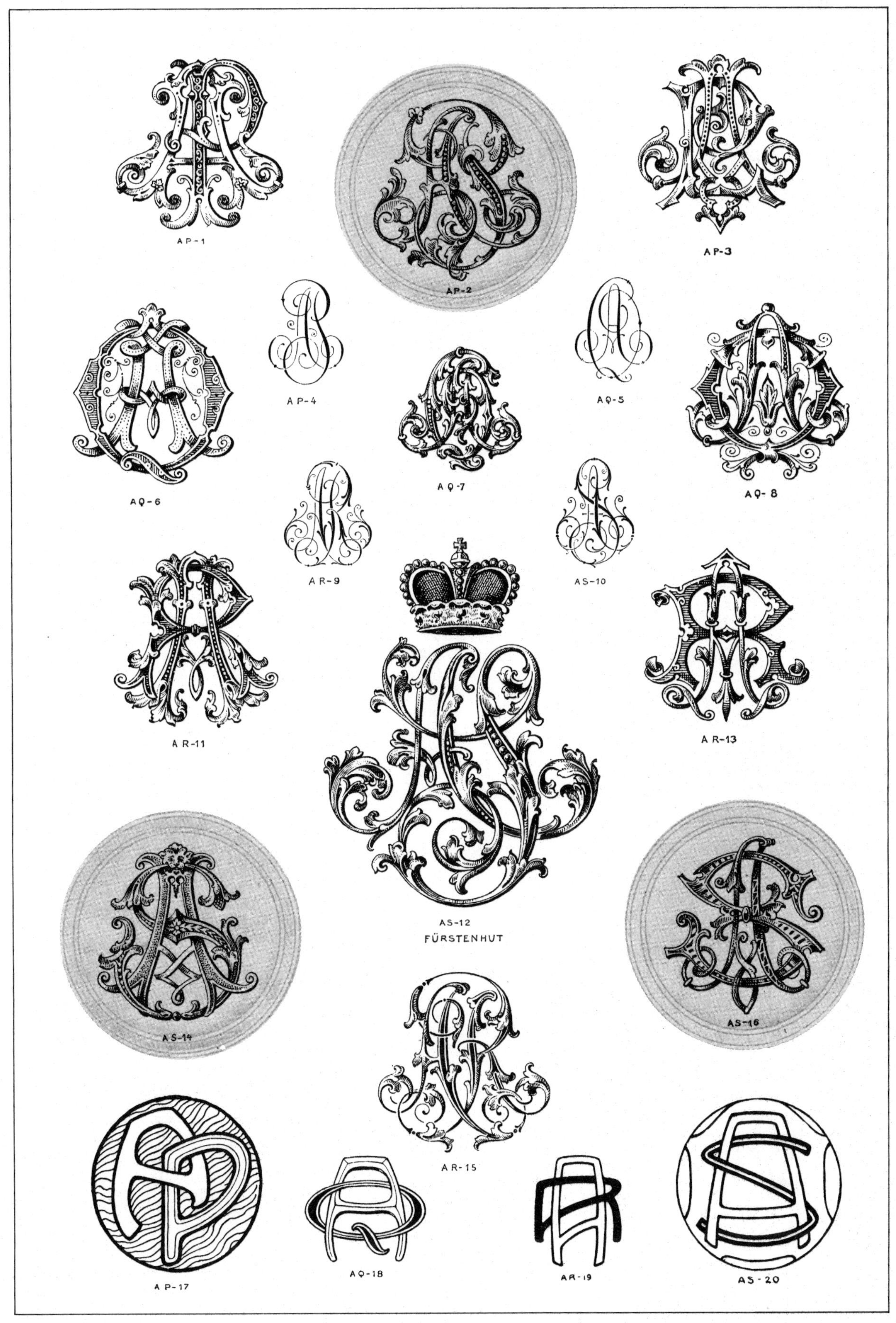

Plate 5. Monograms (Art Nouveau and Other Styles): AP–AS

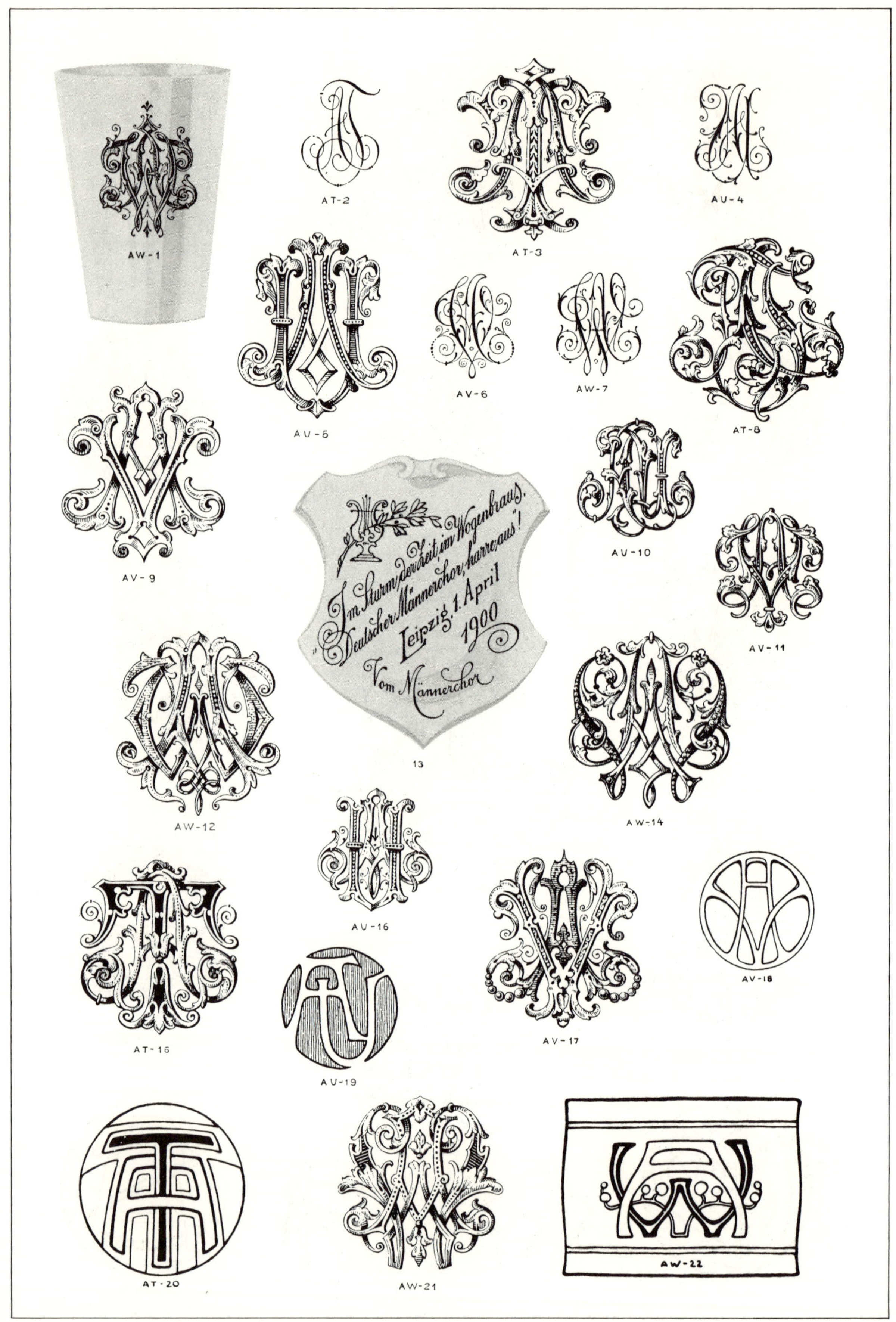

PLATE 6. Monograms (Art Nouveau and Other Styles): AT–AW

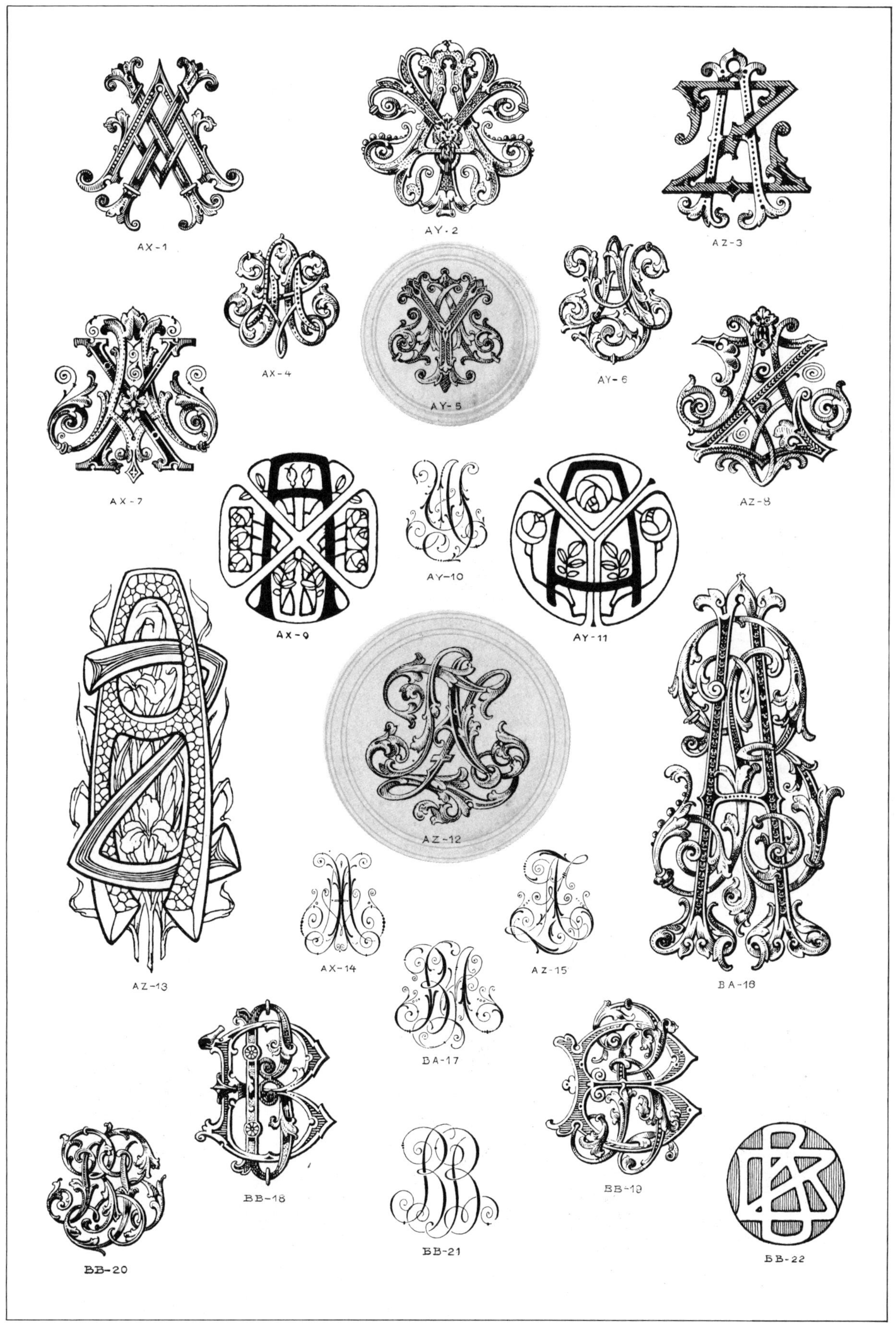

PLATE 7. Monograms (Art Nouveau and Other Styles): AX–BB

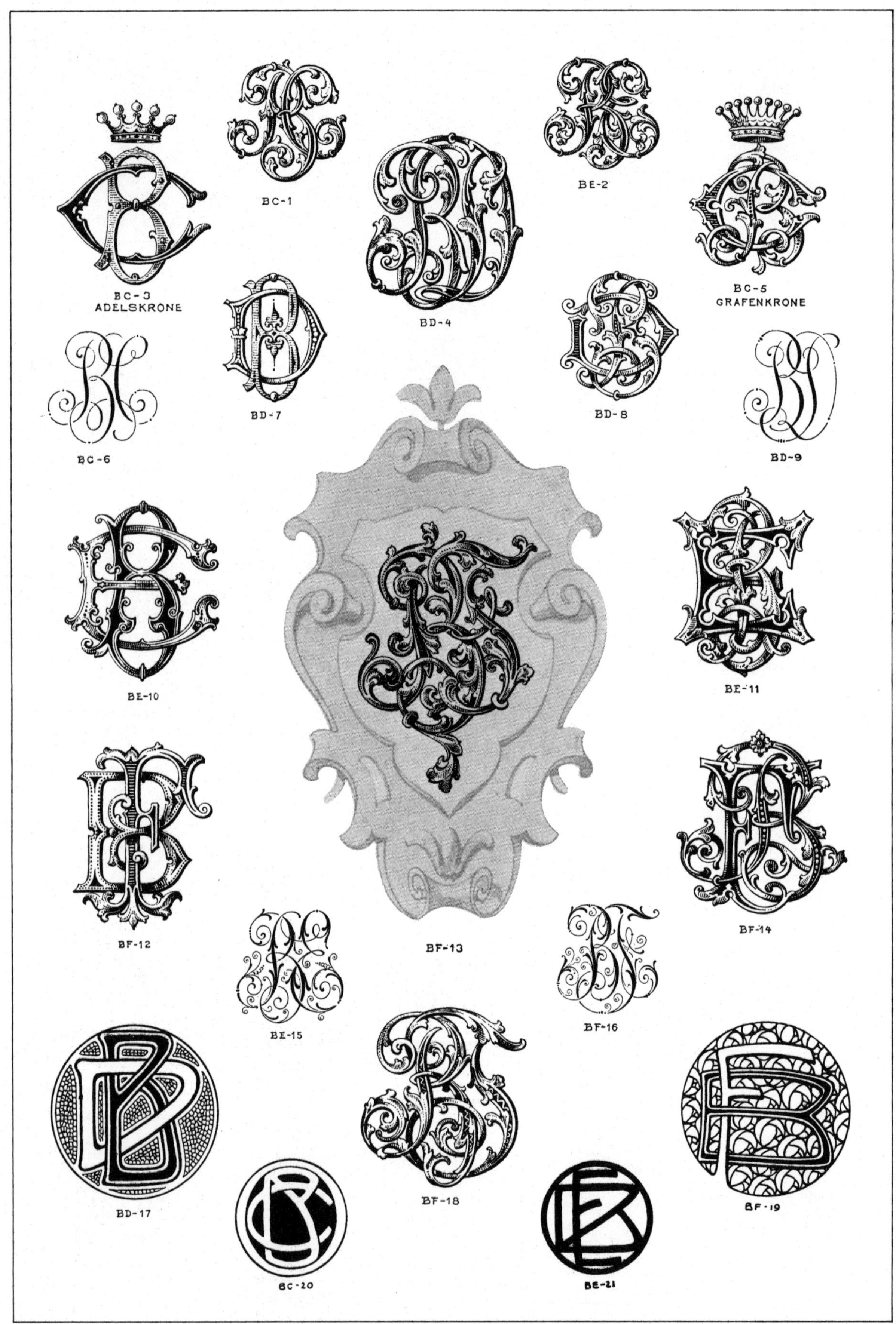

PLATE 8. Monograms (Art Nouveau and Other Styles): BC–BF

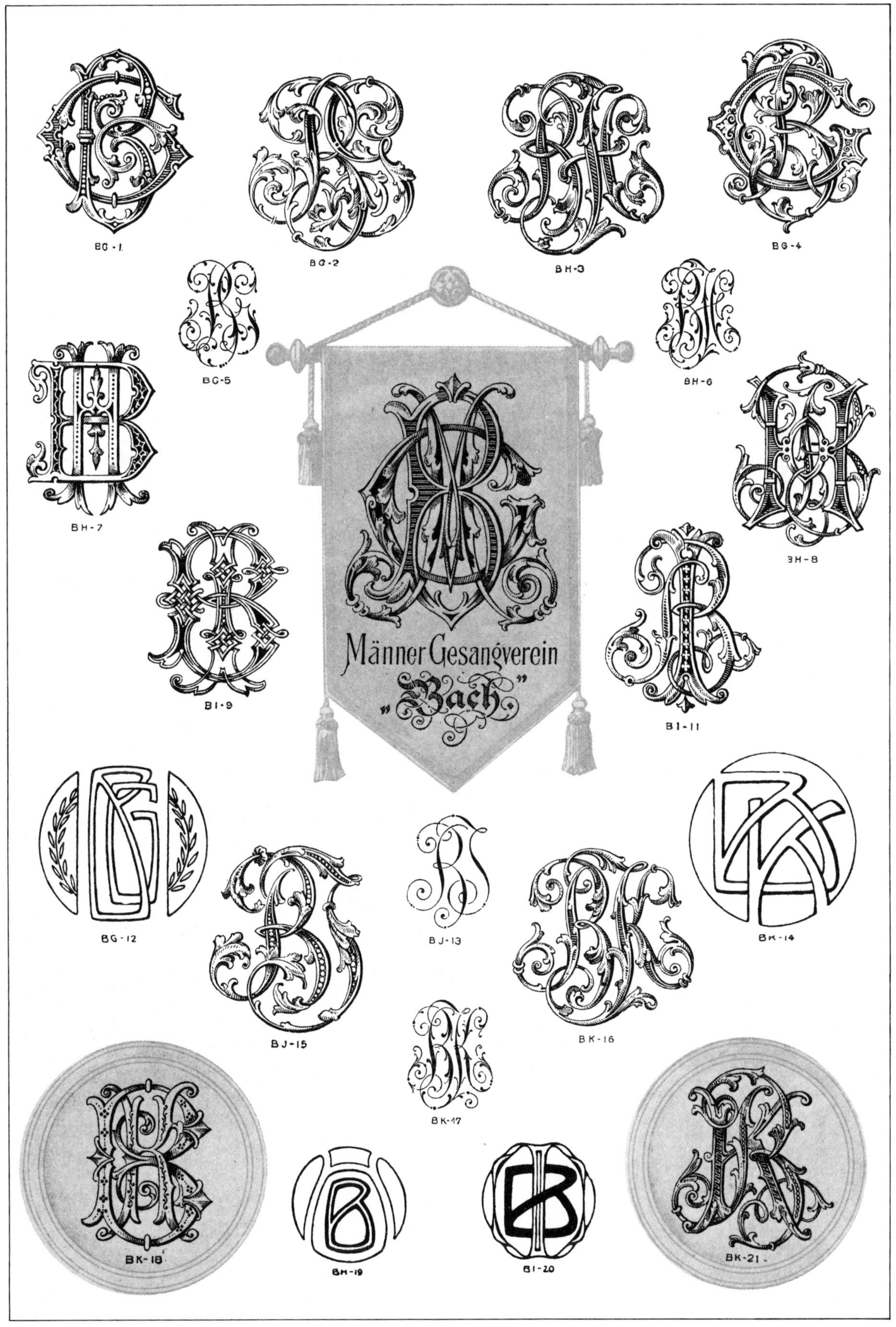

PLATE 9. Monograms (Art Nouveau and Other Styles): BG–BK

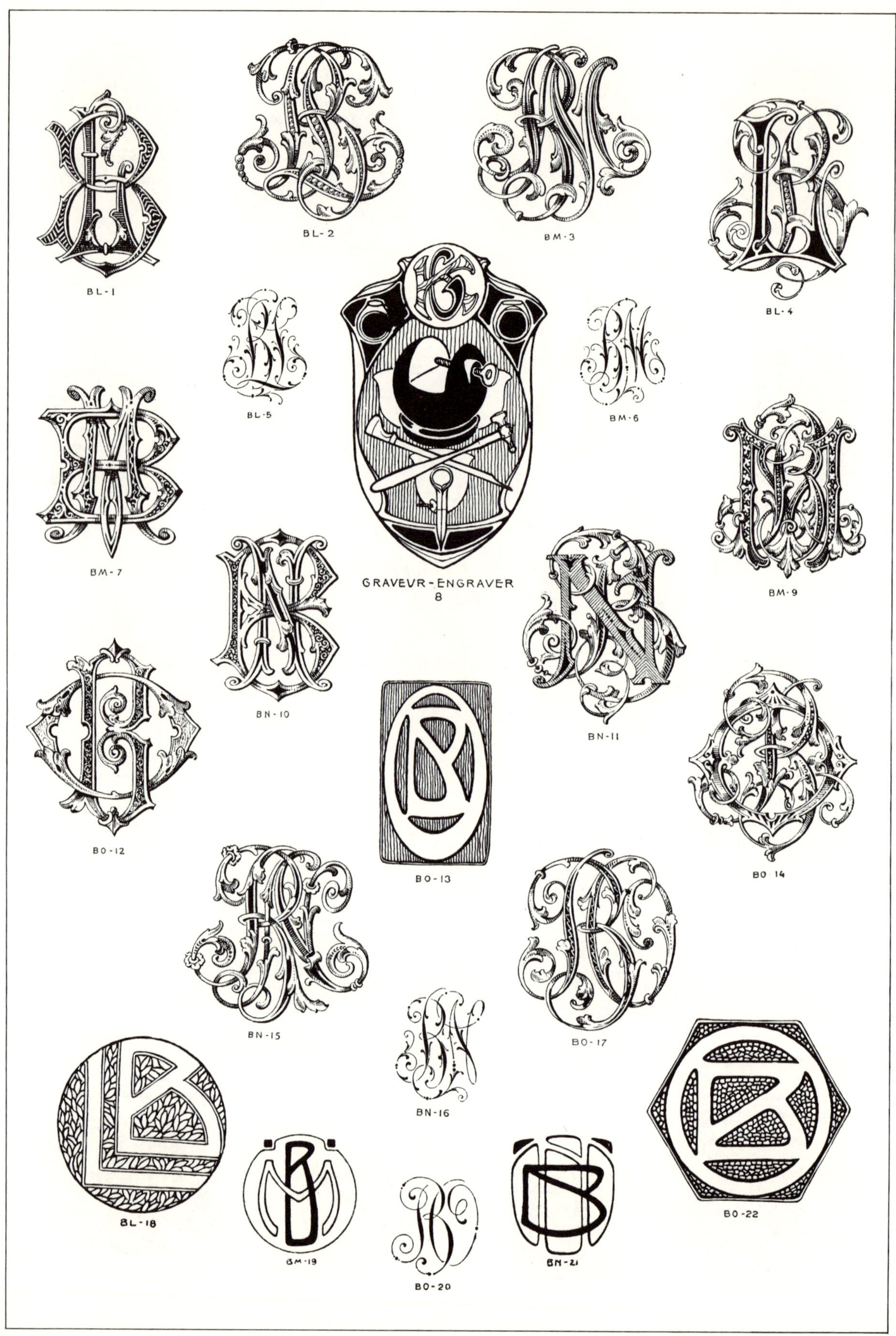

Plate 10. Monograms (Art Nouveau and Other Styles): BL–BO

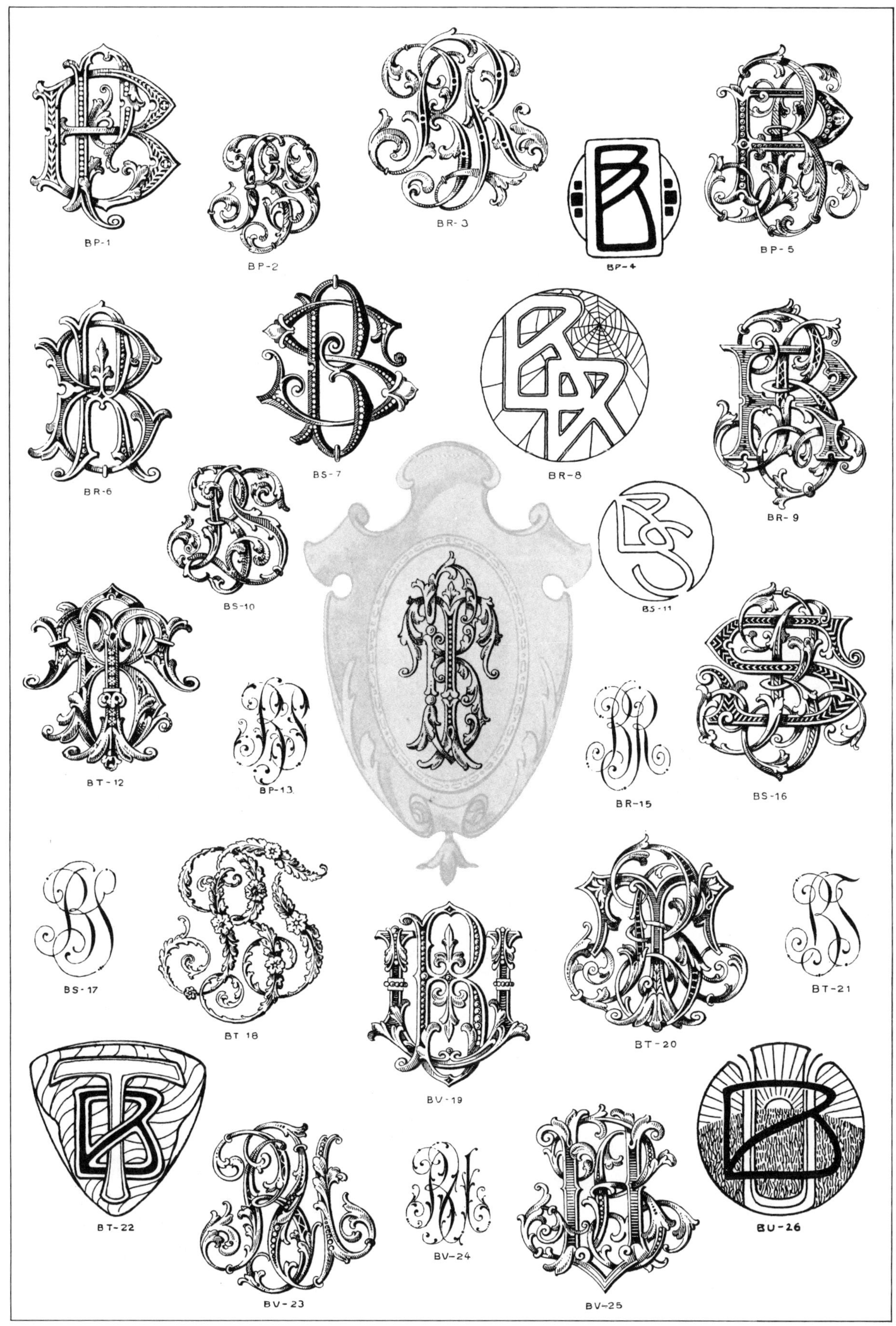

PLATE 11. Monograms (Art Nouveau and Other Styles): BP–BU

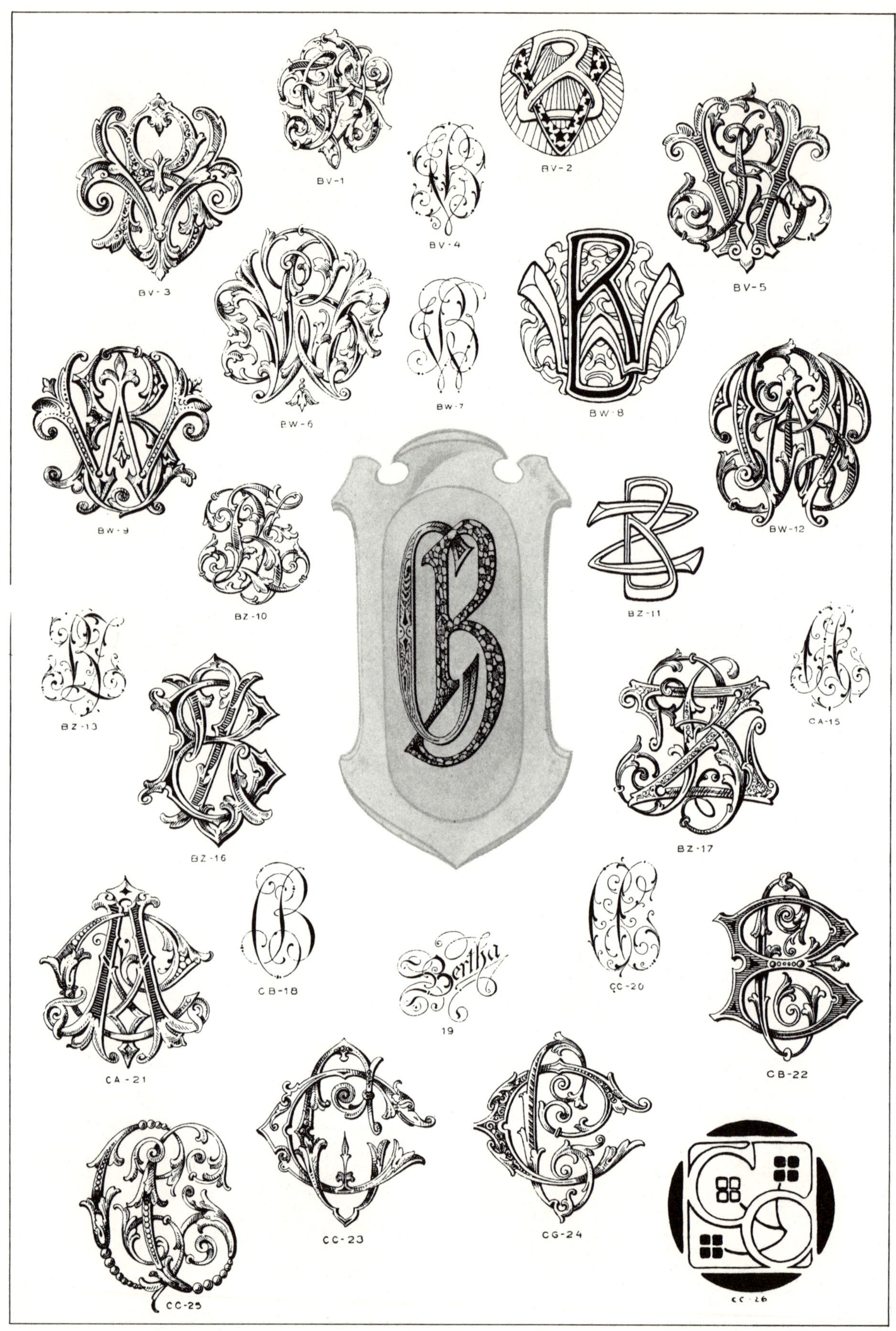

PLATE 12. Monograms (Art Nouveau and Other Styles): BV–CC

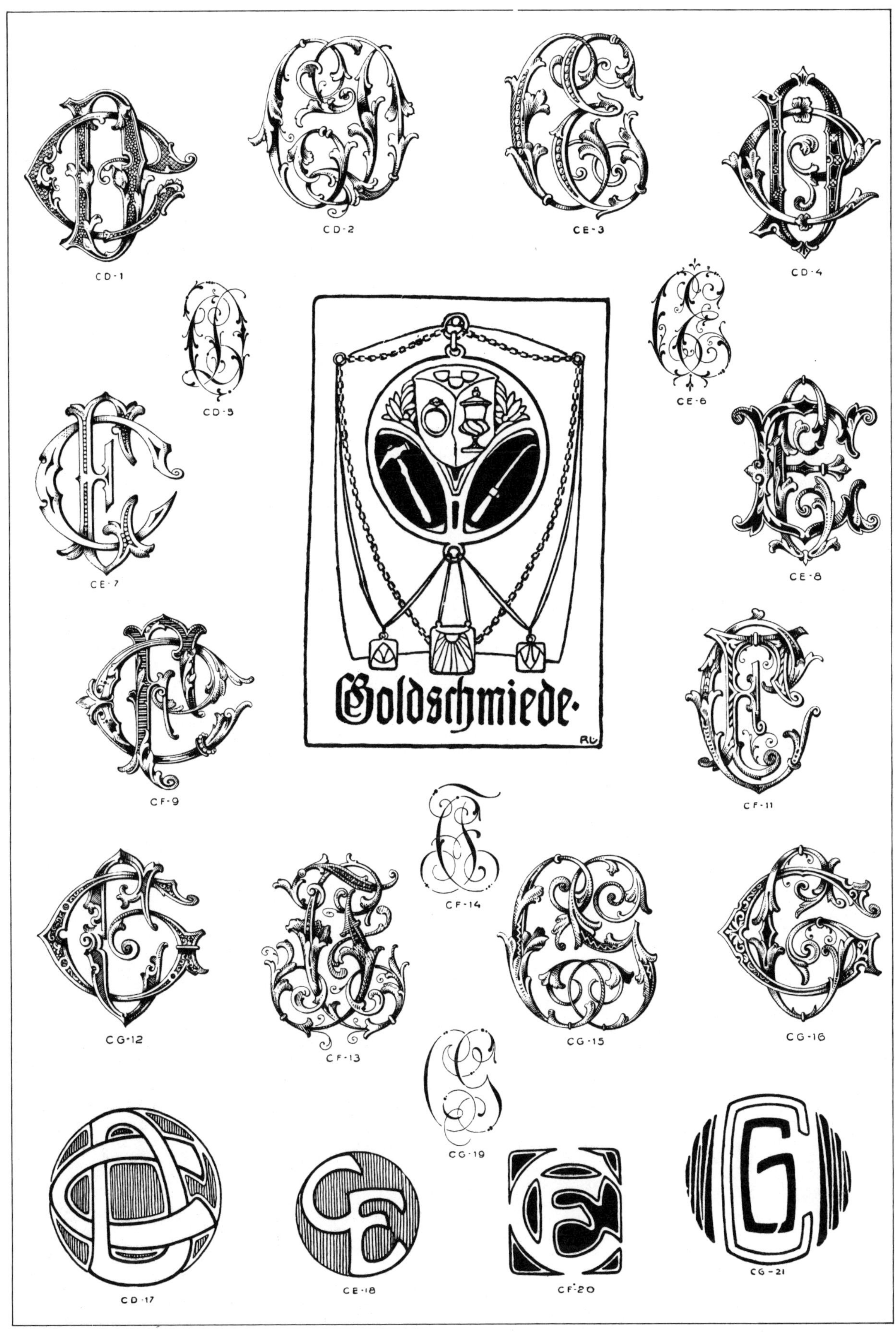

Plate 13. Monograms (Art Nouveau and Other Styles): CD–CG

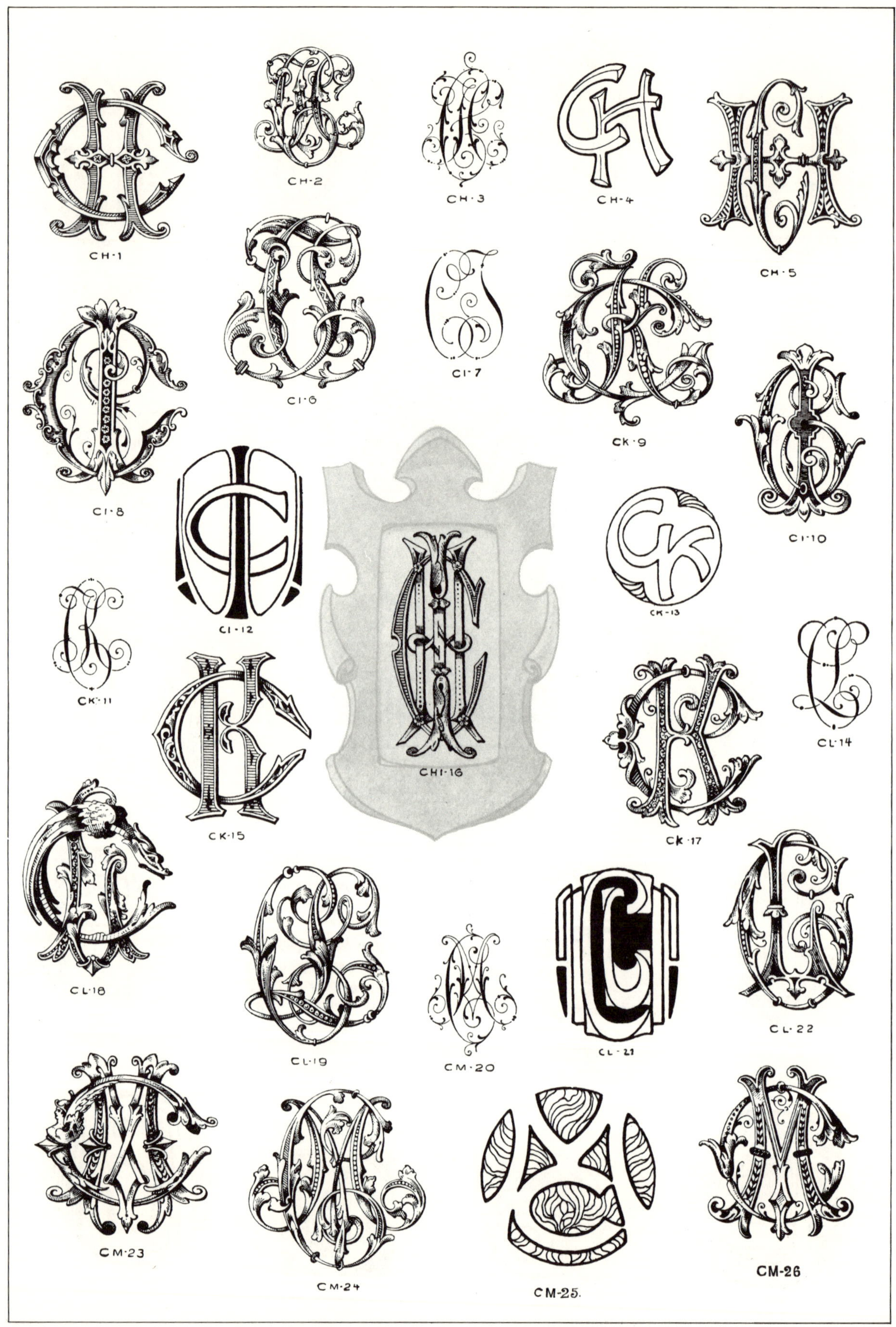

Plate 14. Monograms (Art Nouveau and Other Styles): CH–CM

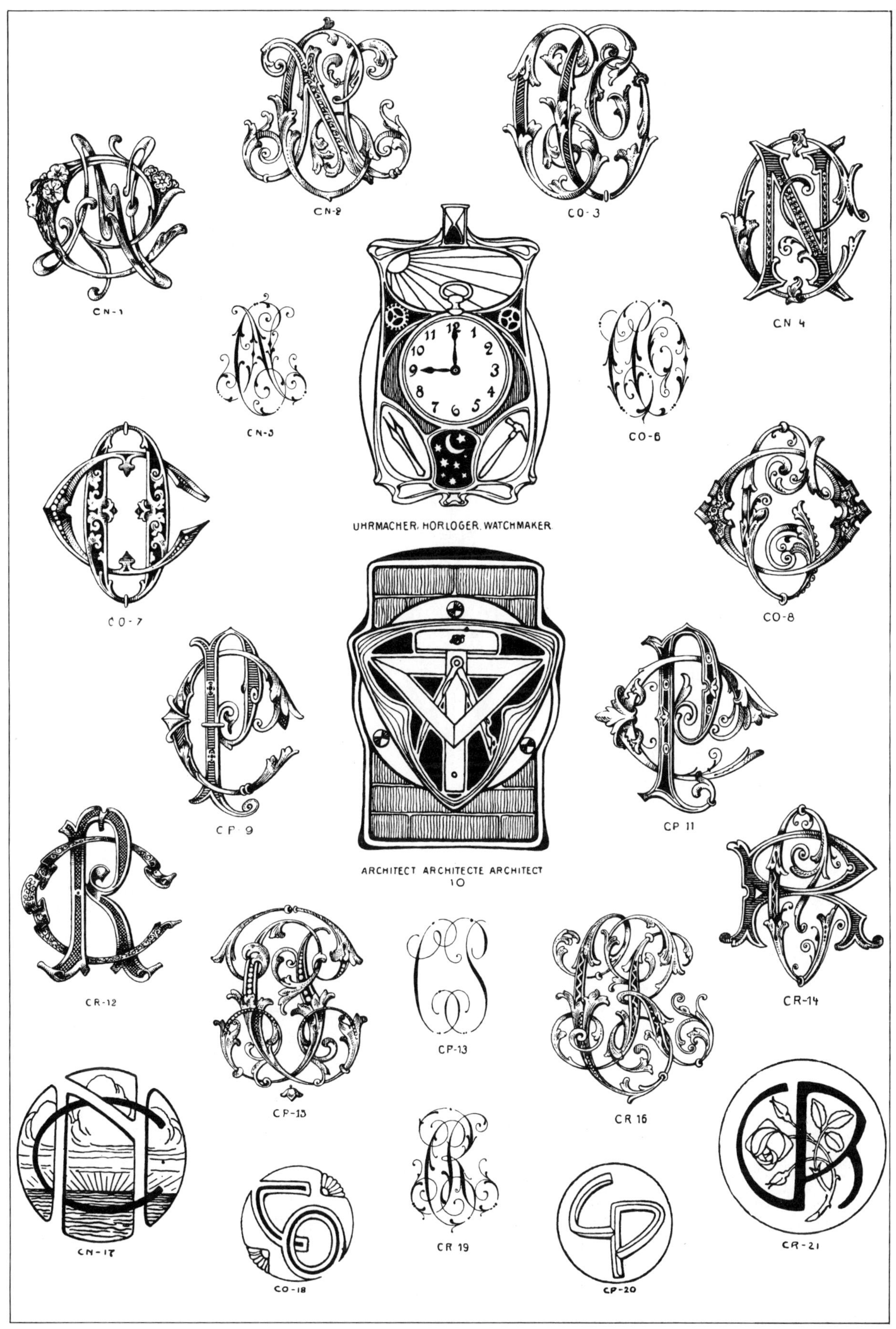

Plate 15. Monograms (Art Nouveau and Other Styles): CN–CR

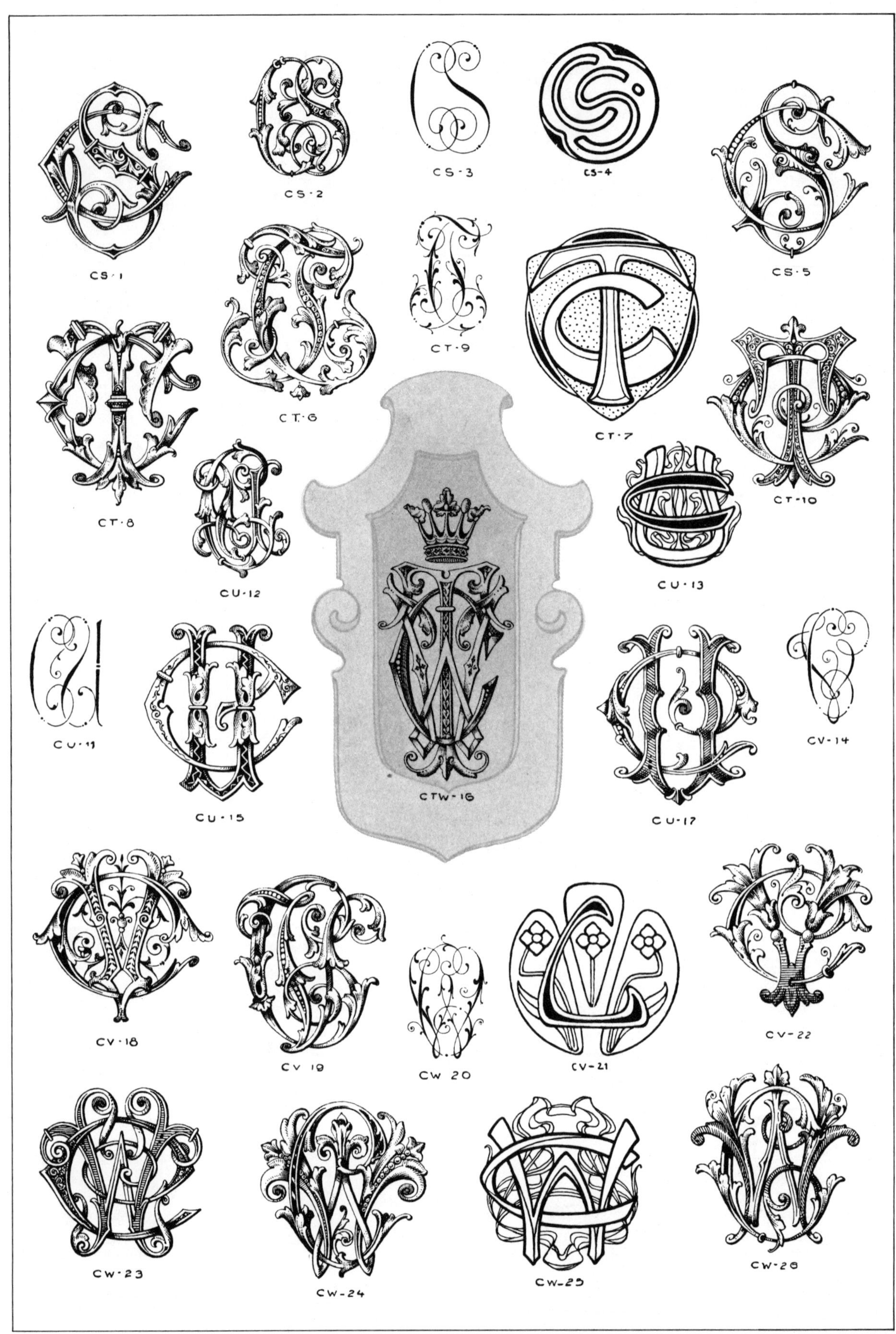

PLATE 16. Monograms (Art Nouveau and Other Styles): CS–CW

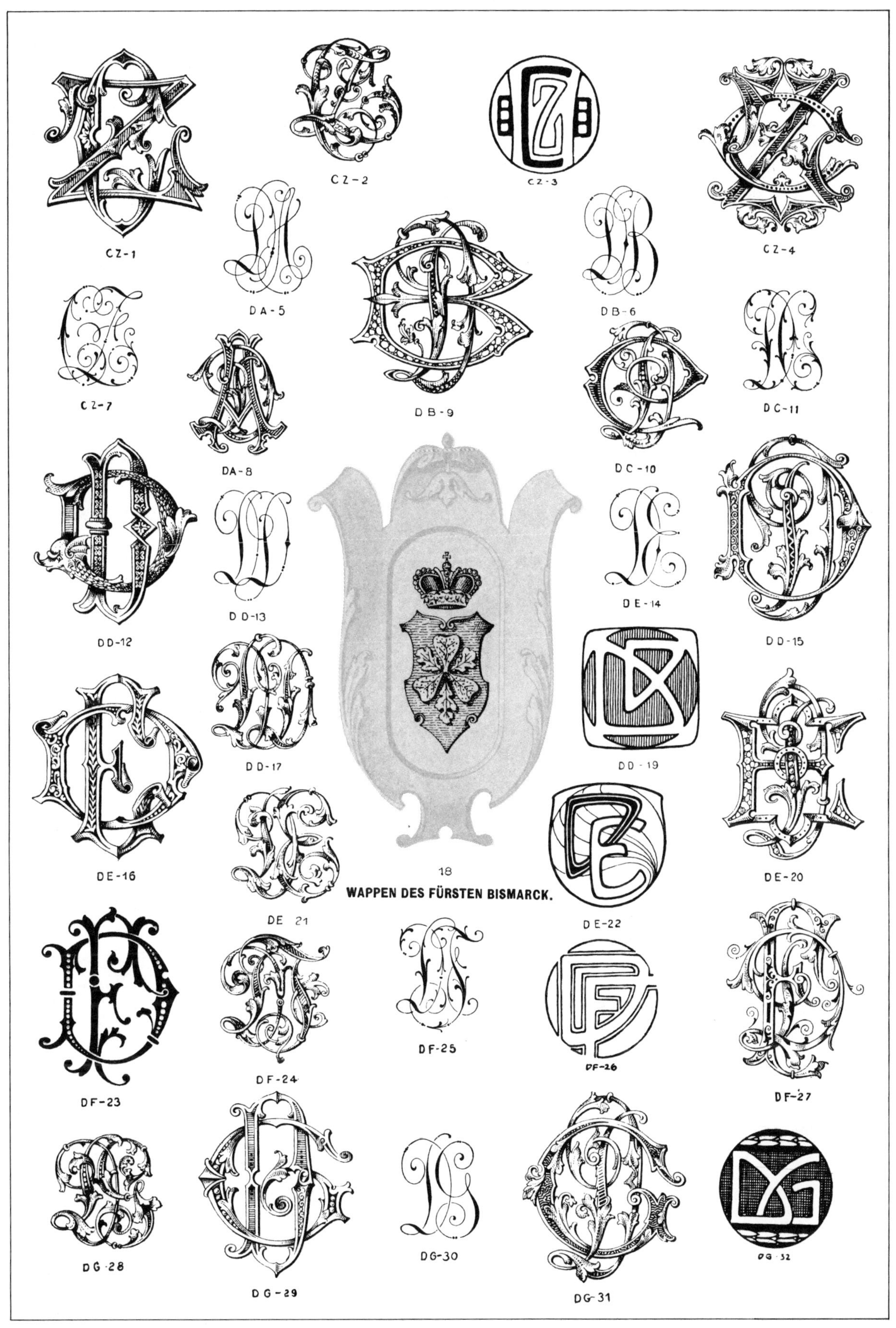

PLATE 17. Monograms (Art Nouveau and Other Styles): CZ–DG

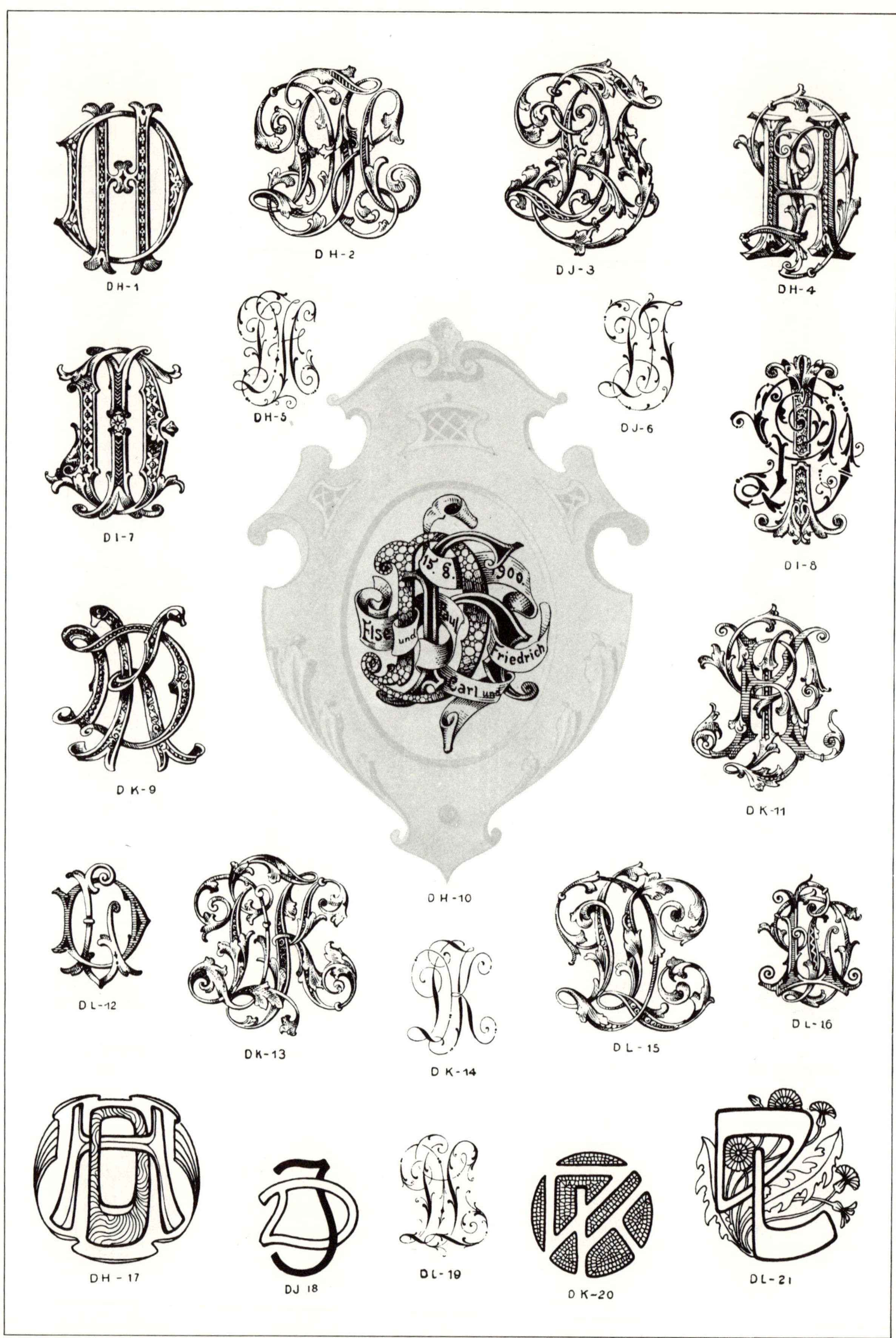

PLATE 18. Monograms (Art Nouveau and Other Styles): DH–DL

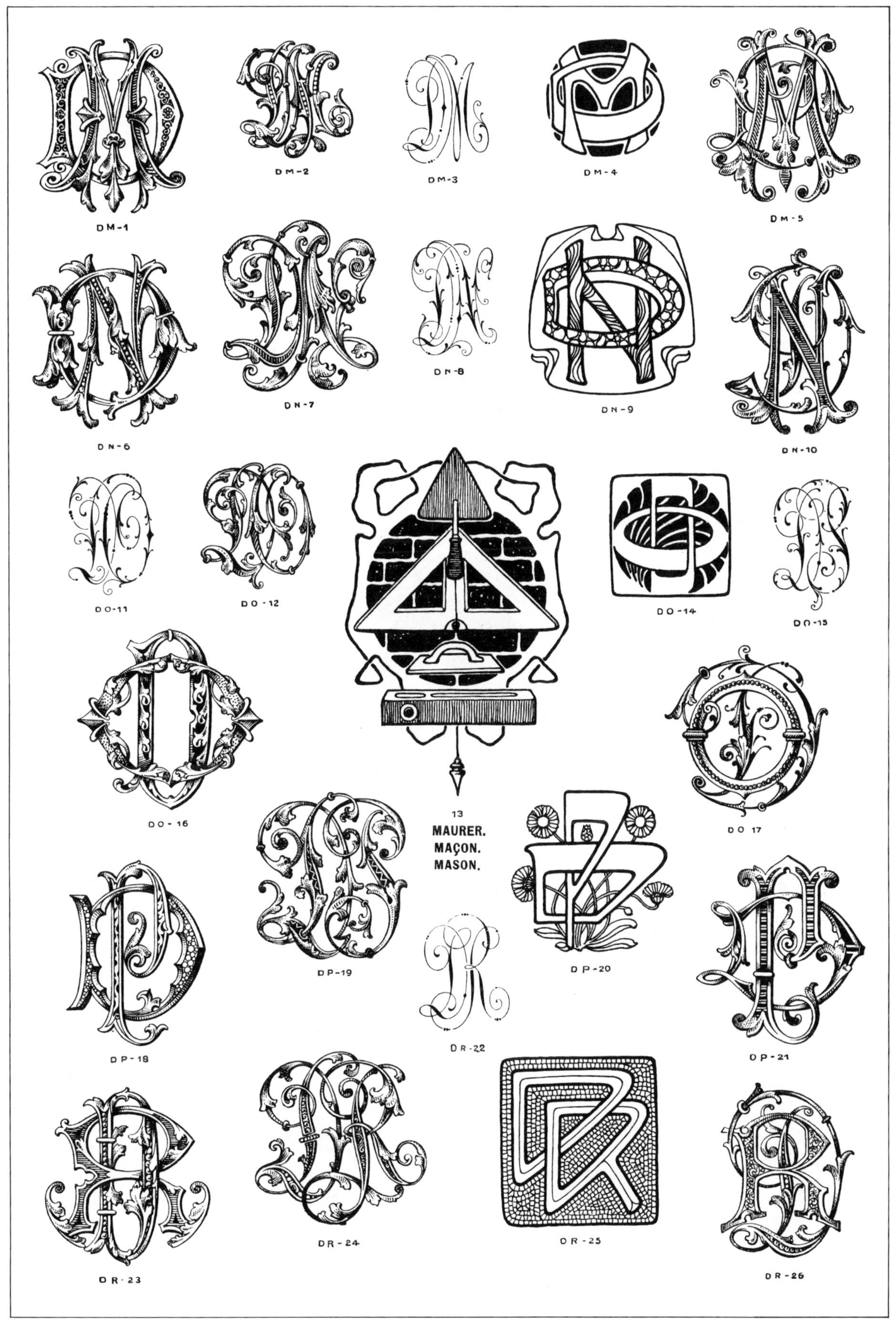

PLATE 19. Monograms (Art Nouveau and Other Styles): DM–DR

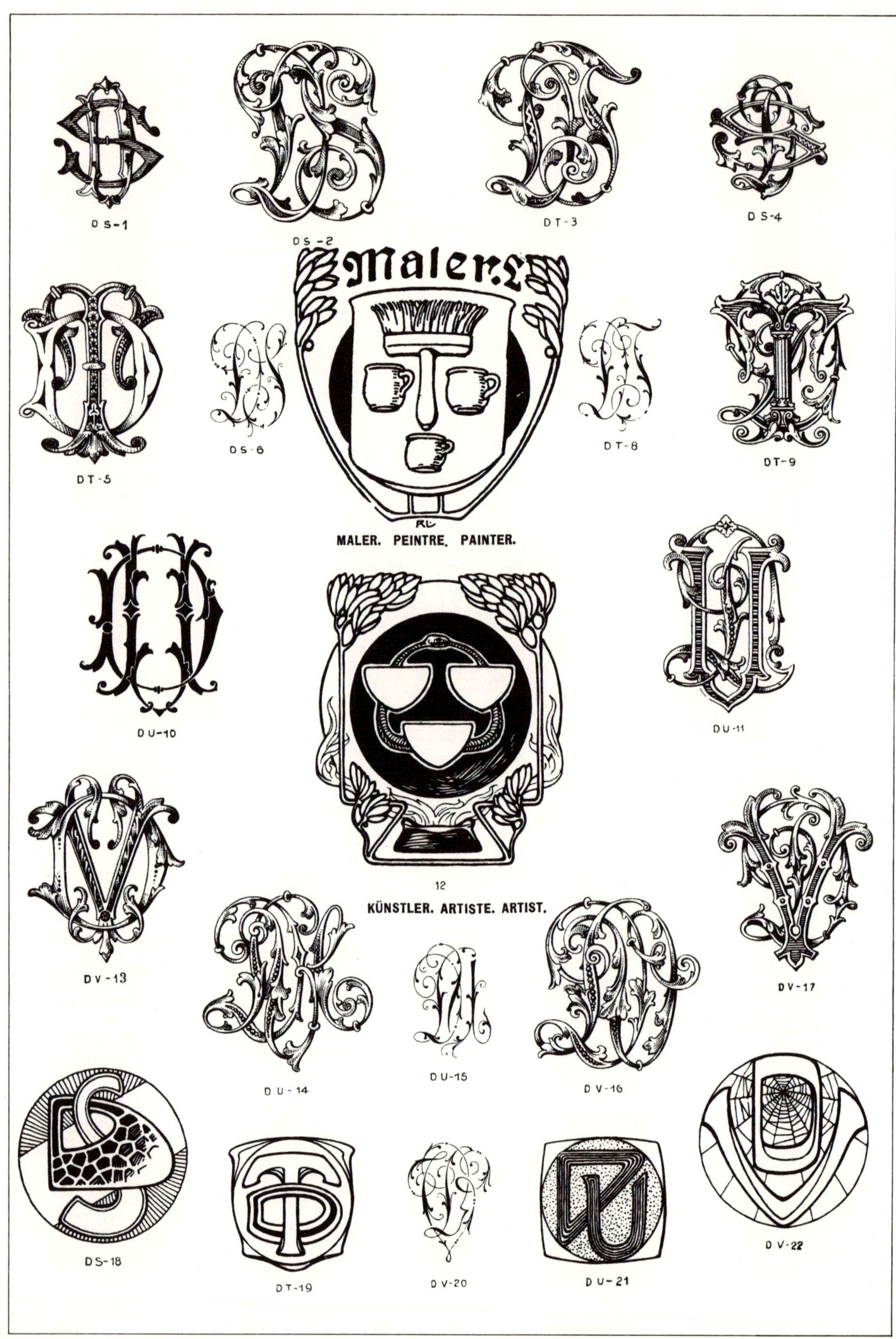

Plate 20. Monograms (Art Nouveau and Other Styles): DS–DV

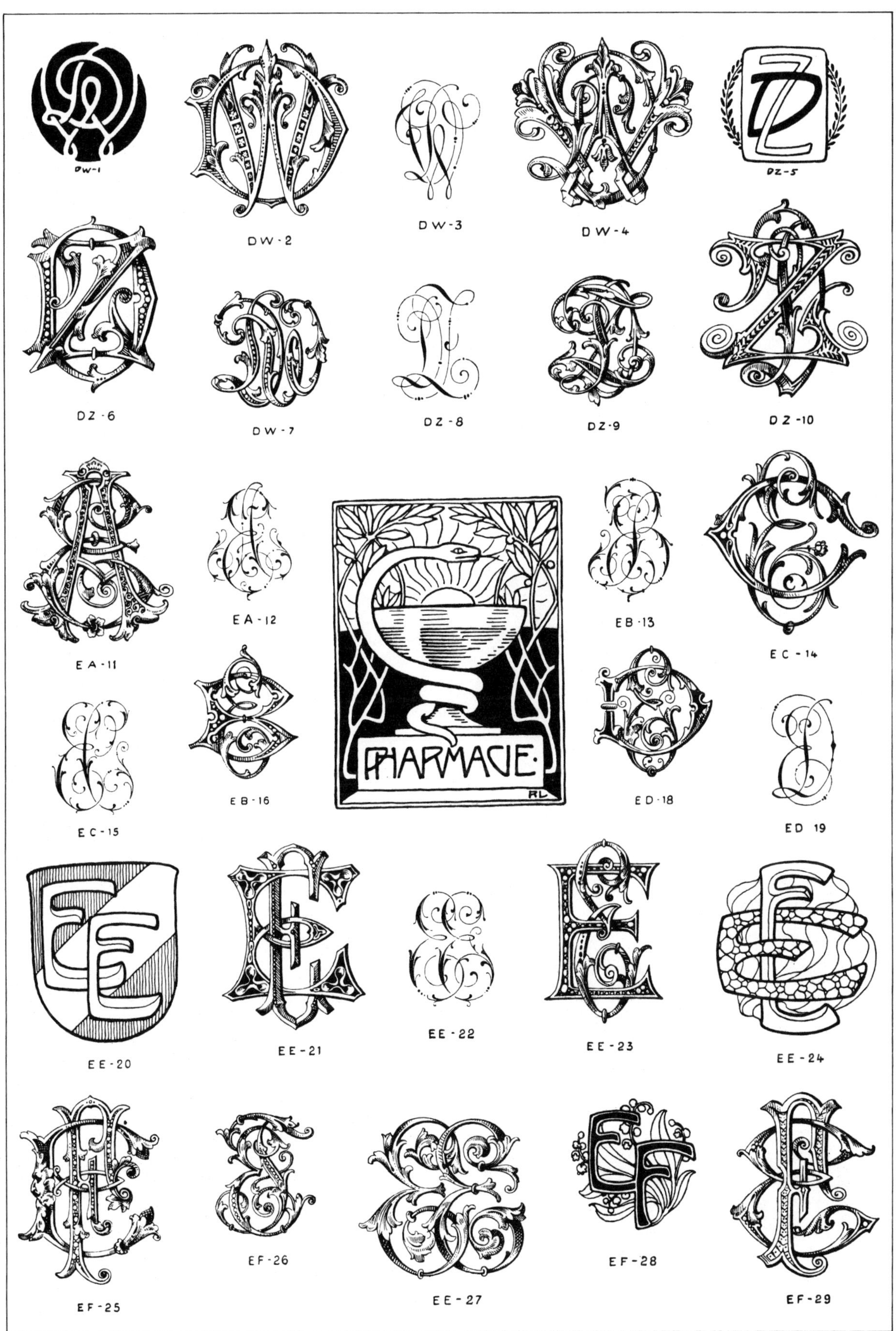

Plate 21. Monograms (Art Nouveau and Other Styles): DW–EF

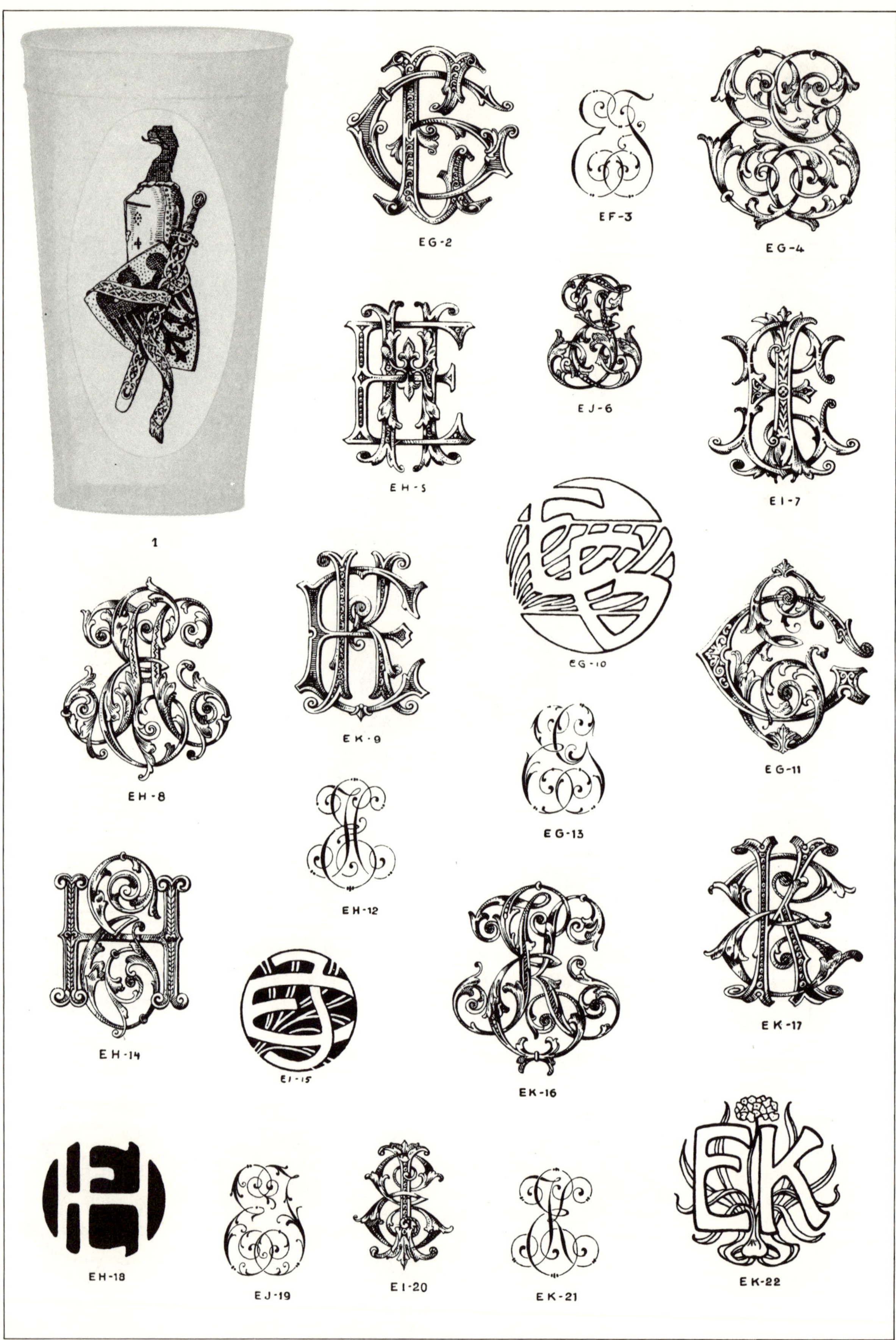

PLATE 22. Monograms (Art Nouveau and Other Styles): EF–EK

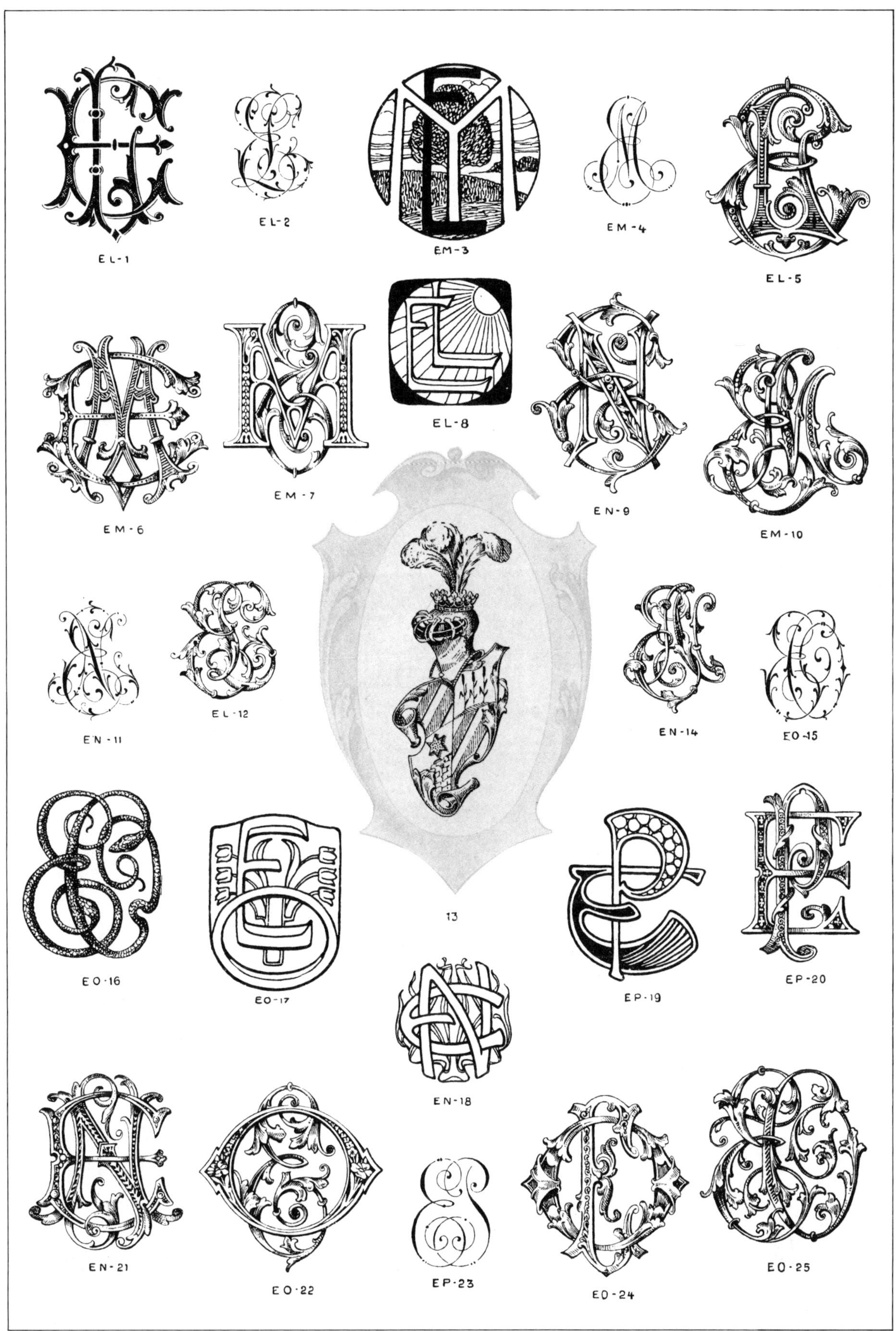

PLATE 23. Monograms (Art Nouveau and Other Styles): EL–EO

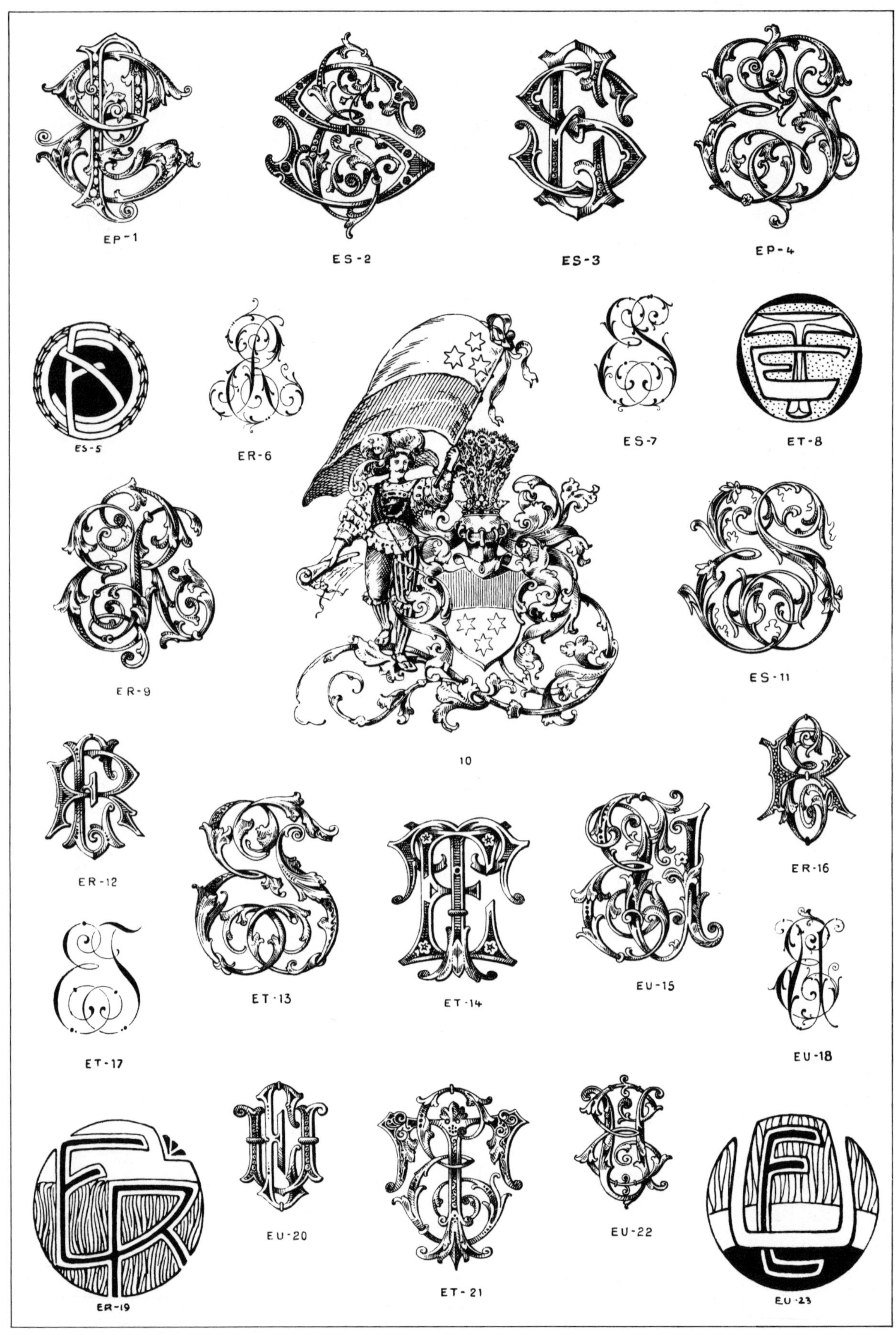

PLATE 24. Monograms (Art Nouveau and Other Styles): EP–EU

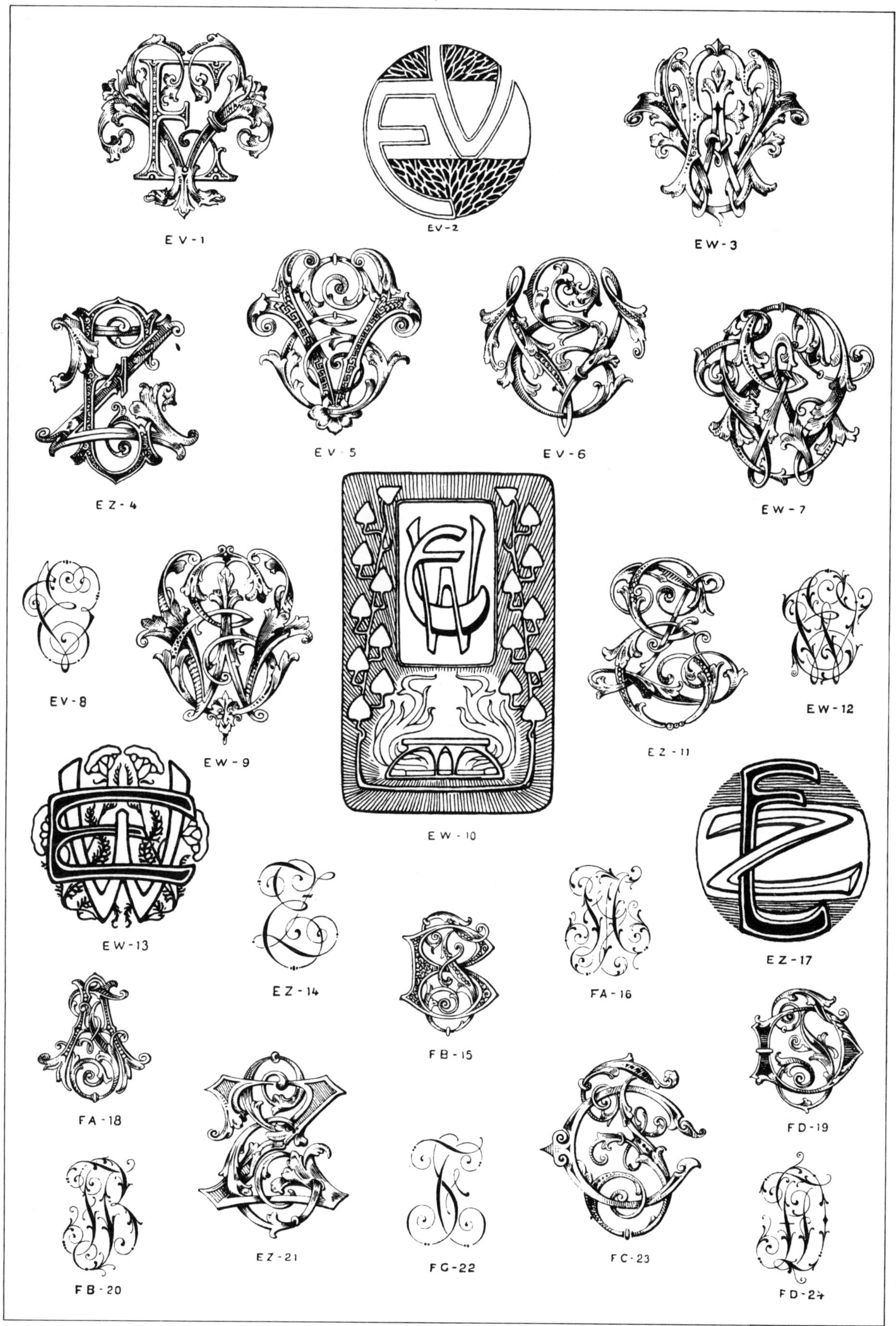

PLATE 25. Monograms (Art Nouveau and Other Styles): EV–FD

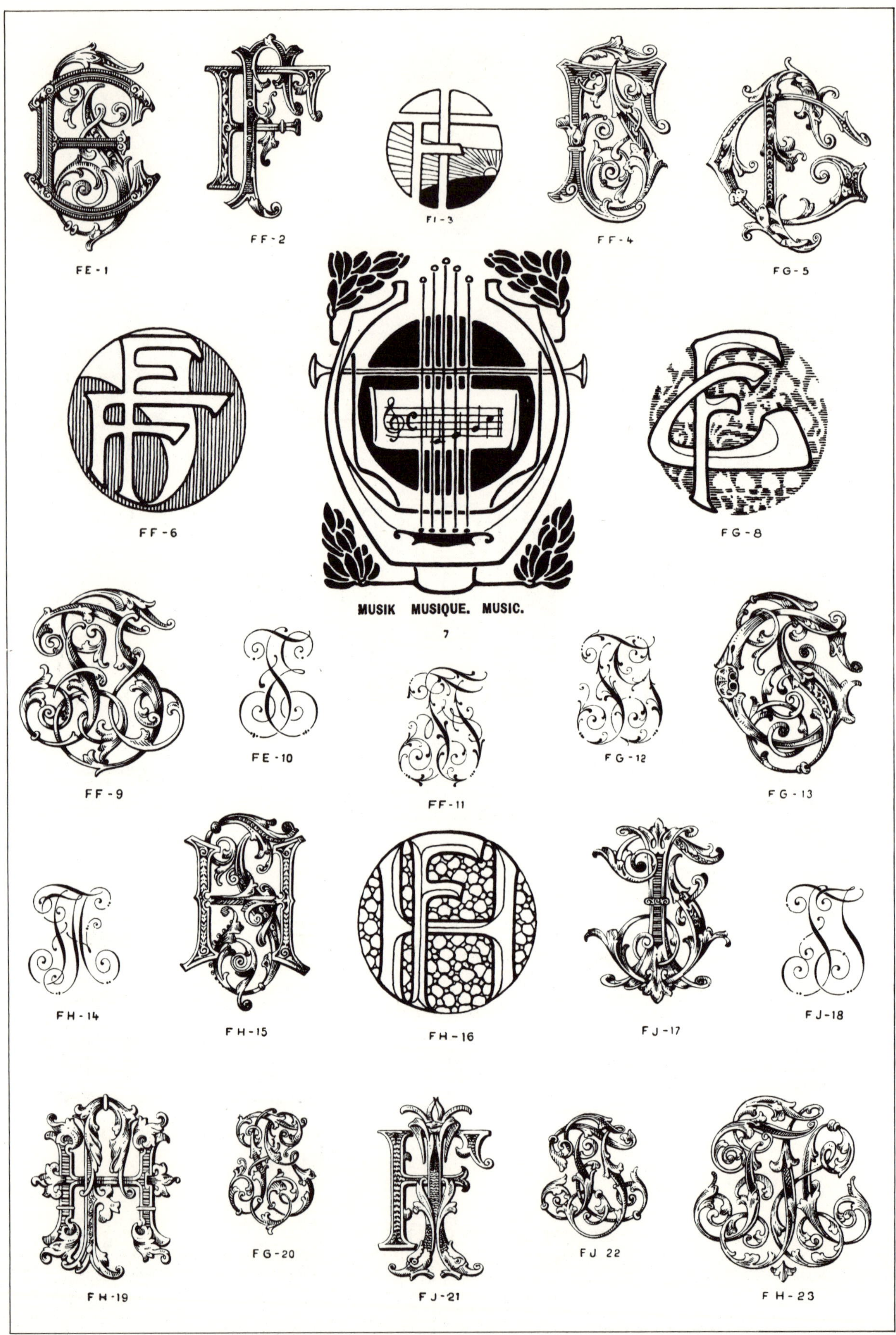

PLATE 26. Monograms (Art Nouveau and Other Styles): FE–FJ

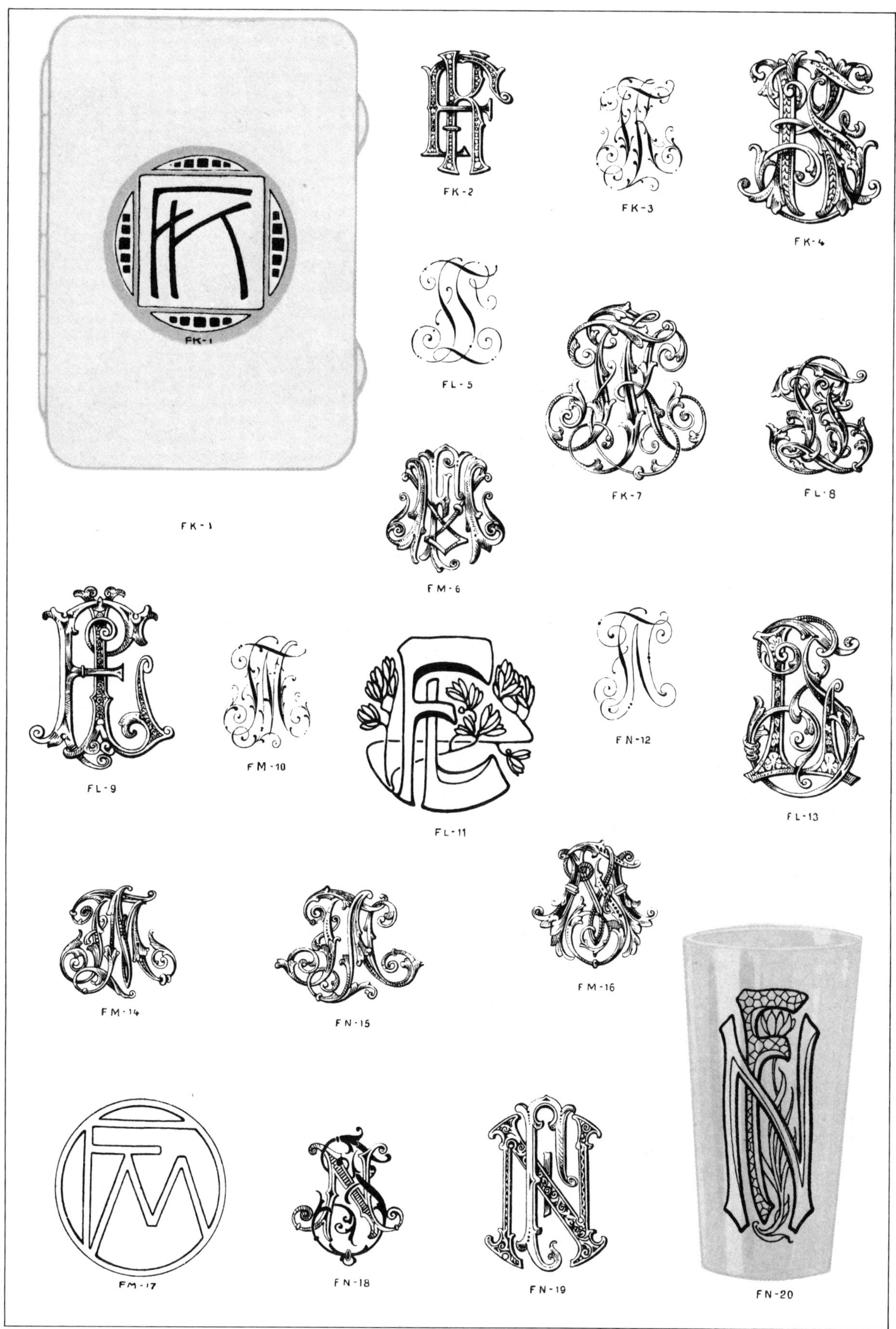

Plate 27. Monograms (Art Nouveau and Other Styles): FK–FN

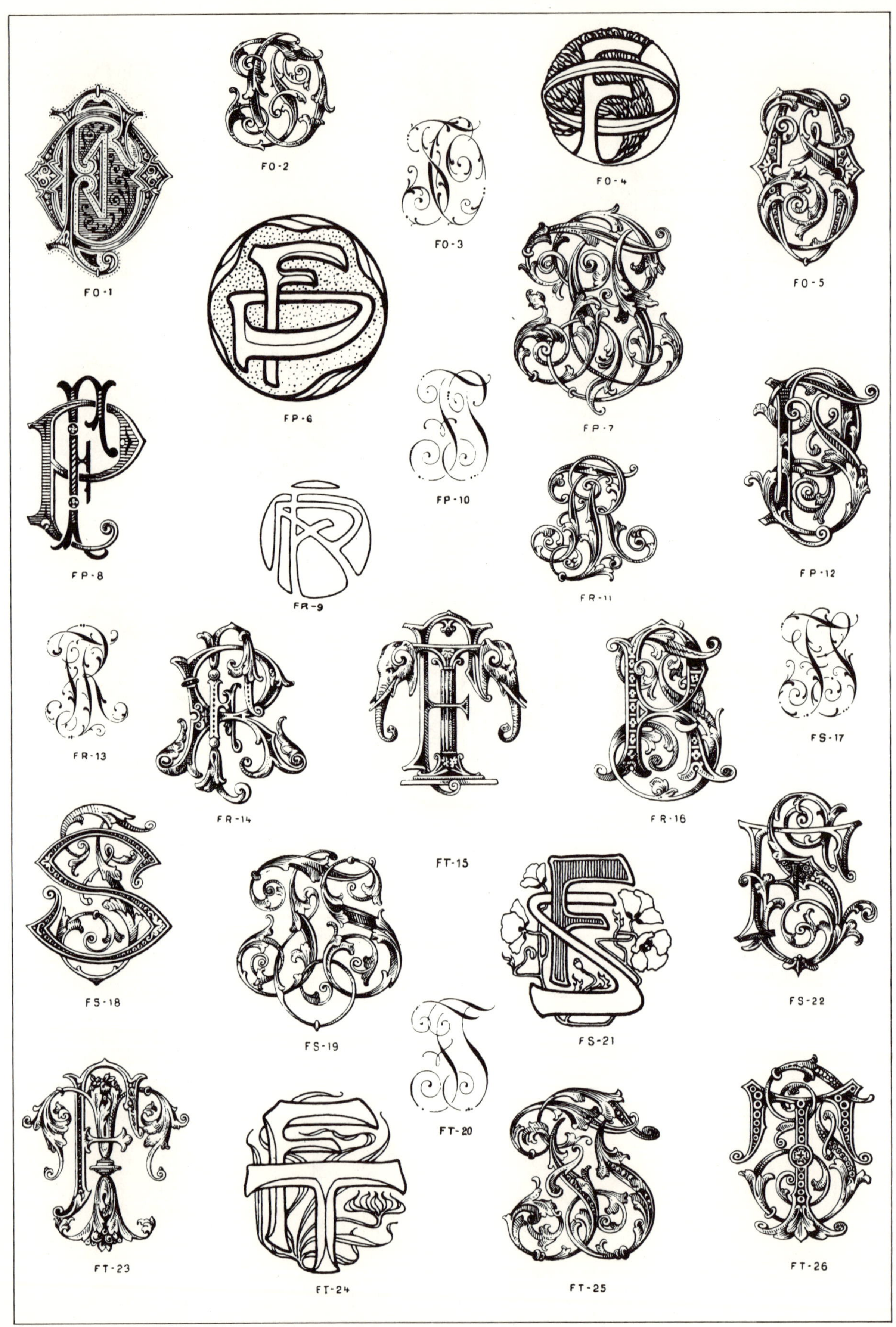

PLATE 28. Monograms (Art Nouveau and Other Styles): FO–FT

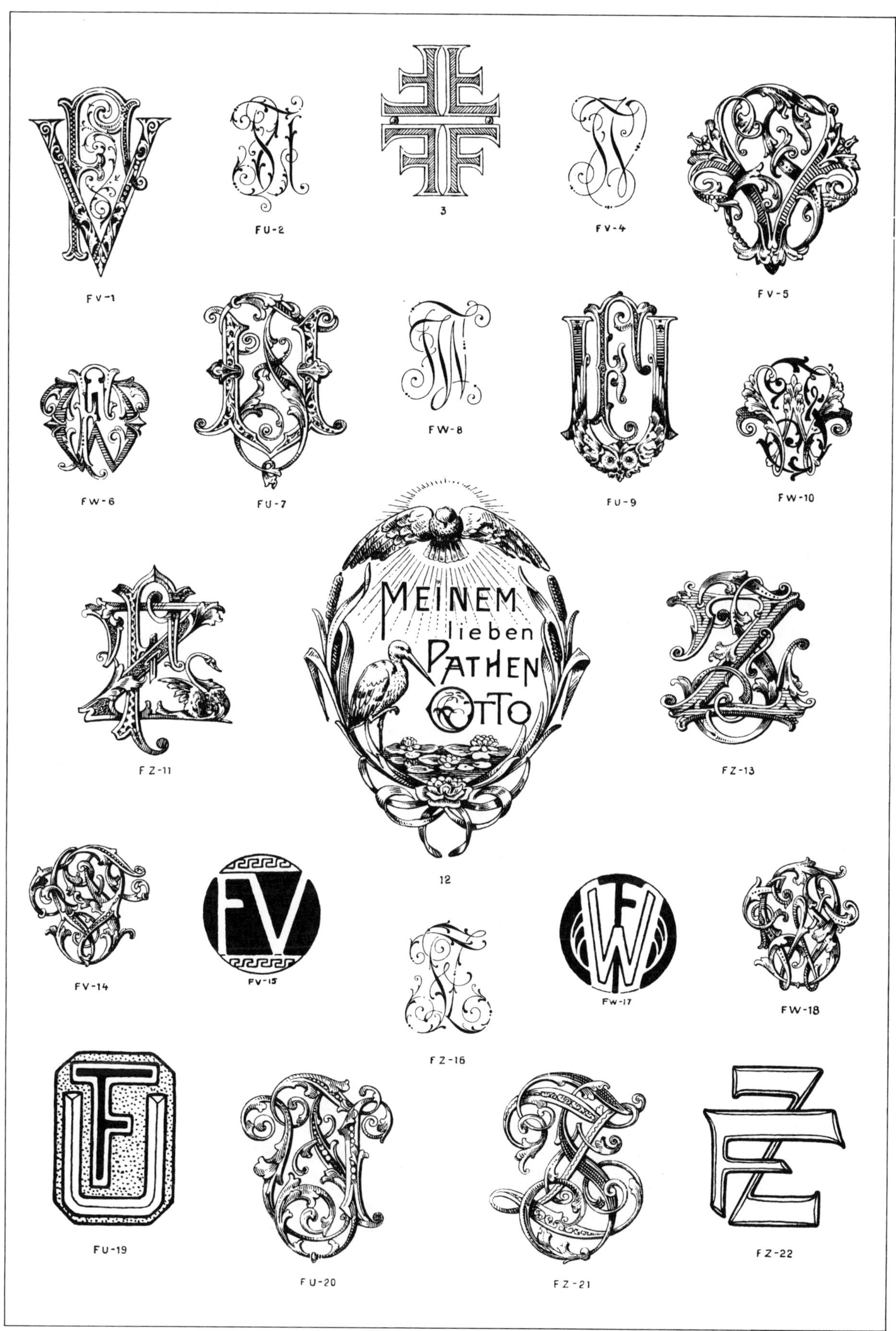

PLATE 29. Monograms (Art Nouveau and Other Styles): FU–FZ

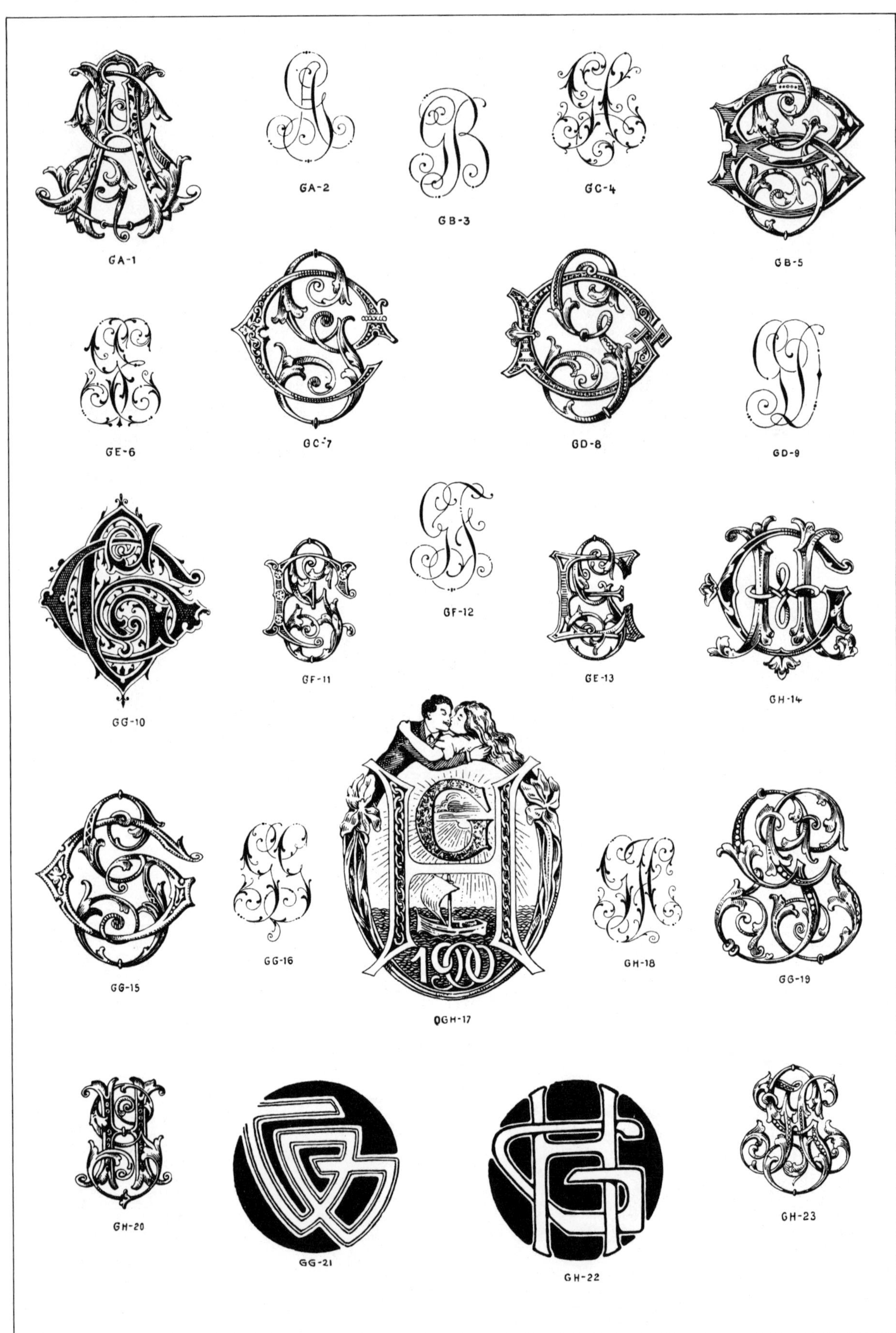

PLATE 30. Monograms (Art Nouveau and Other Styles): GA–GH

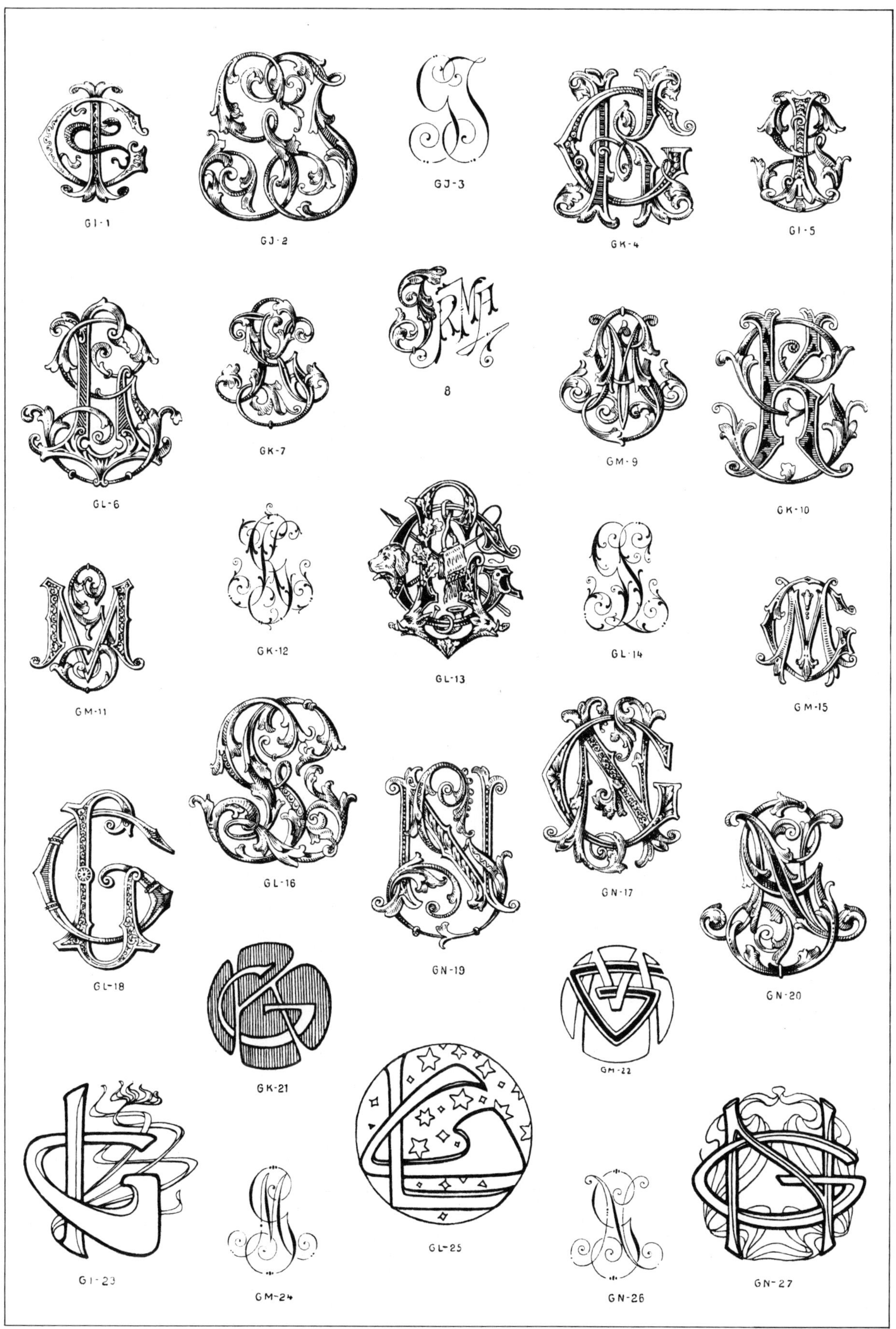

Plate 31. Monograms (Art Nouveau and Other Styles): GI–GN

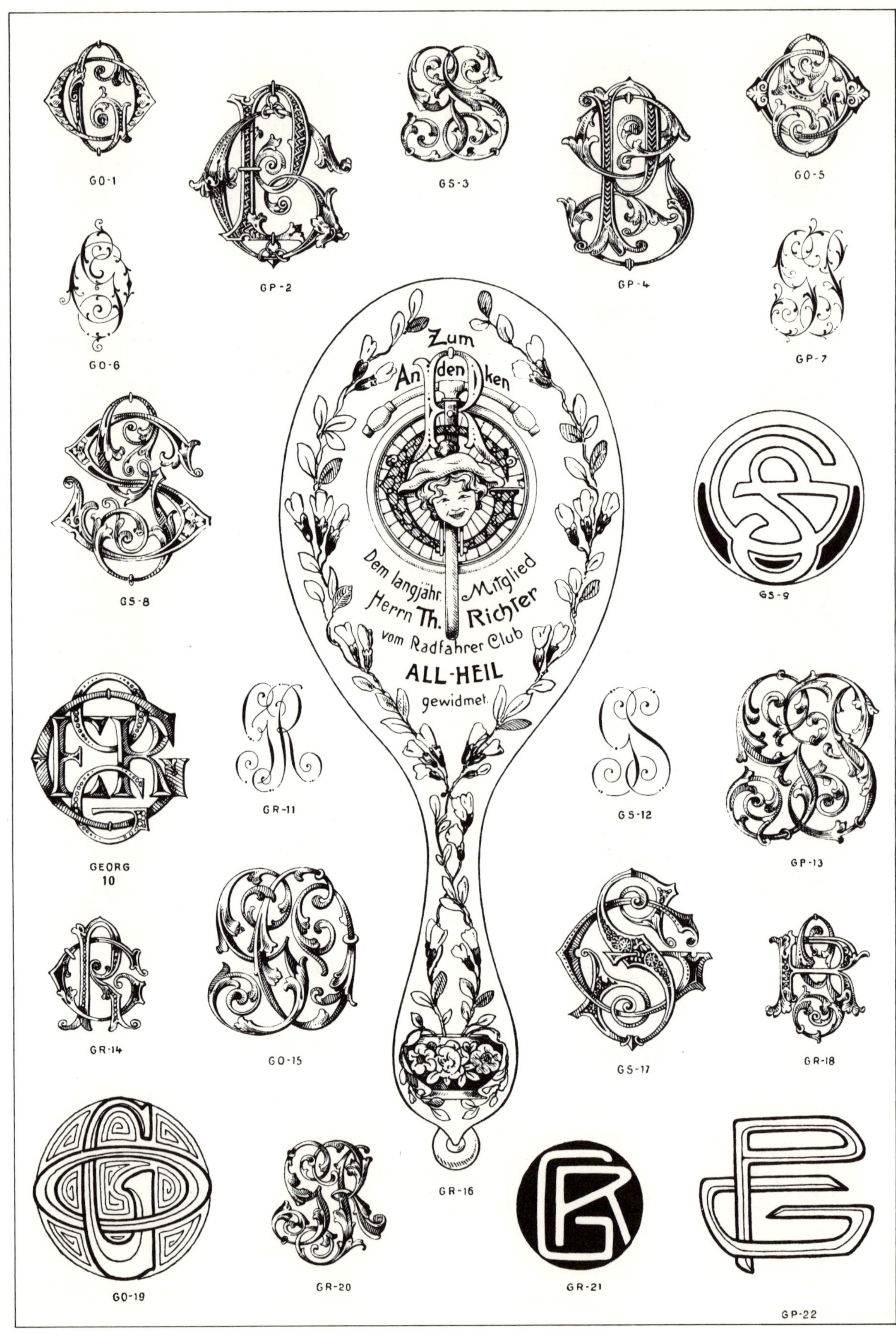

PLATE 32. Monograms (Art Nouveau and Other Styles): GO–GS

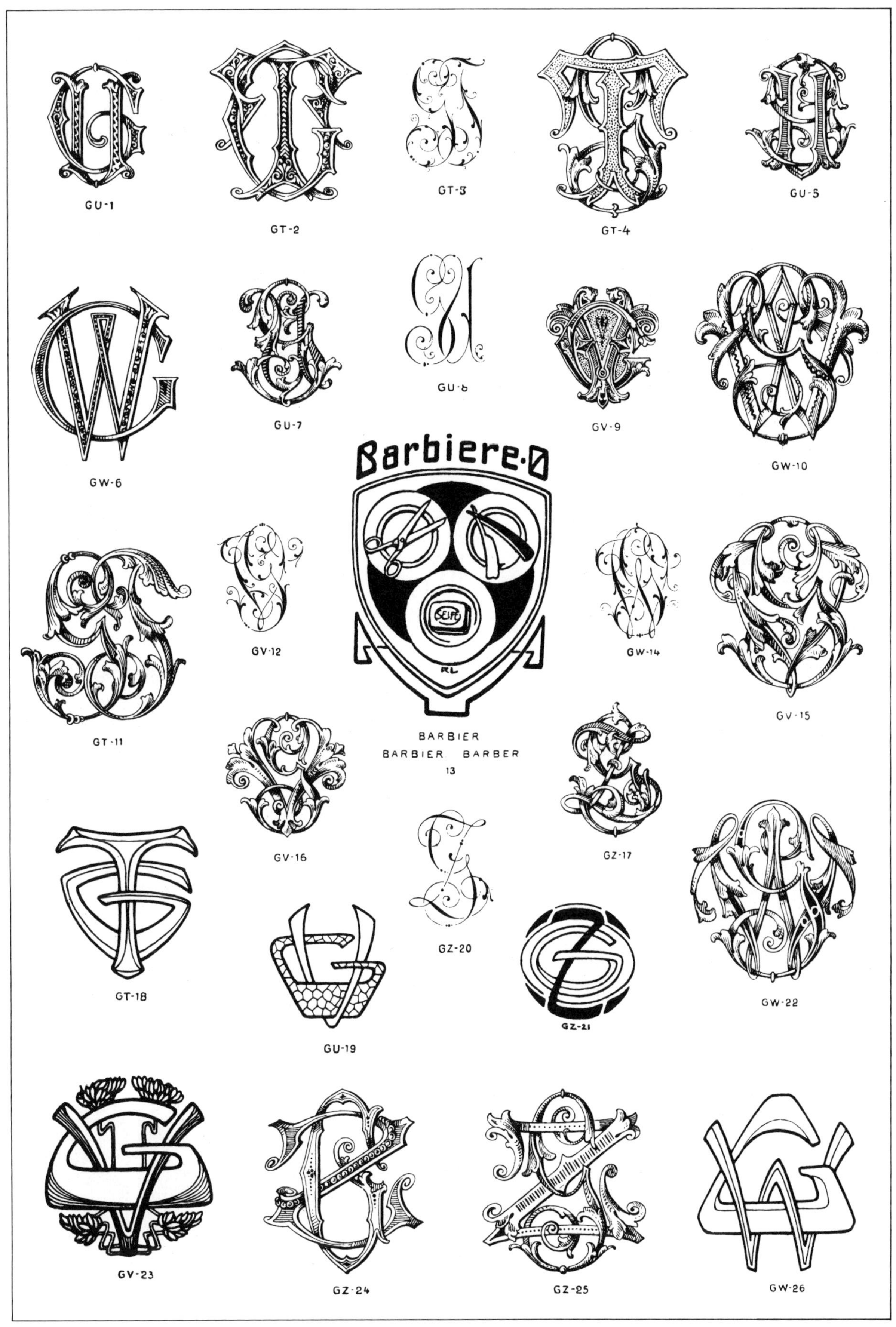

PLATE 33. Monograms (Art Nouveau and Other Styles): GT–GZ

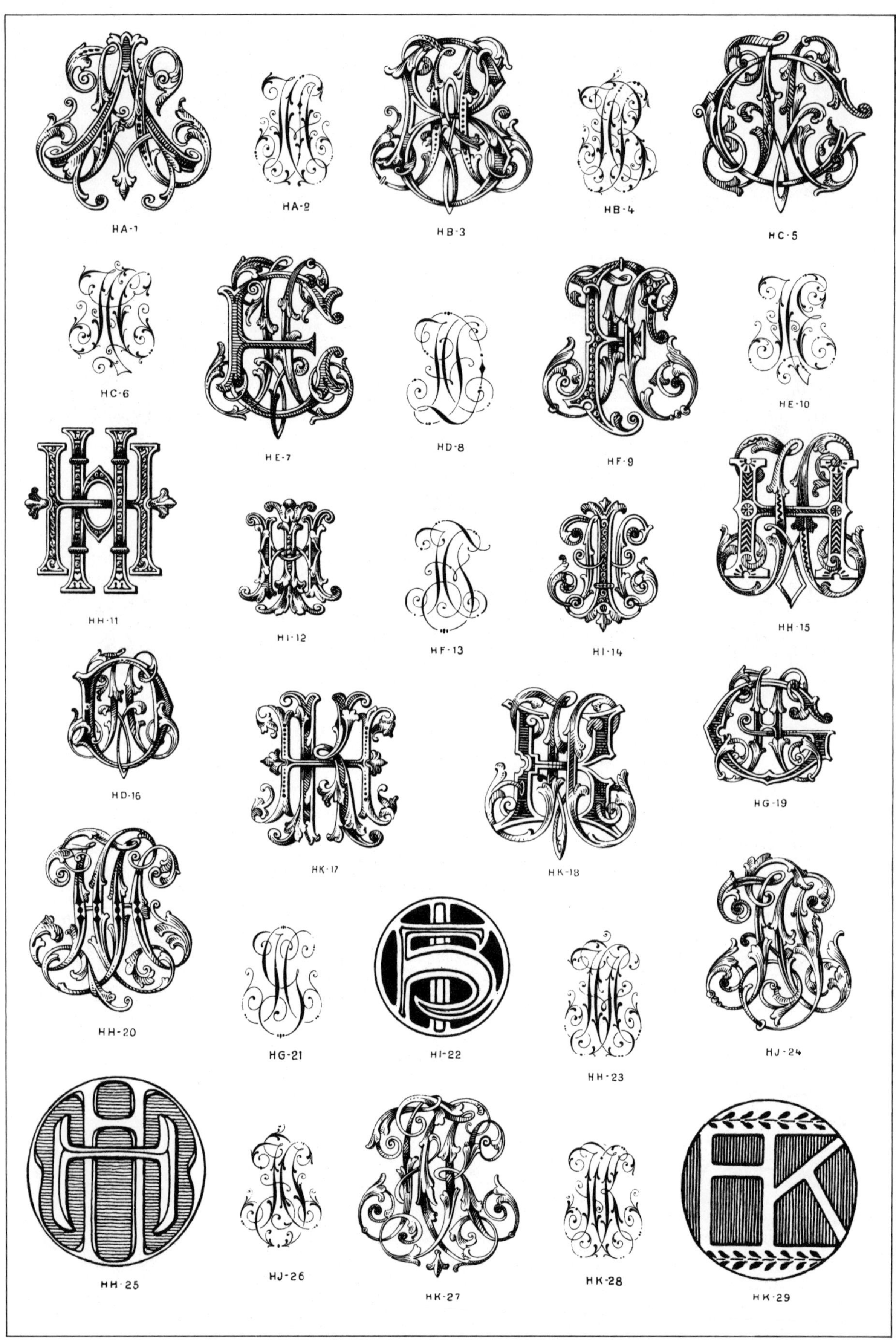

PLATE 34. Monograms (Art Nouveau and Other Styles): HA–HK

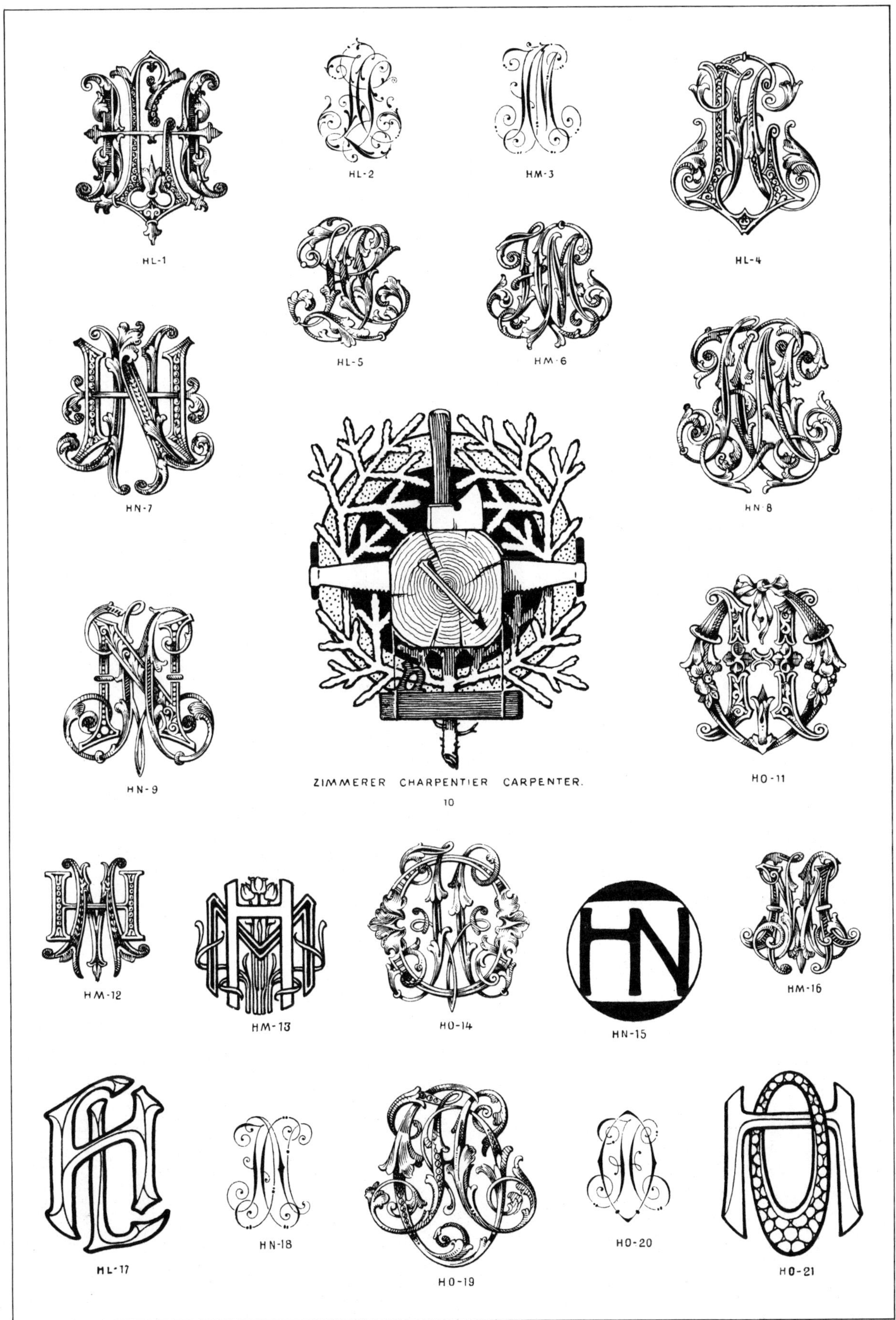

PLATE 35. Monograms (Art Nouveau and Other Styles): HL–HO

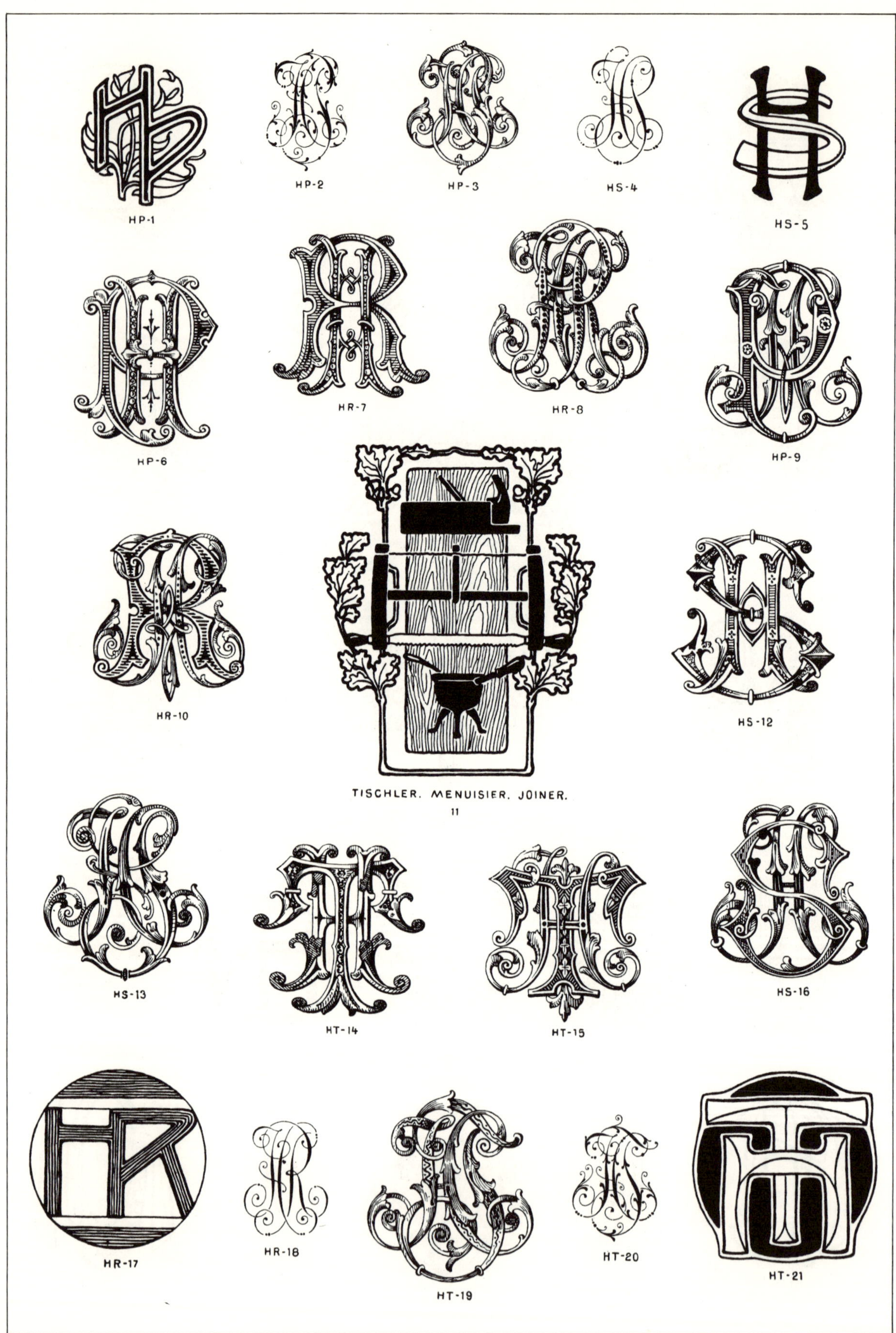

PLATE 36. Monograms (Art Nouveau and Other Styles): HP–HT

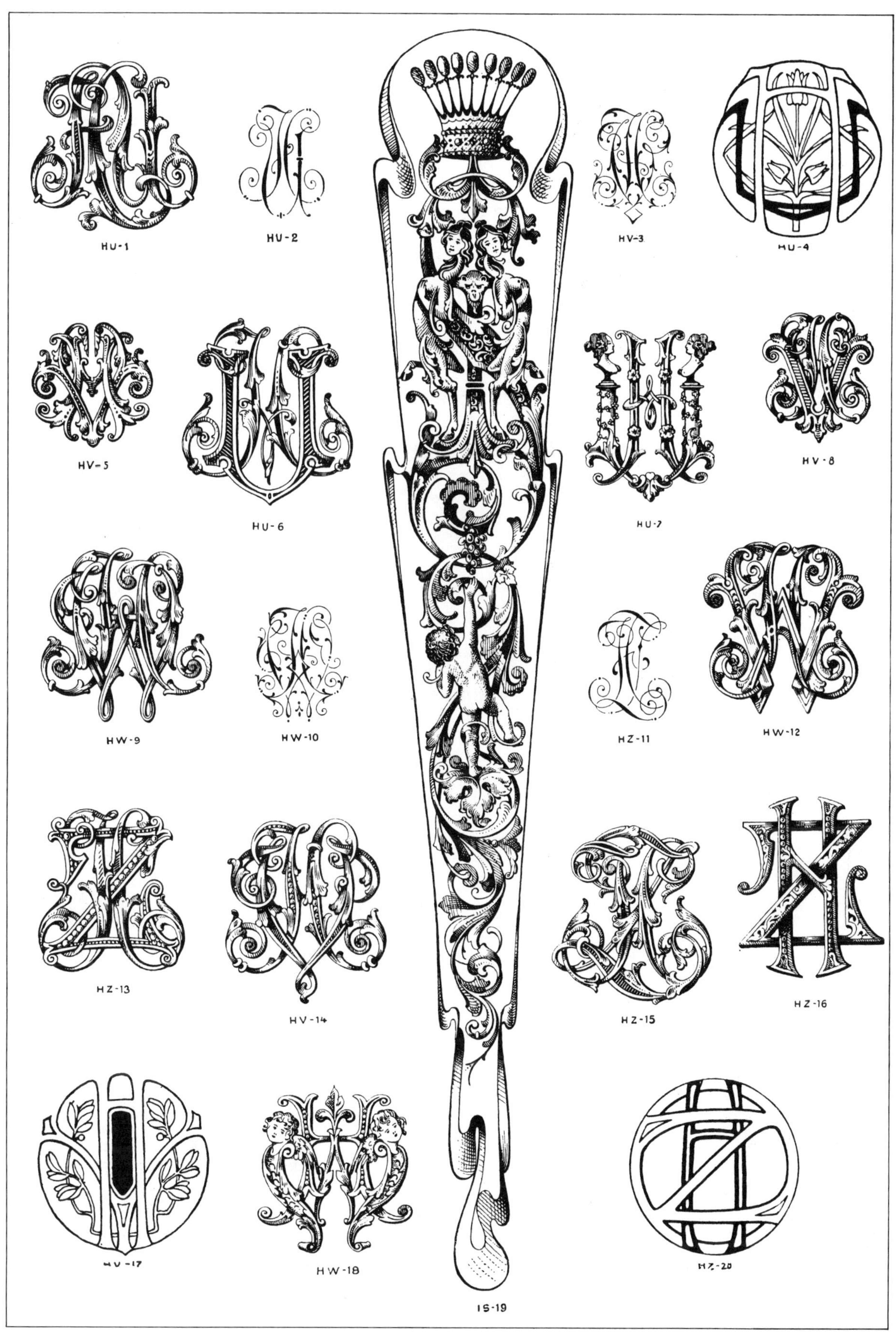

Plate 37. Monograms (Art Nouveau and Other Styles): HU–HZ

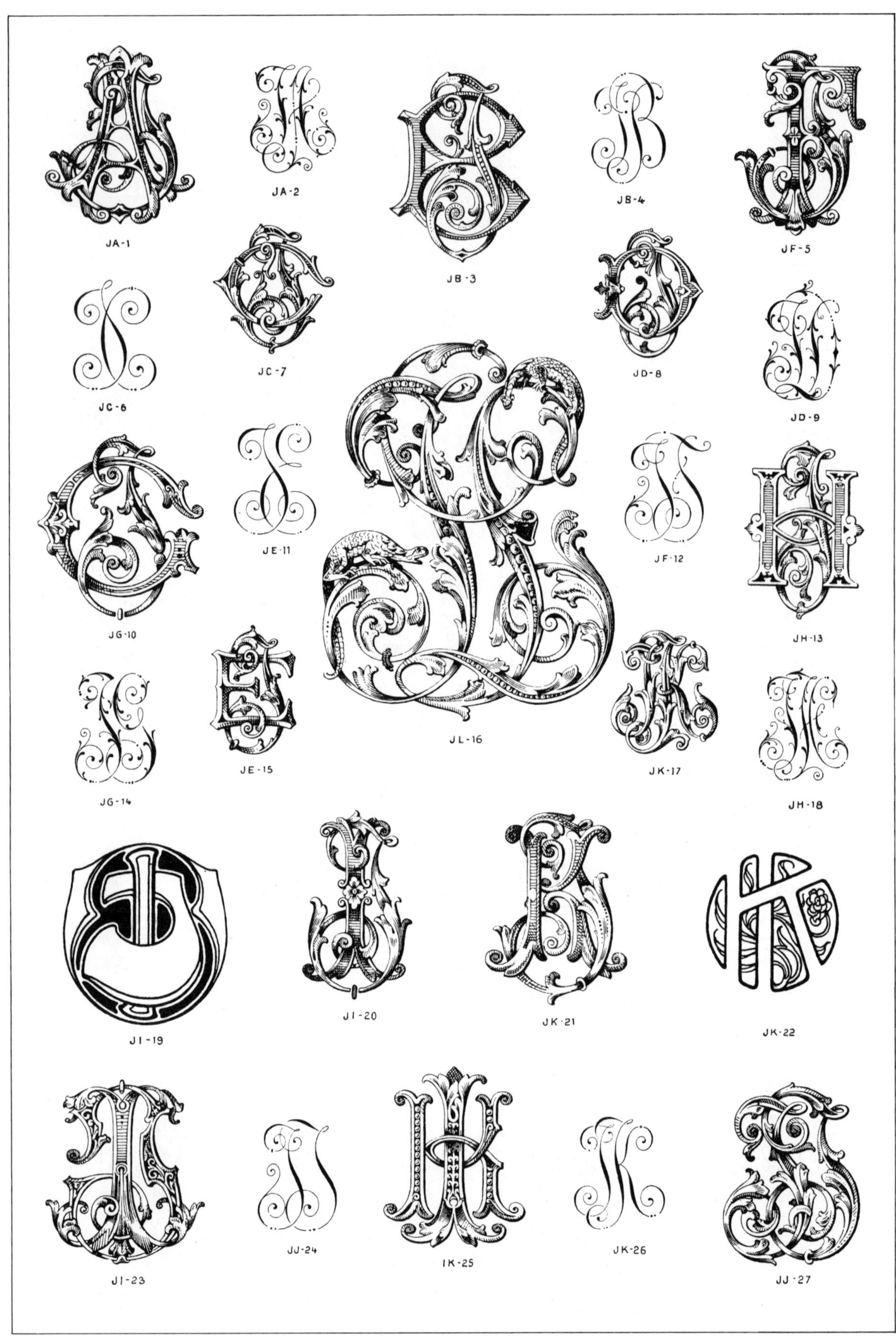

PLATE 38. Monograms (Art Nouveau and Other Styles): JA–JK

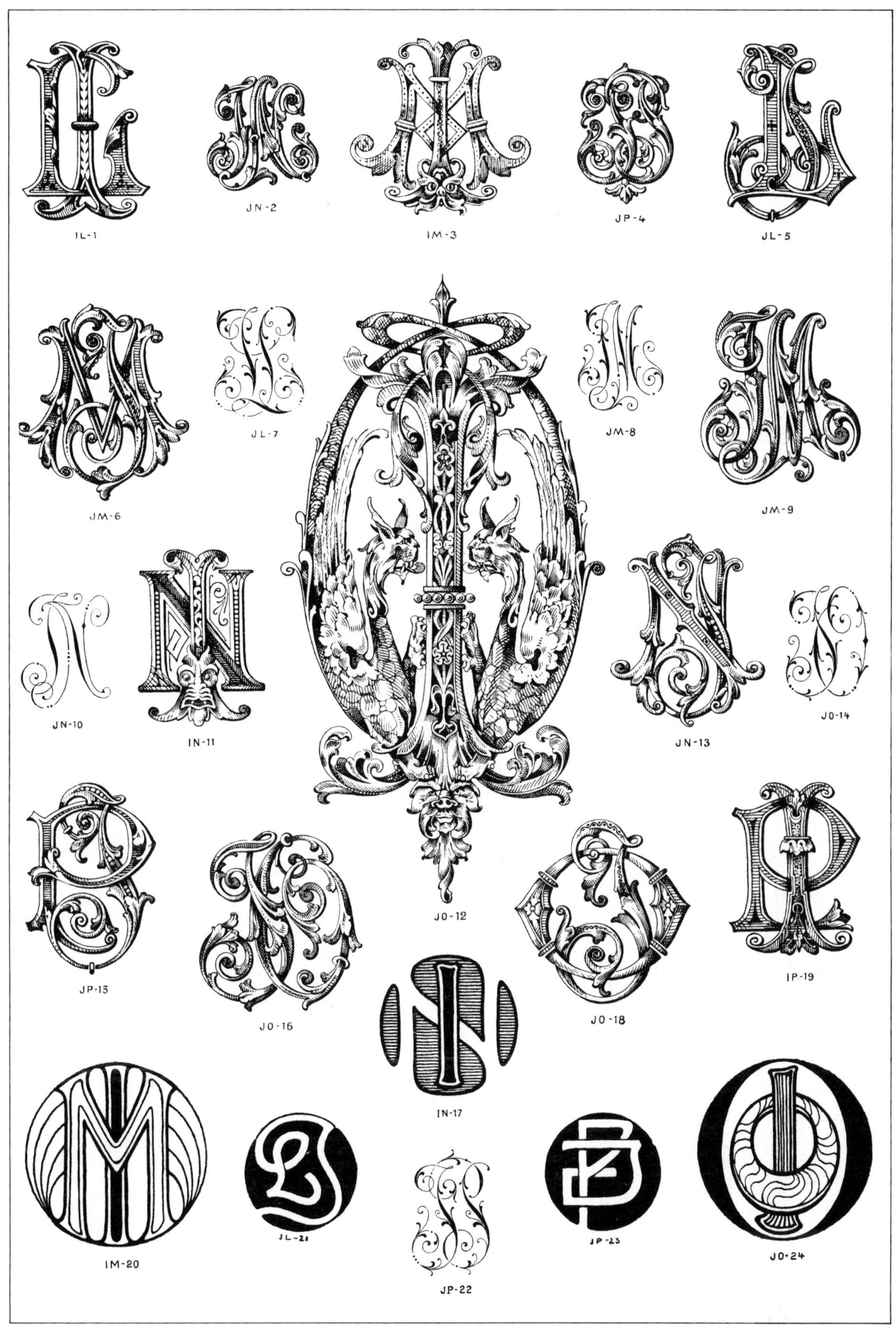

PLATE 39. Monograms (Art Nouveau and Other Styles): JL–JP

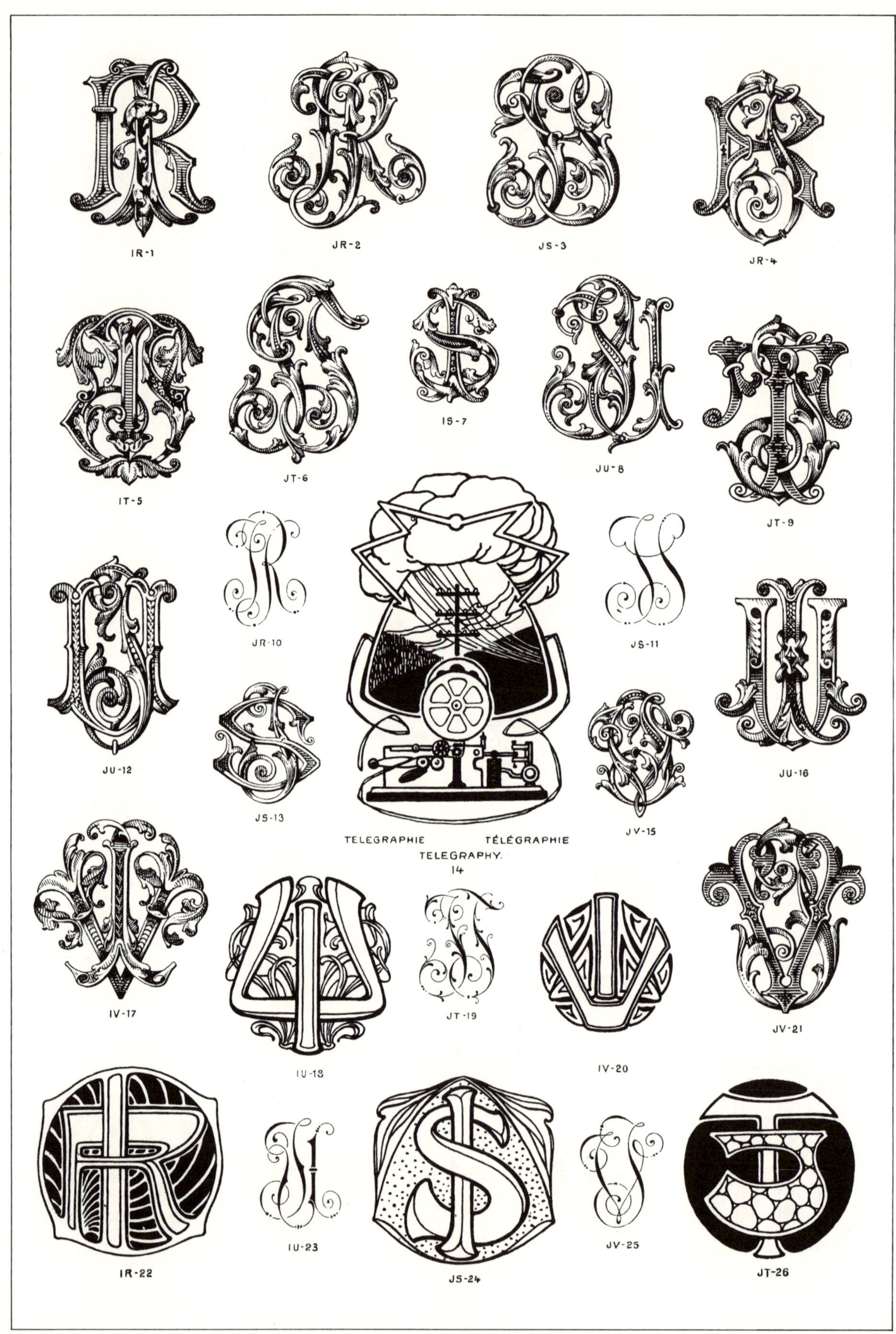

PLATE 40. Monograms (Art Nouveau and Other Styles): JR–JV

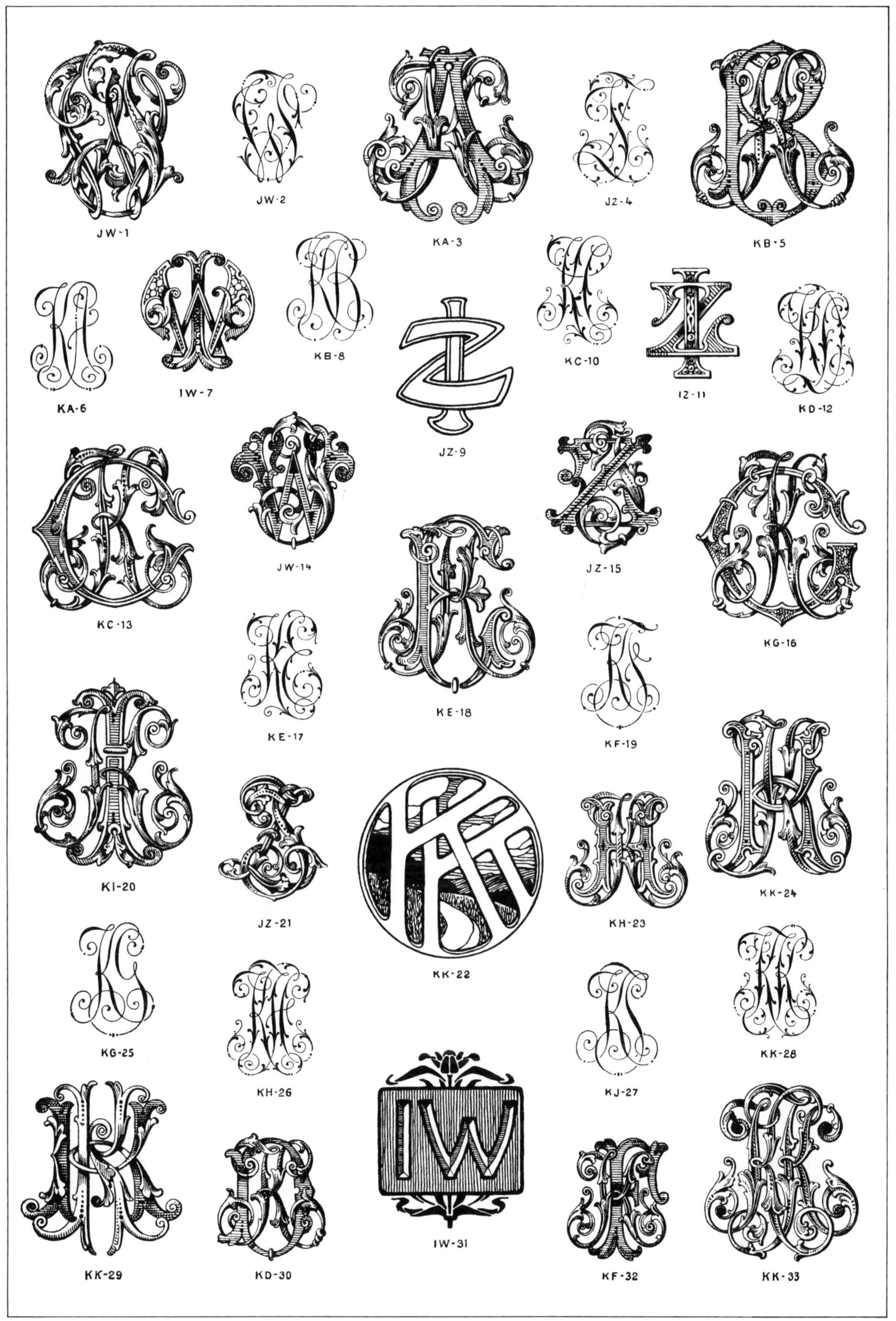

PLATE 41. Monograms (Art Nouveau and Other Styles): JW–KK

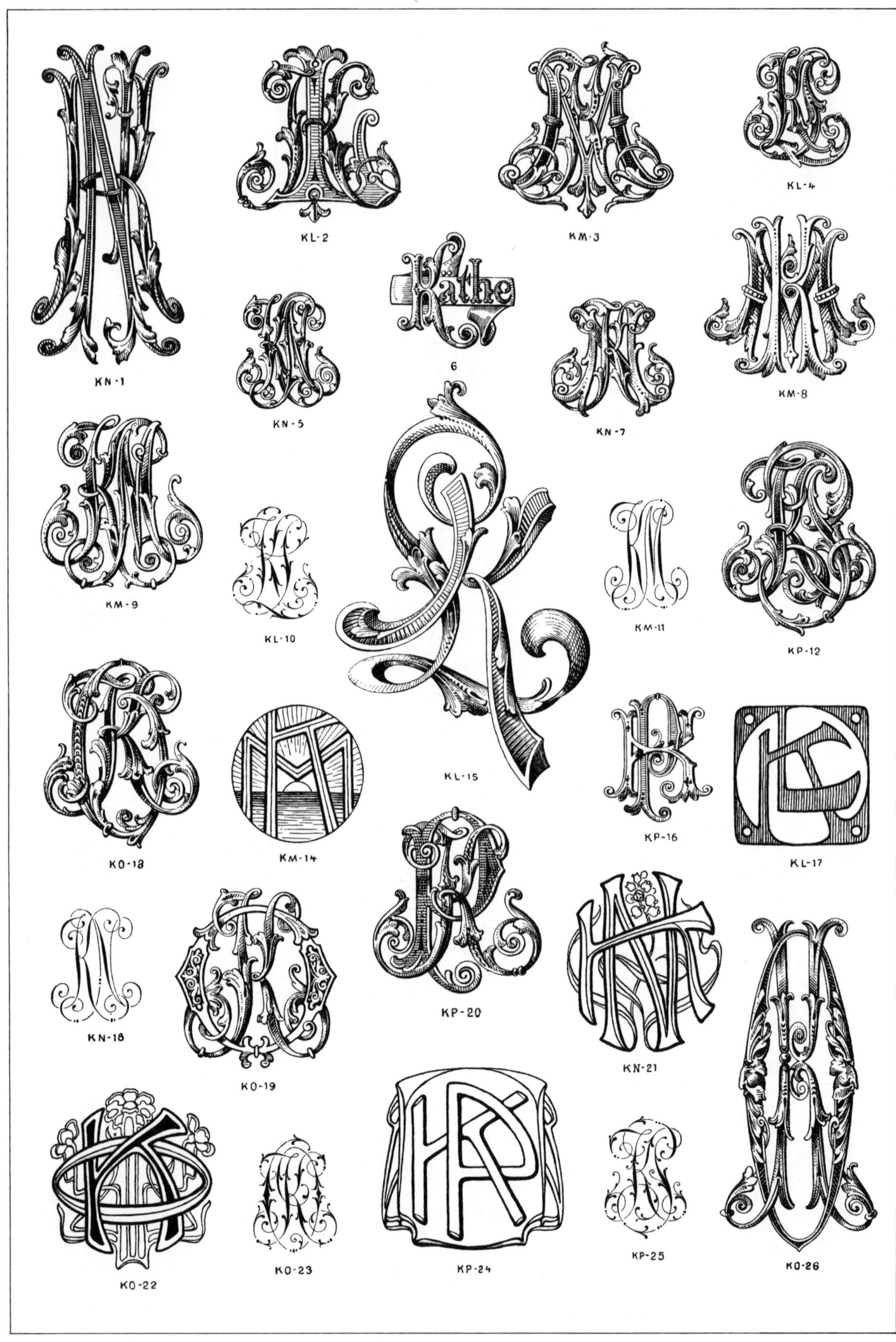

Plate 42. Monograms (Art Nouveau and Other Styles): KL–KP

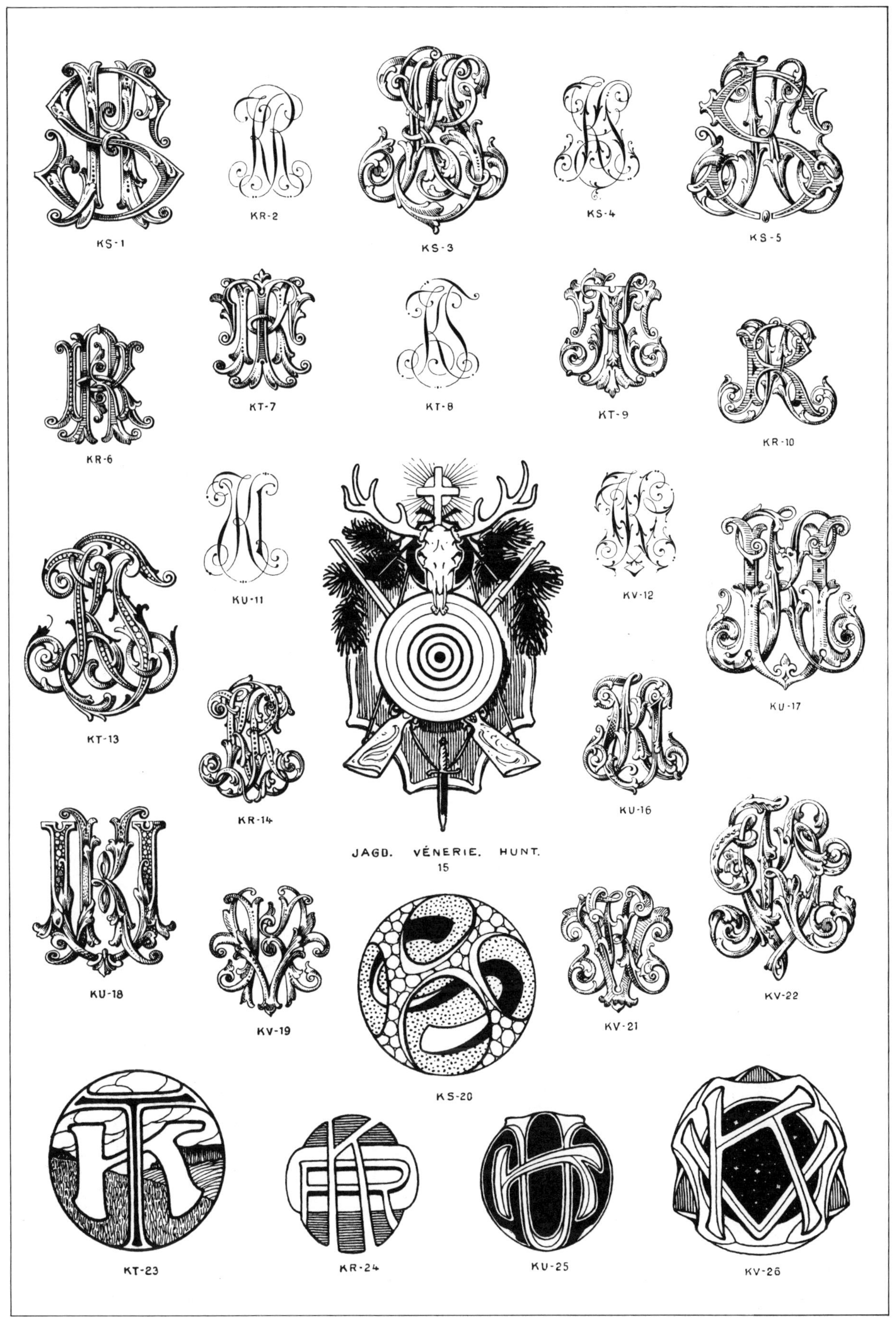

PLATE 43. Monograms (Art Nouveau and Other Styles): KR–KV

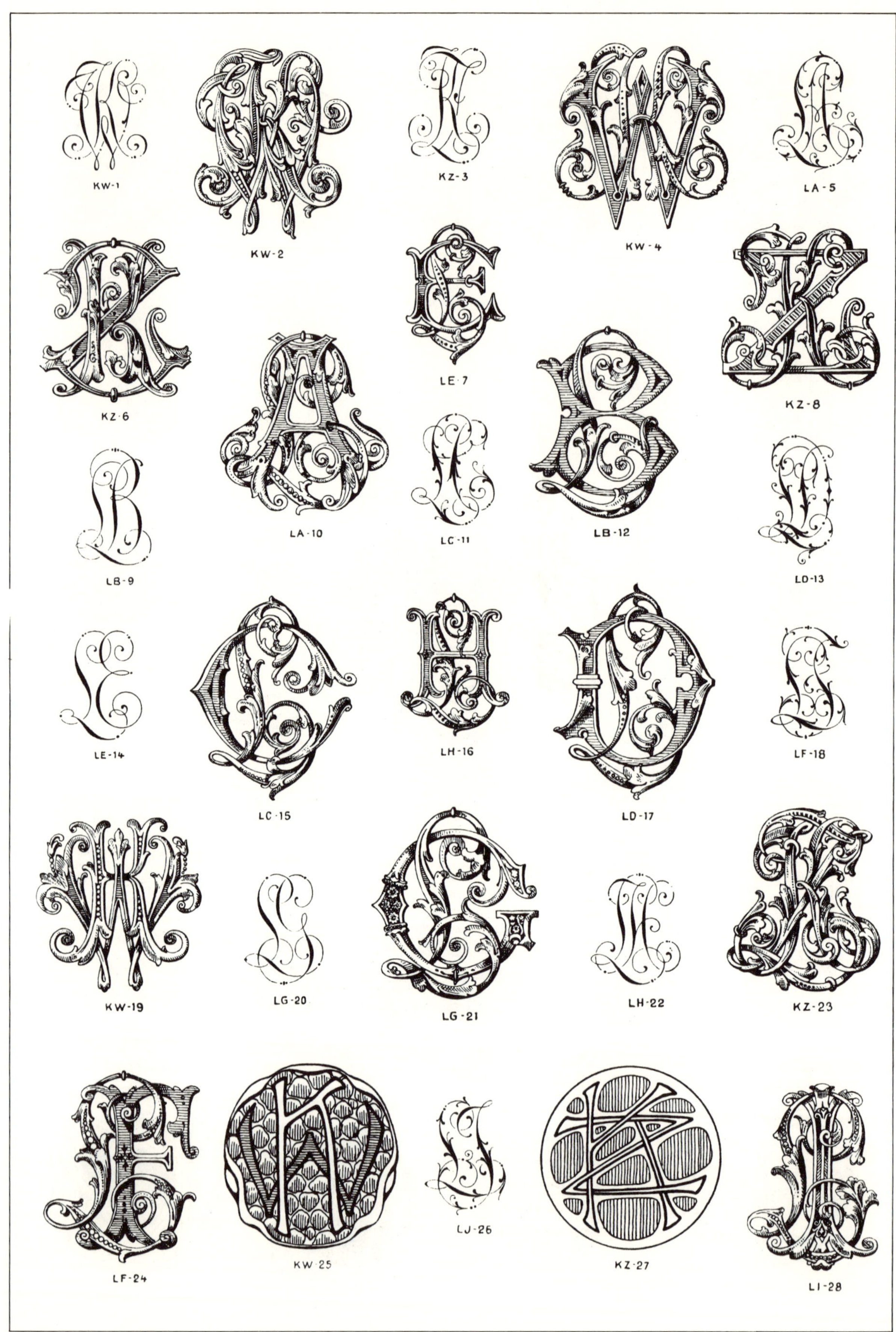

PLATE 44. Monograms (Art Nouveau and Other Styles): KW–LJ

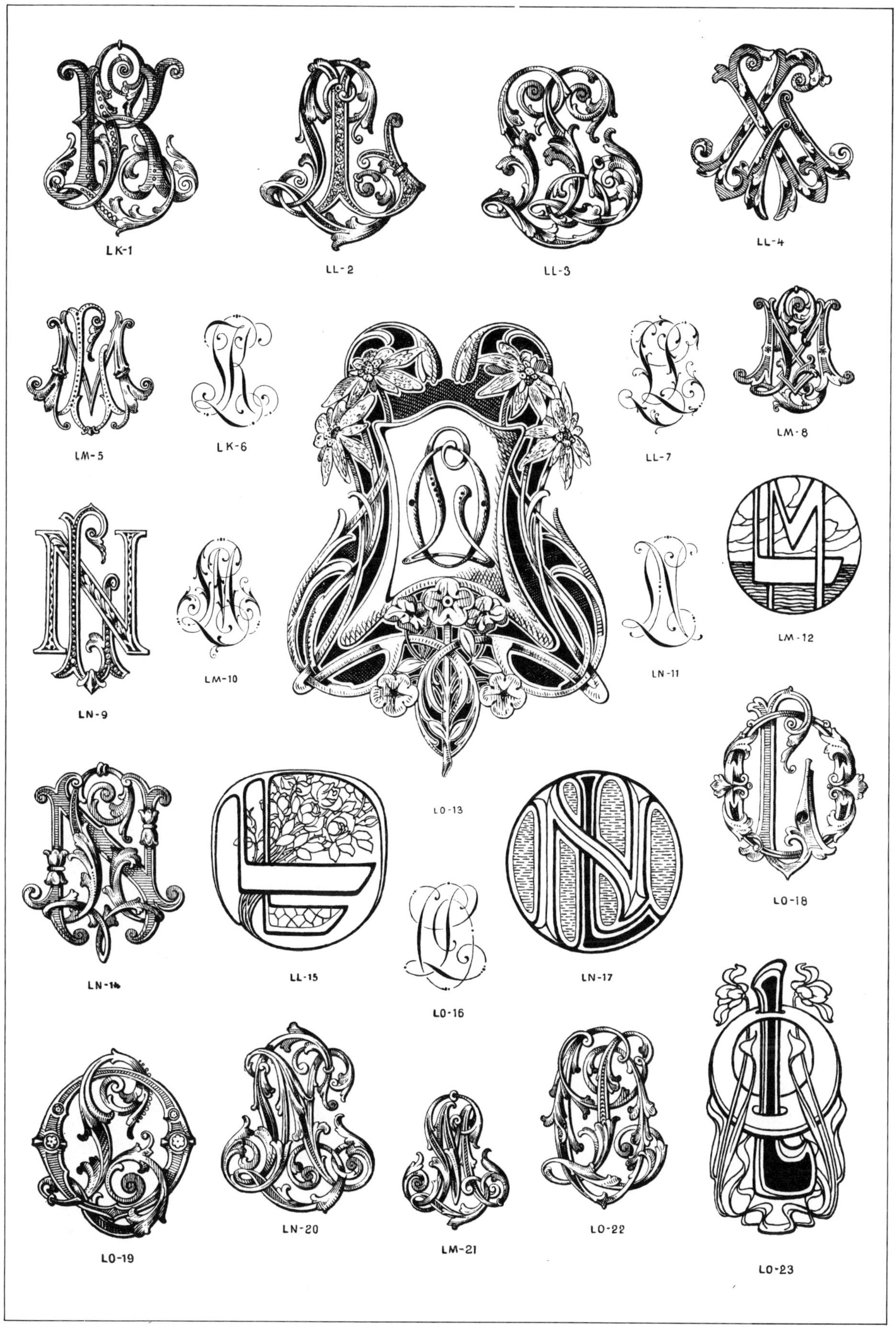

PLATE 45. Monograms (Art Nouveau and Other Styles): LK–LO

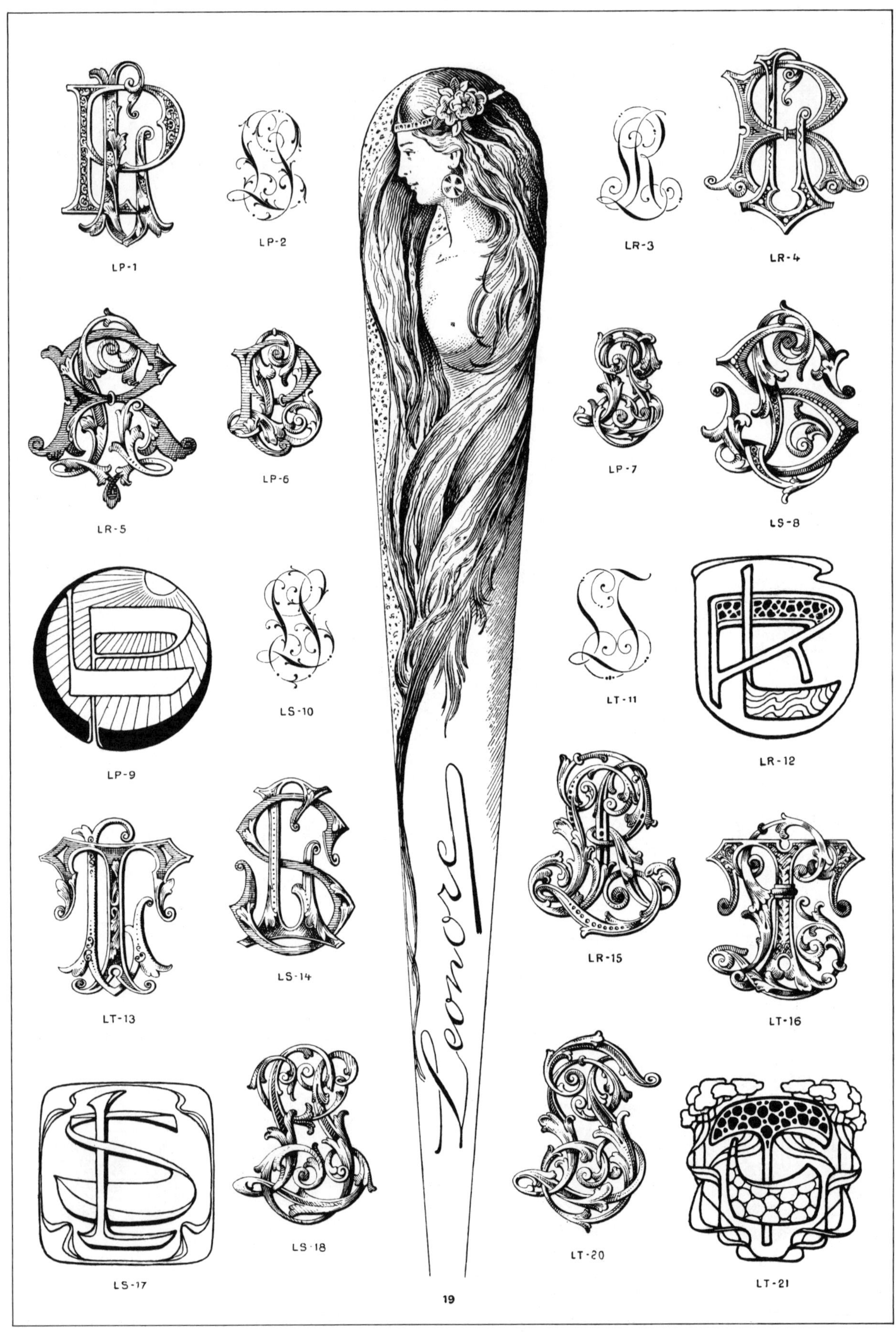

PLATE 46. Monograms (Art Nouveau and Other Styles): LP–LT

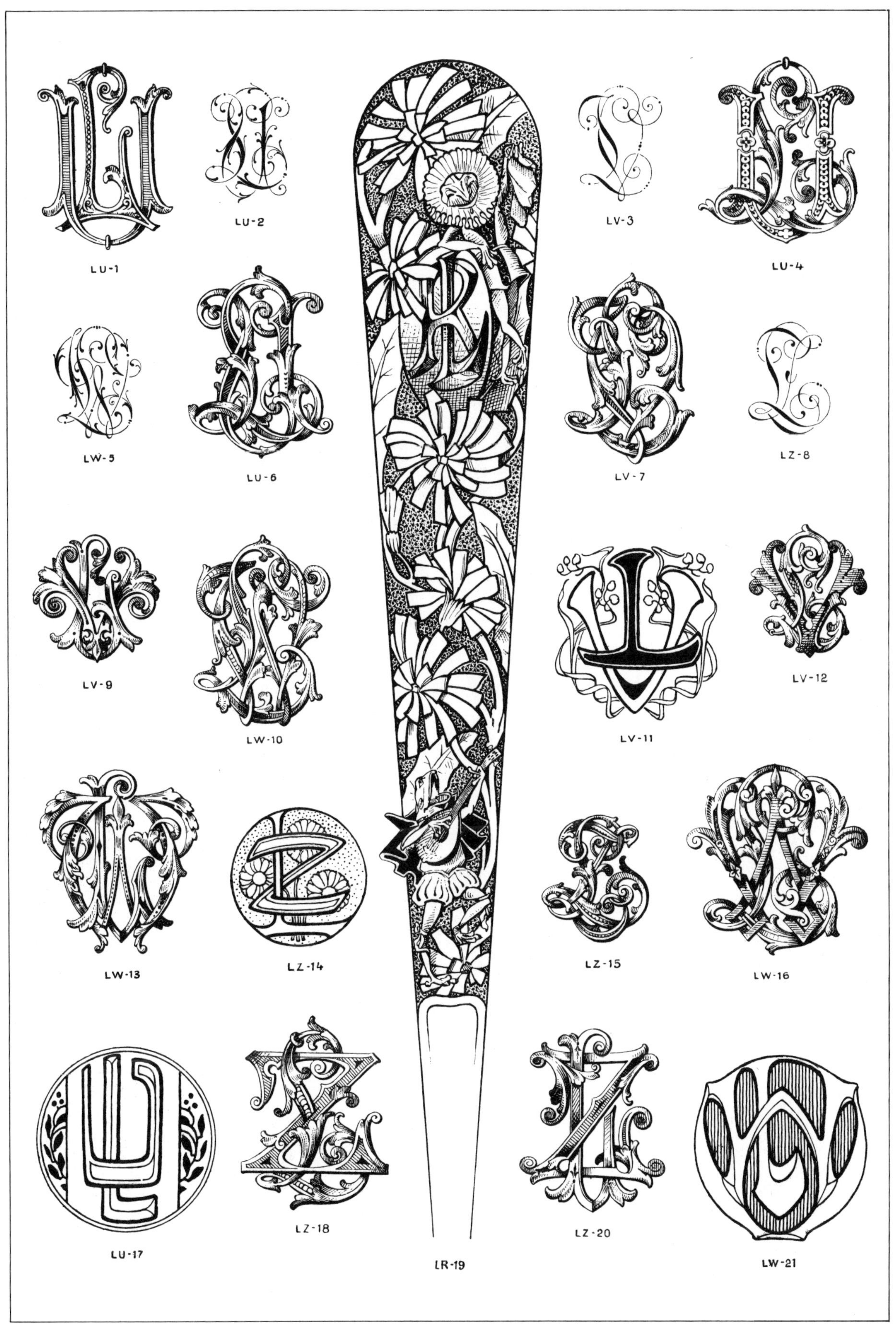

PLATE 47. Monograms (Art Nouveau and Other Styles): LU–LZ

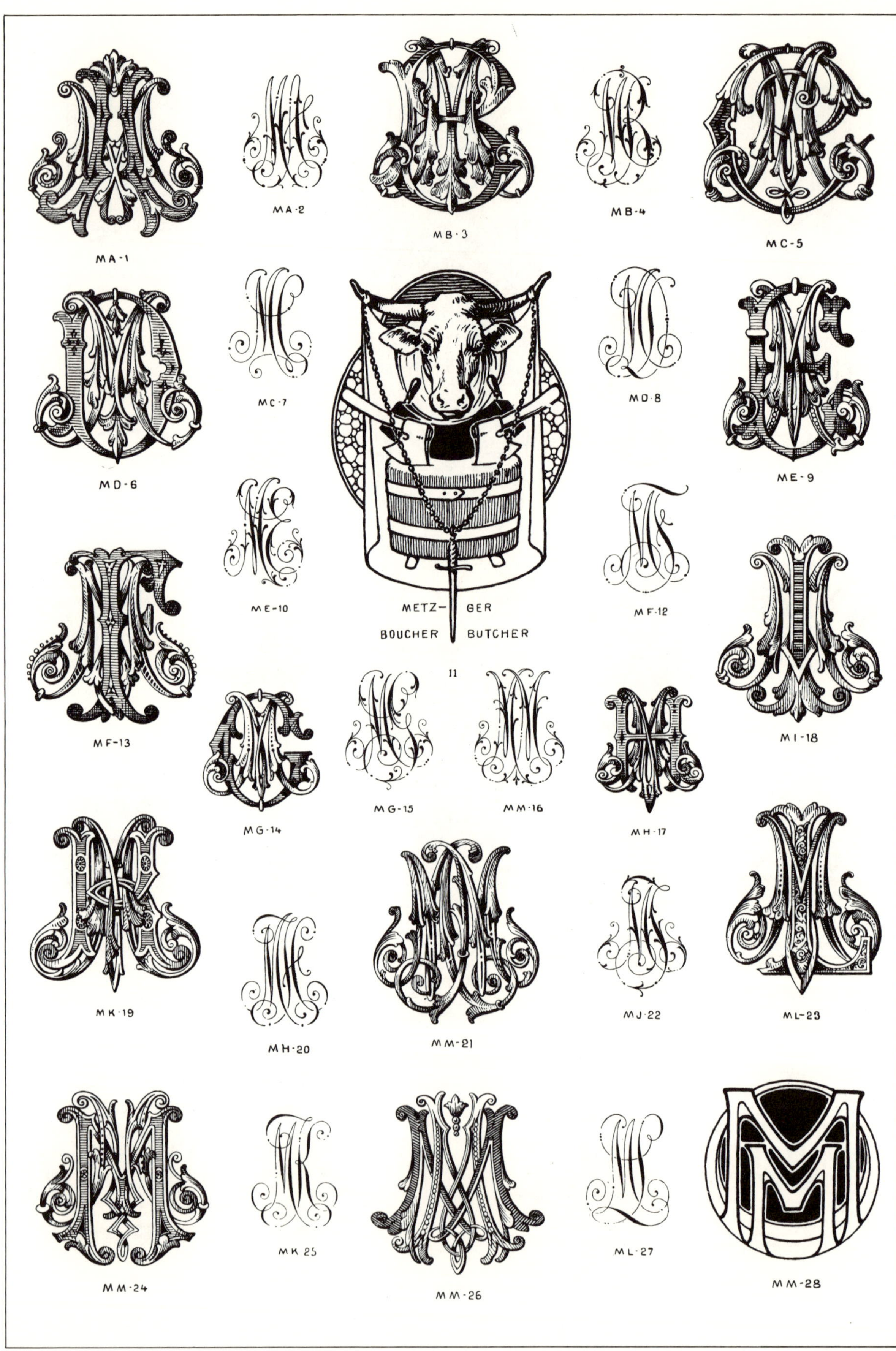

PLATE 48. Monograms (Art Nouveau and Other Styles): MA–MM

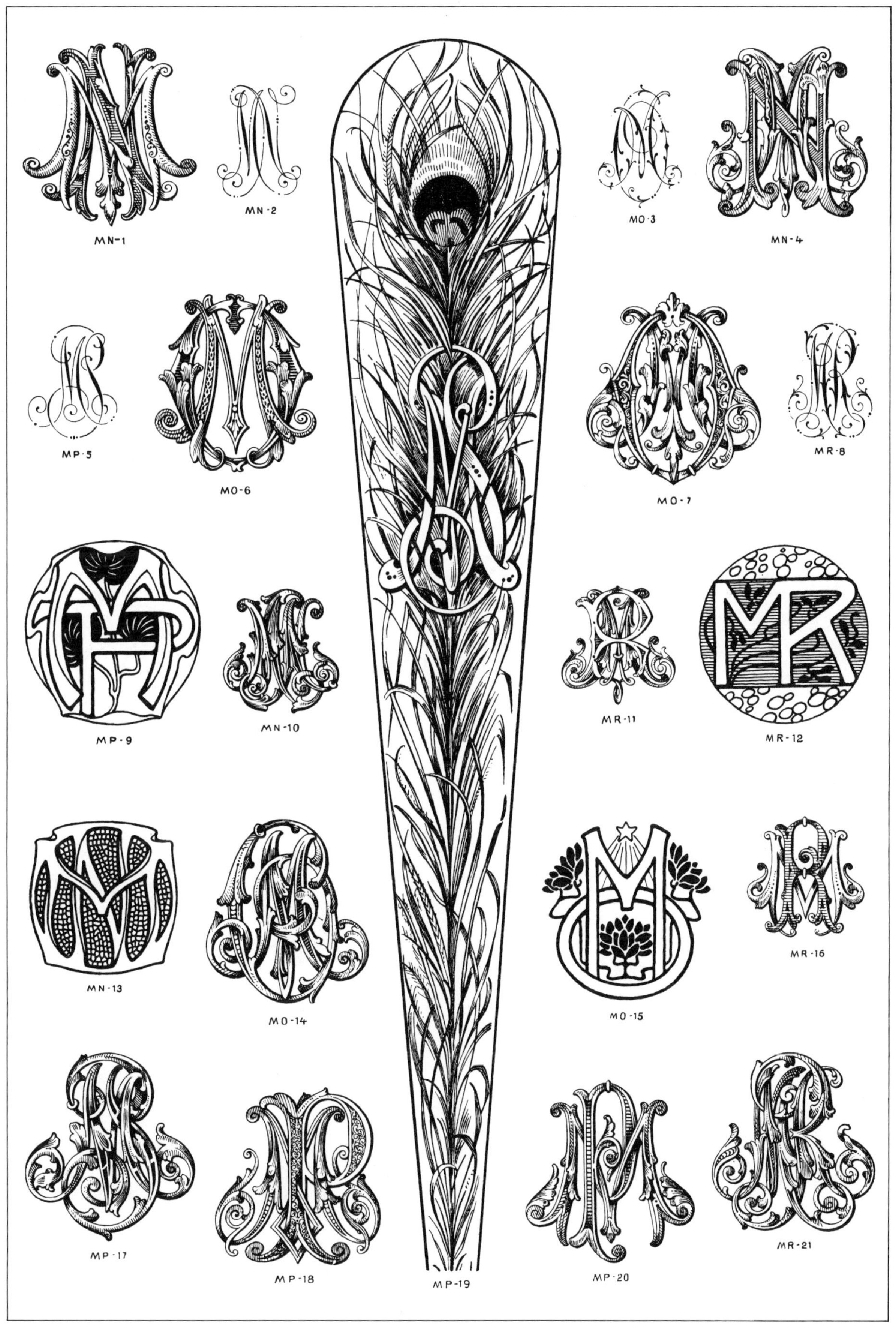

PLATE 49. Monograms (Art Nouveau and Other Styles): MN–MR

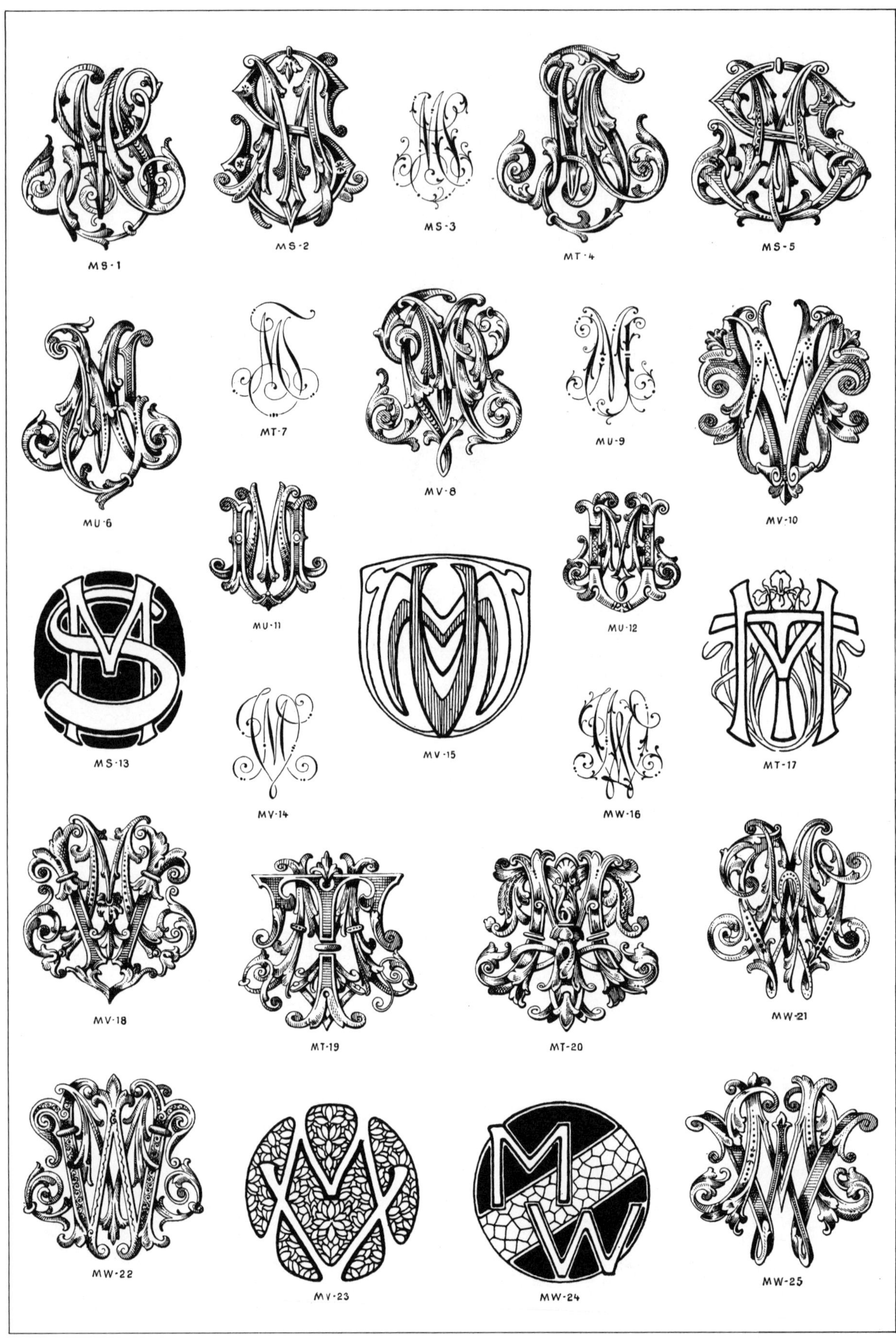

PLATE 50. Monograms (Art Nouveau and Other Styles): MS–MW

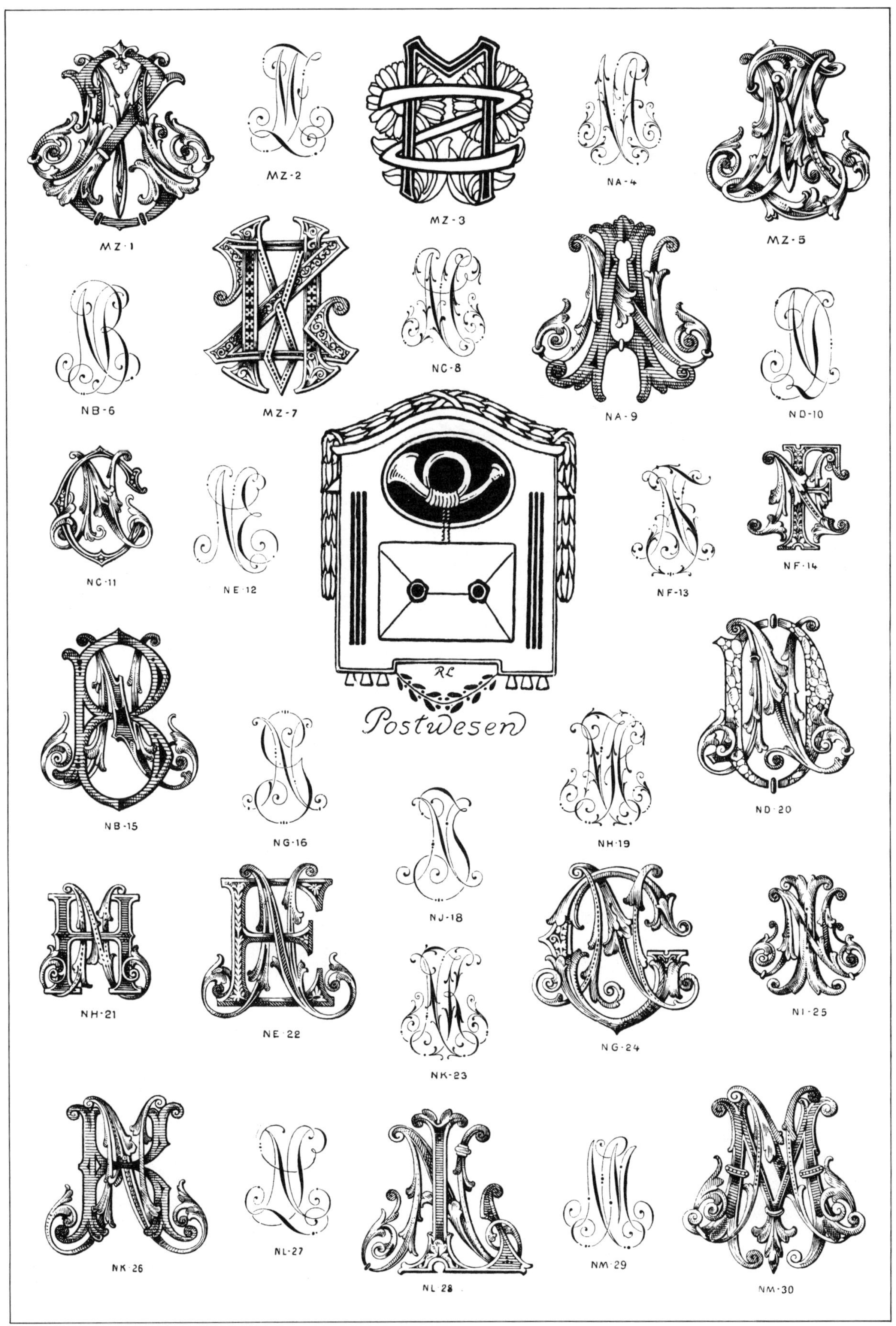

PLATE 51. Monograms (Art Nouveau and Other Styles): MZ–NM

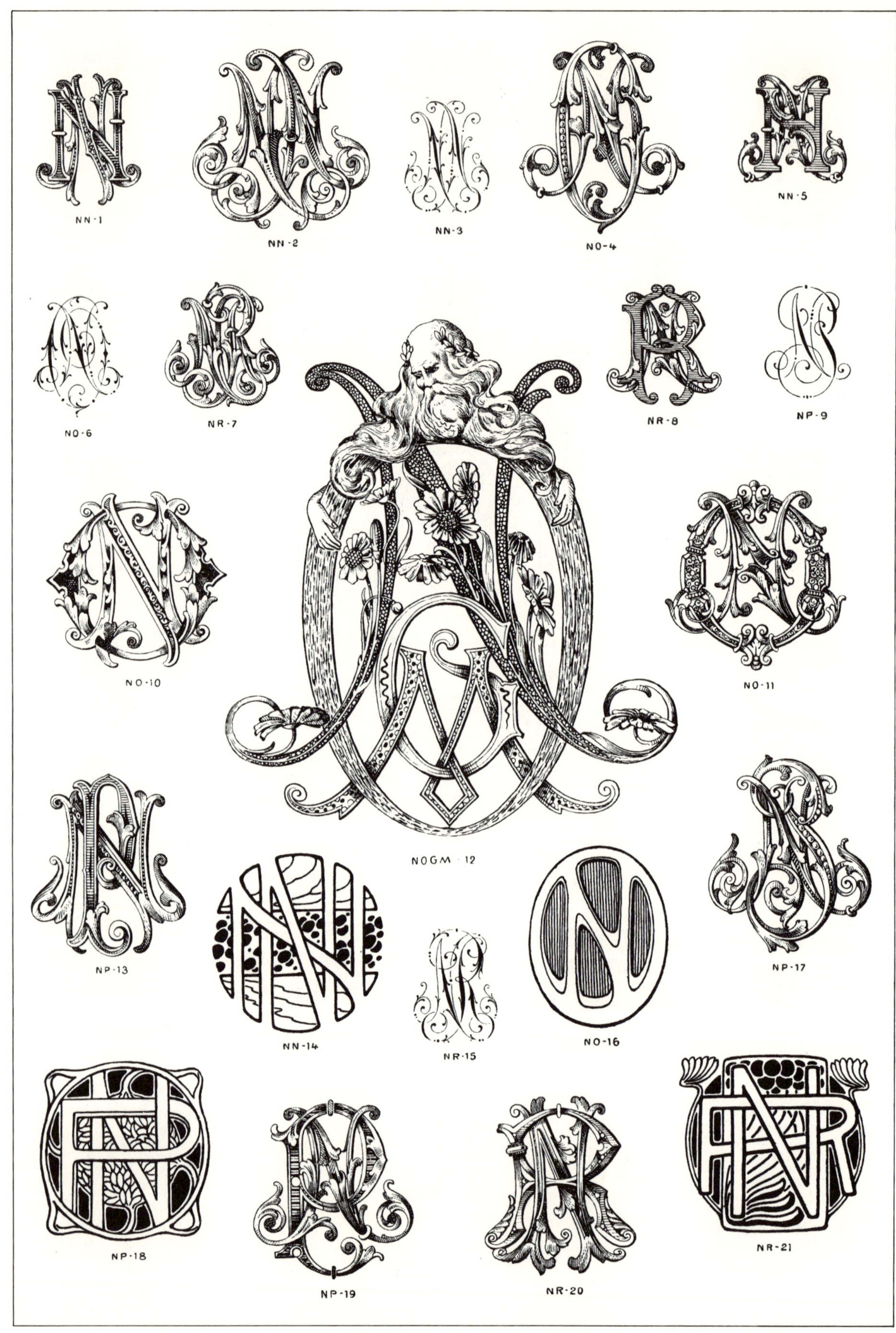

PLATE 52. Monograms (Art Nouveau and Other Styles): NN–NR

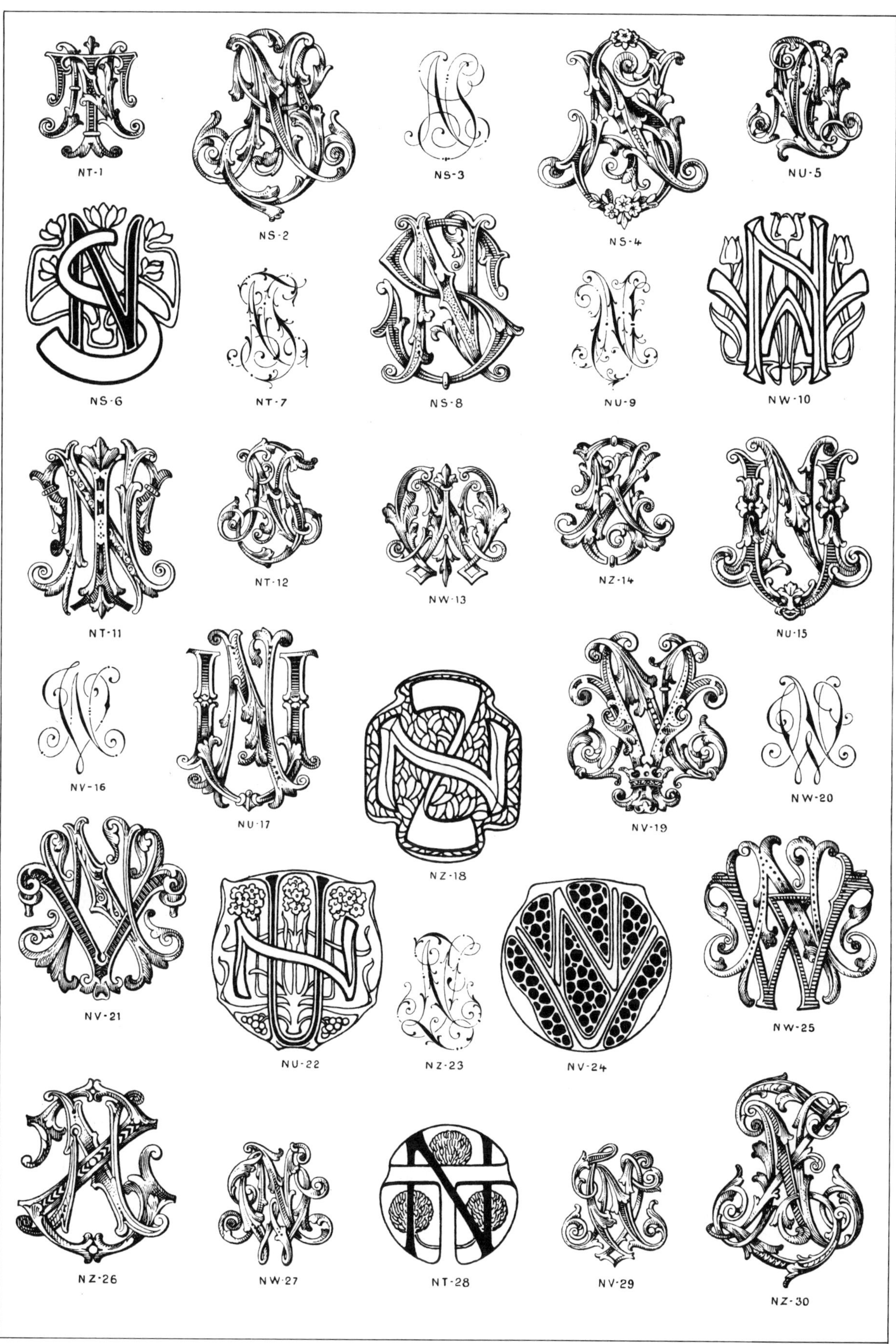

PLATE 53. Monograms (Art Nouveau and Other Styles): NS–NZ

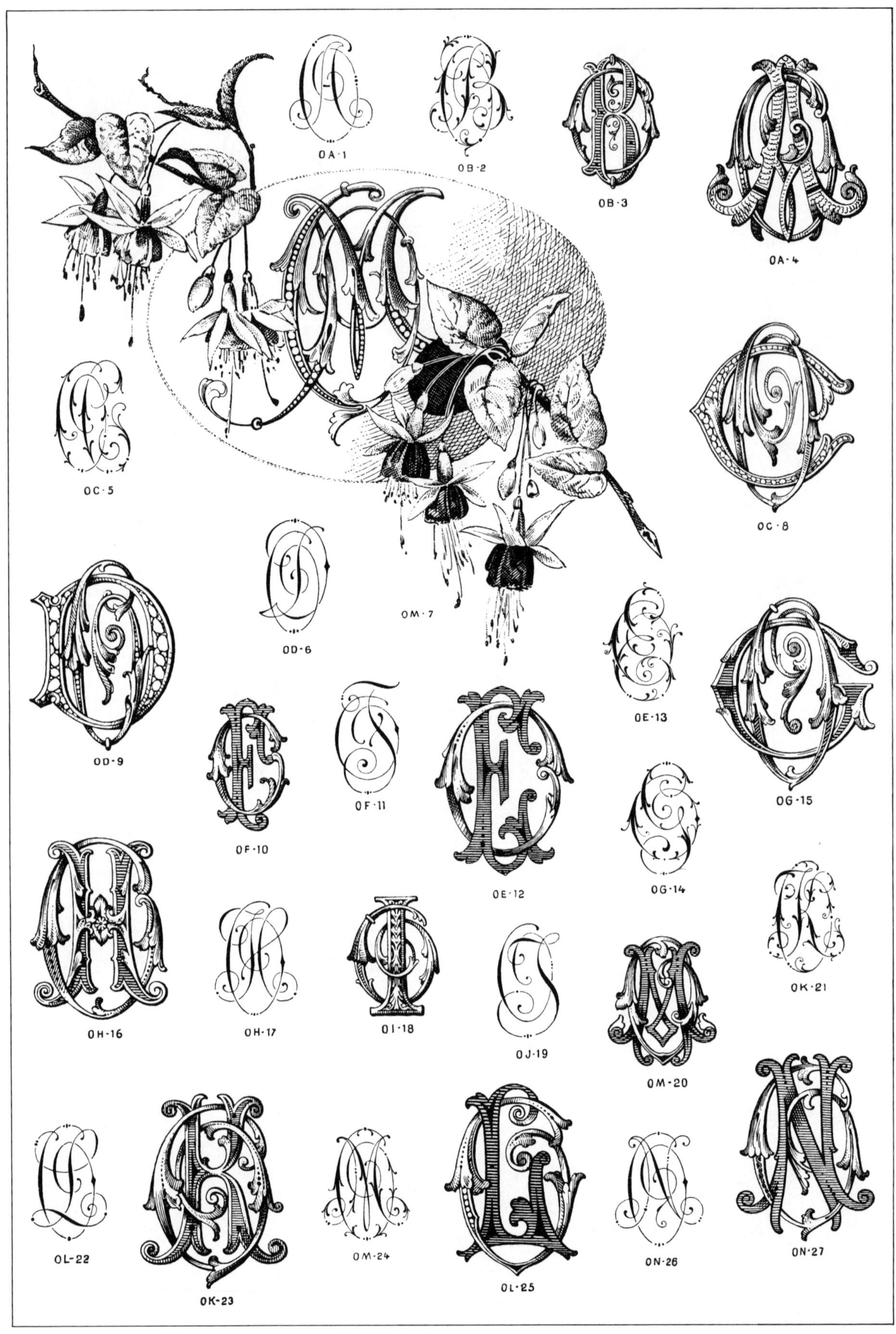

PLATE 54. Monograms (Art Nouveau and Other Styles): OA–ON

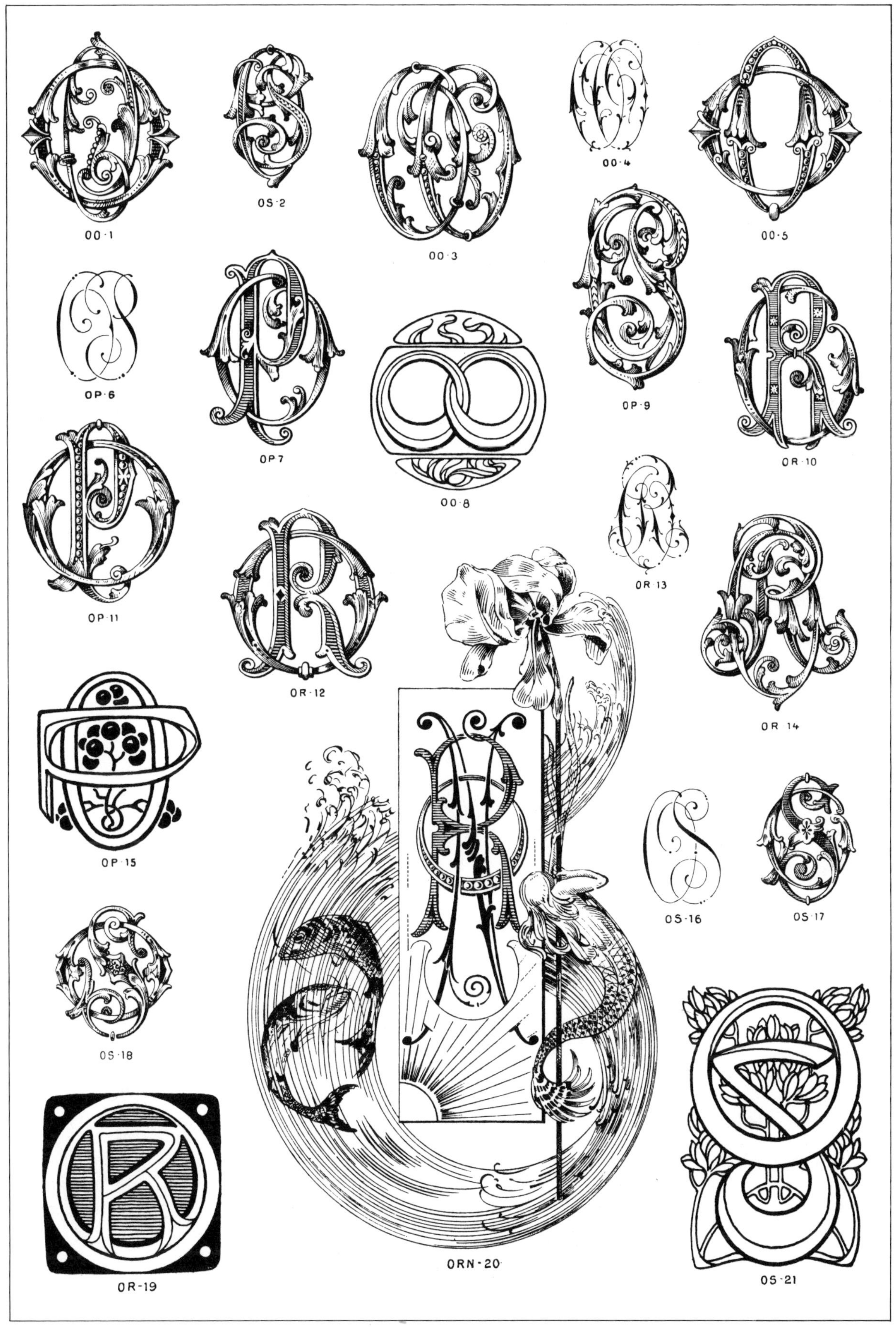

PLATE 55. Monograms (Art Nouveau and Other Styles): OO–OS

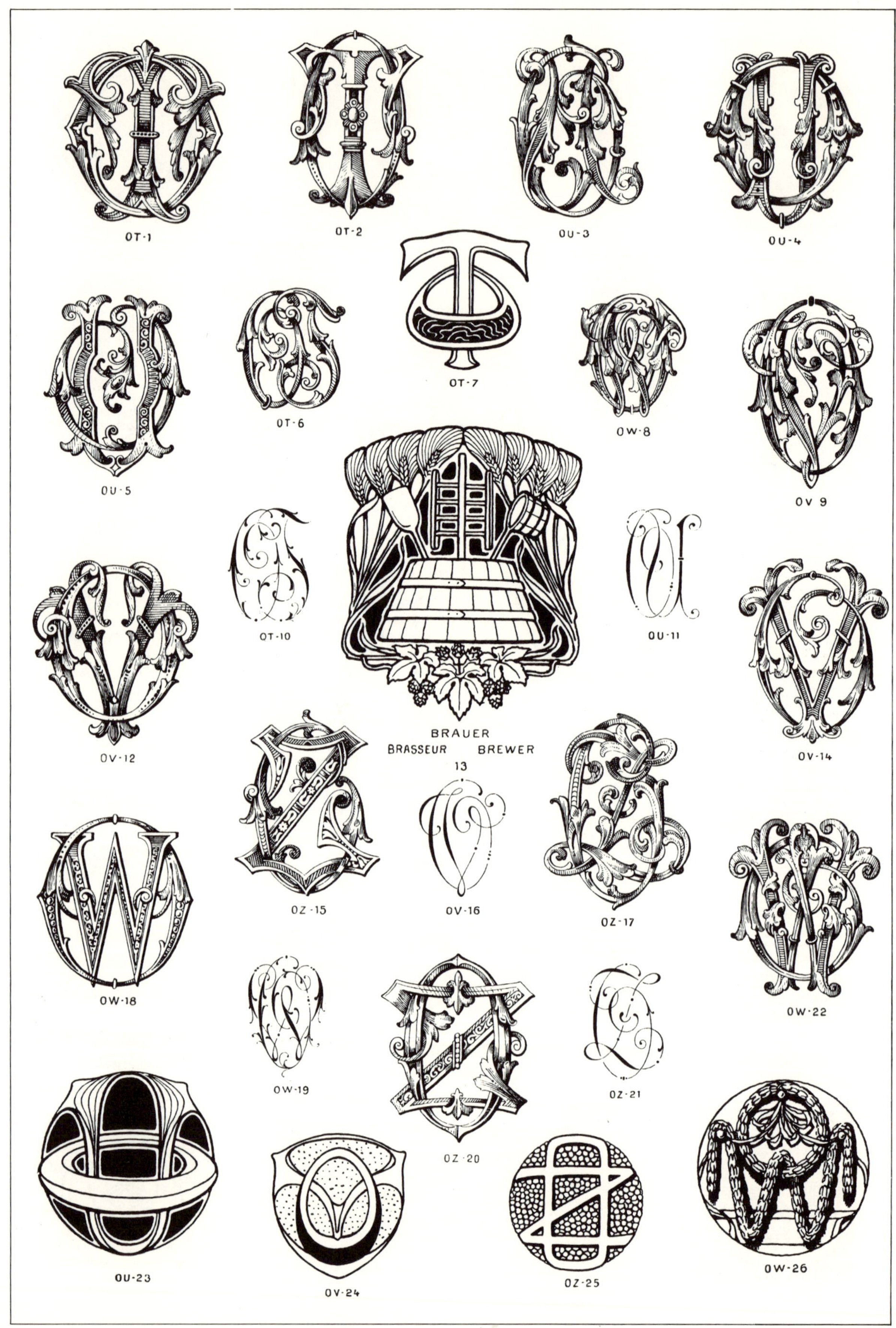

Plate 56. Monograms (Art Nouveau and Other Styles): OT–OZ

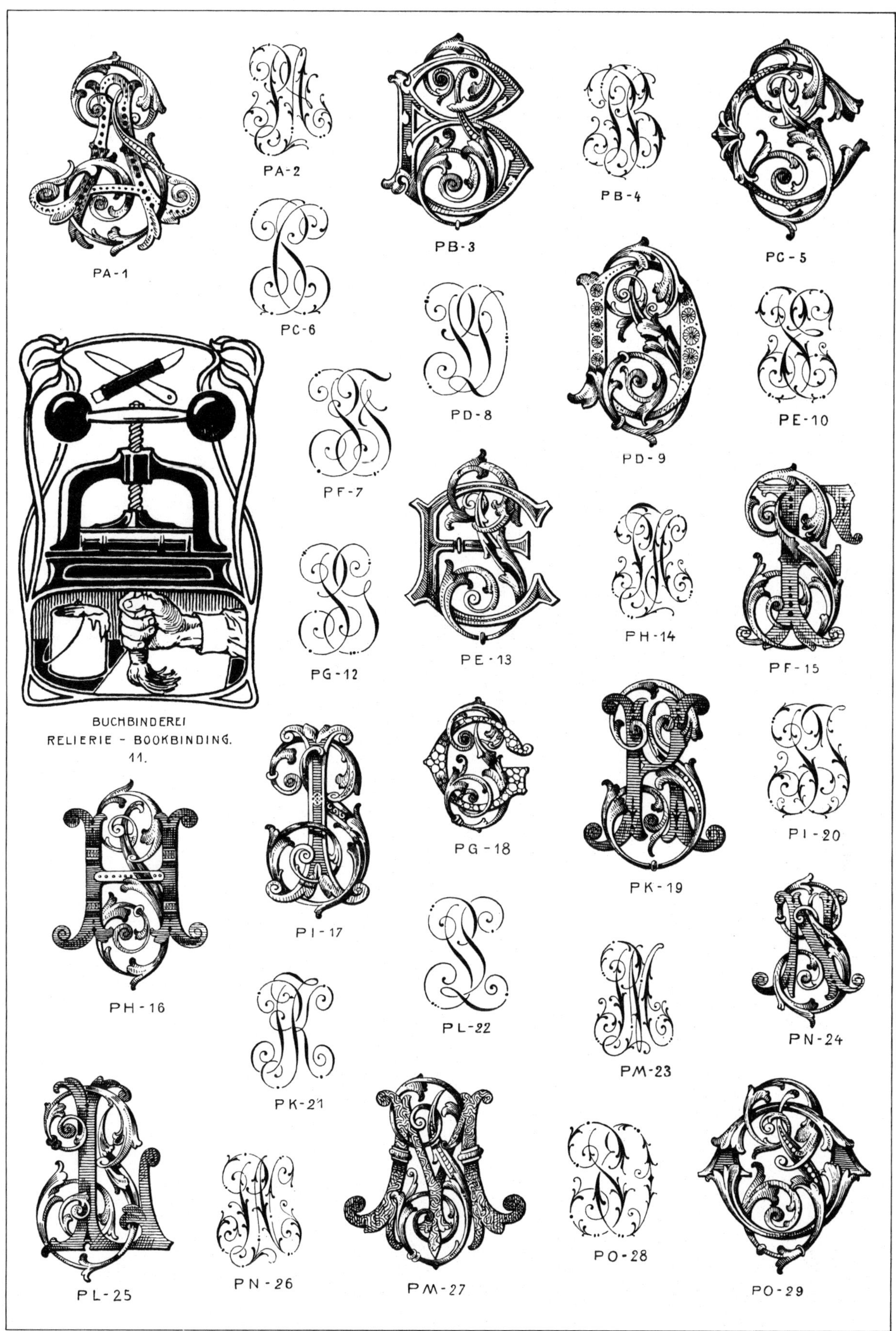

PLATE 57. Monograms (Art Nouveau and Other Styles): PA–PO

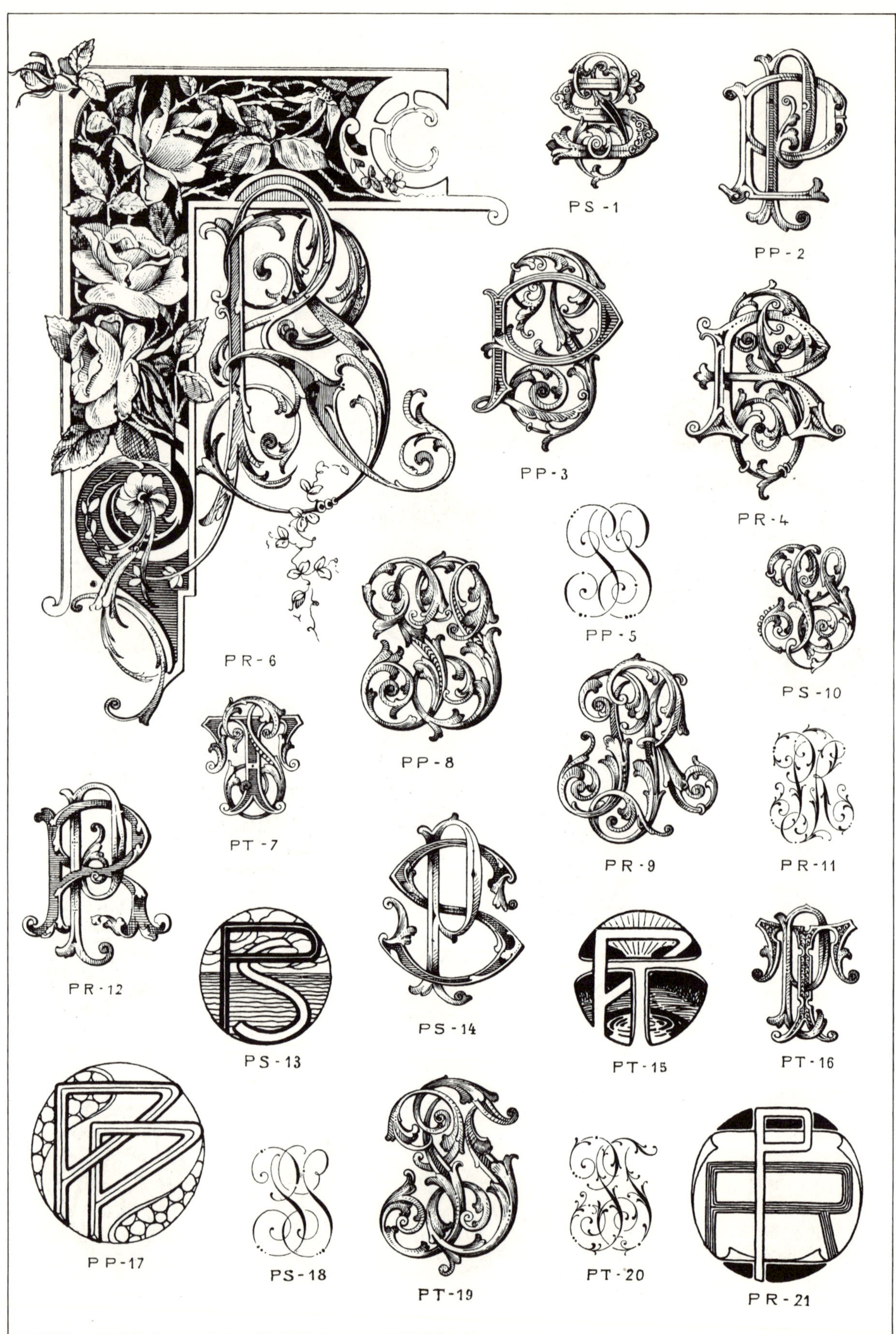

PLATE 58. Monograms (Art Nouveau and Other Styles): PP–PT

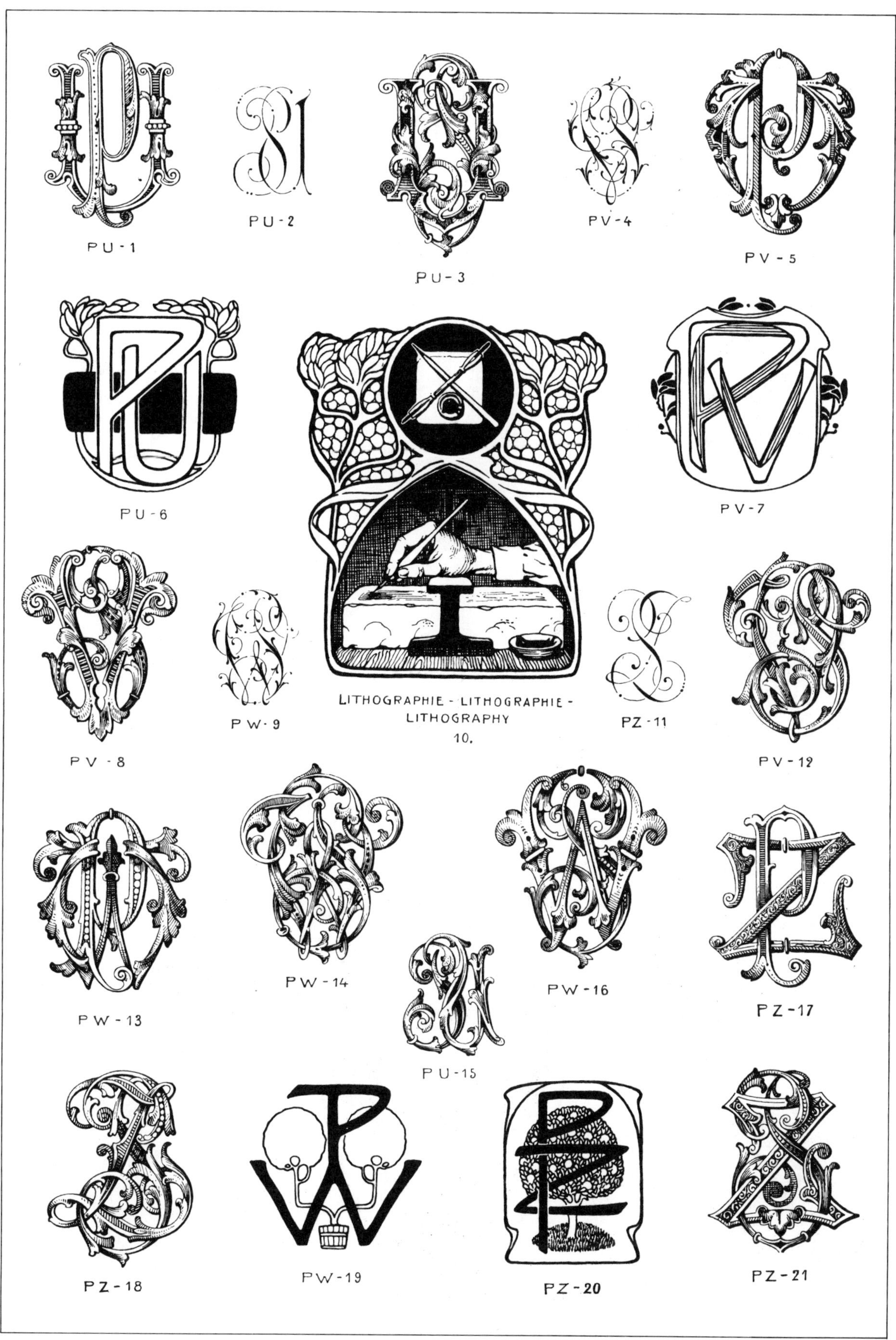

PLATE 59. Monograms (Art Nouveau and Other Styles): PU–PZ

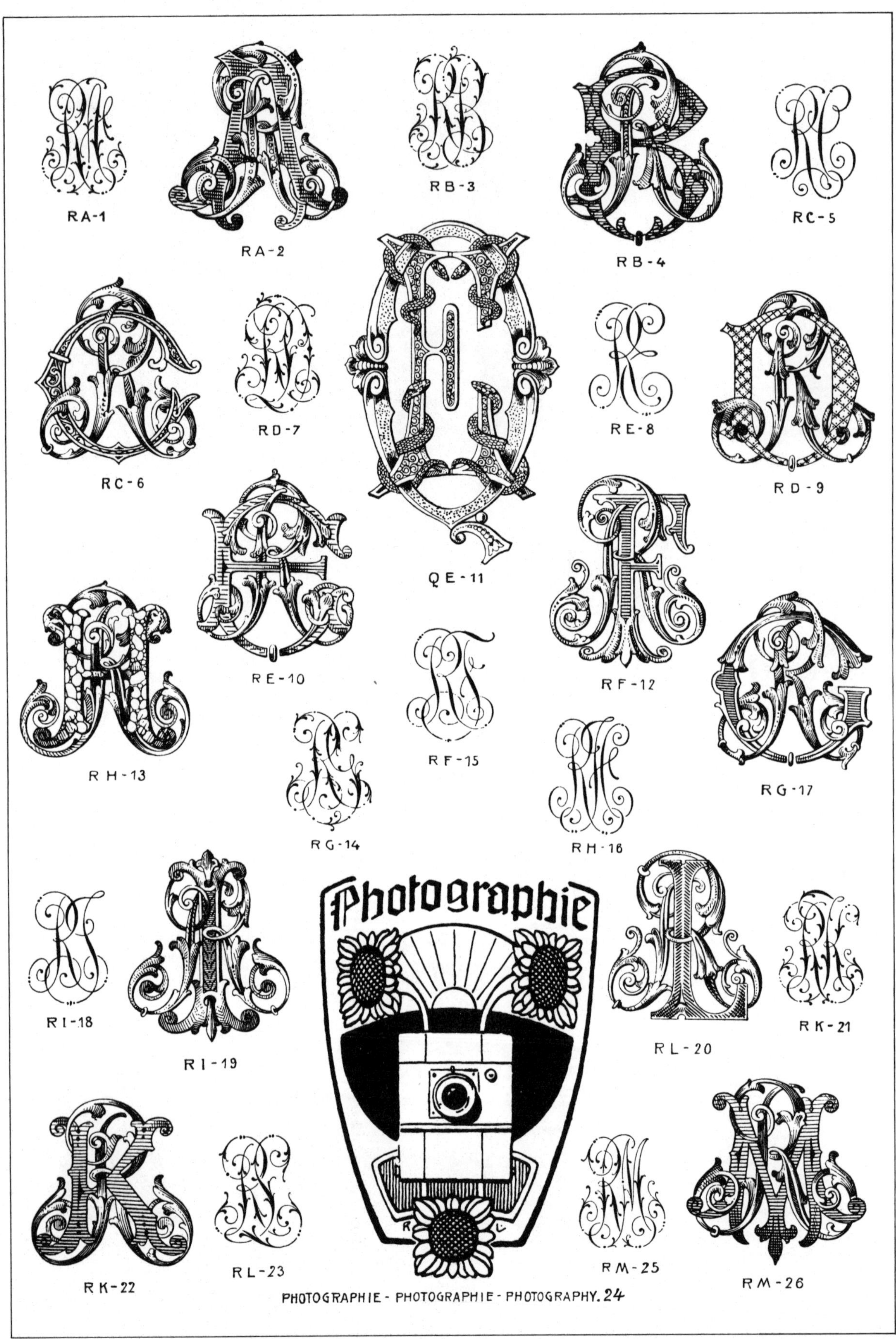

PLATE 60. Monograms (Art Nouveau and Other Styles): RA–RM

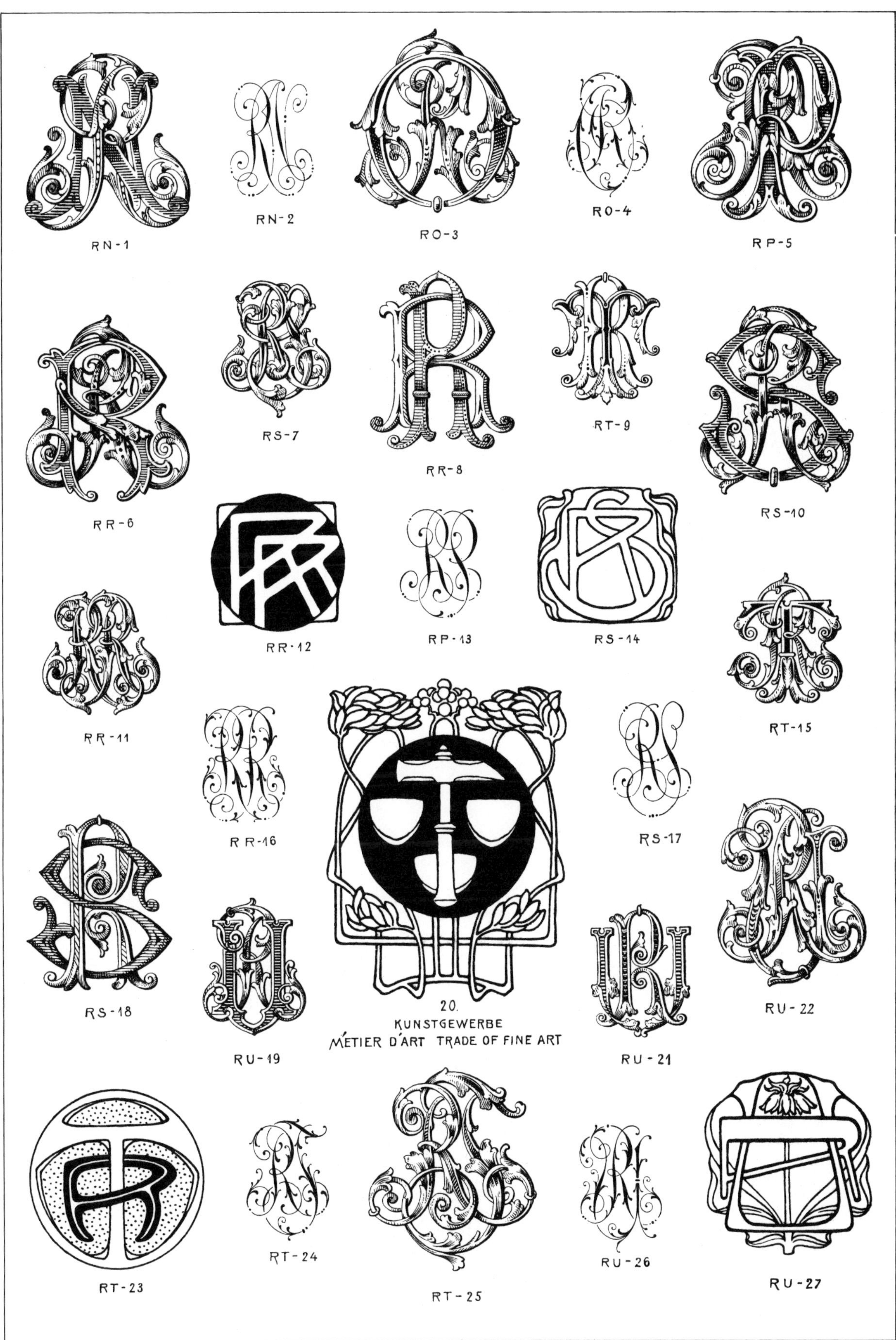

PLATE 61. Monograms (Art Nouveau and Other Styles): RN–RU

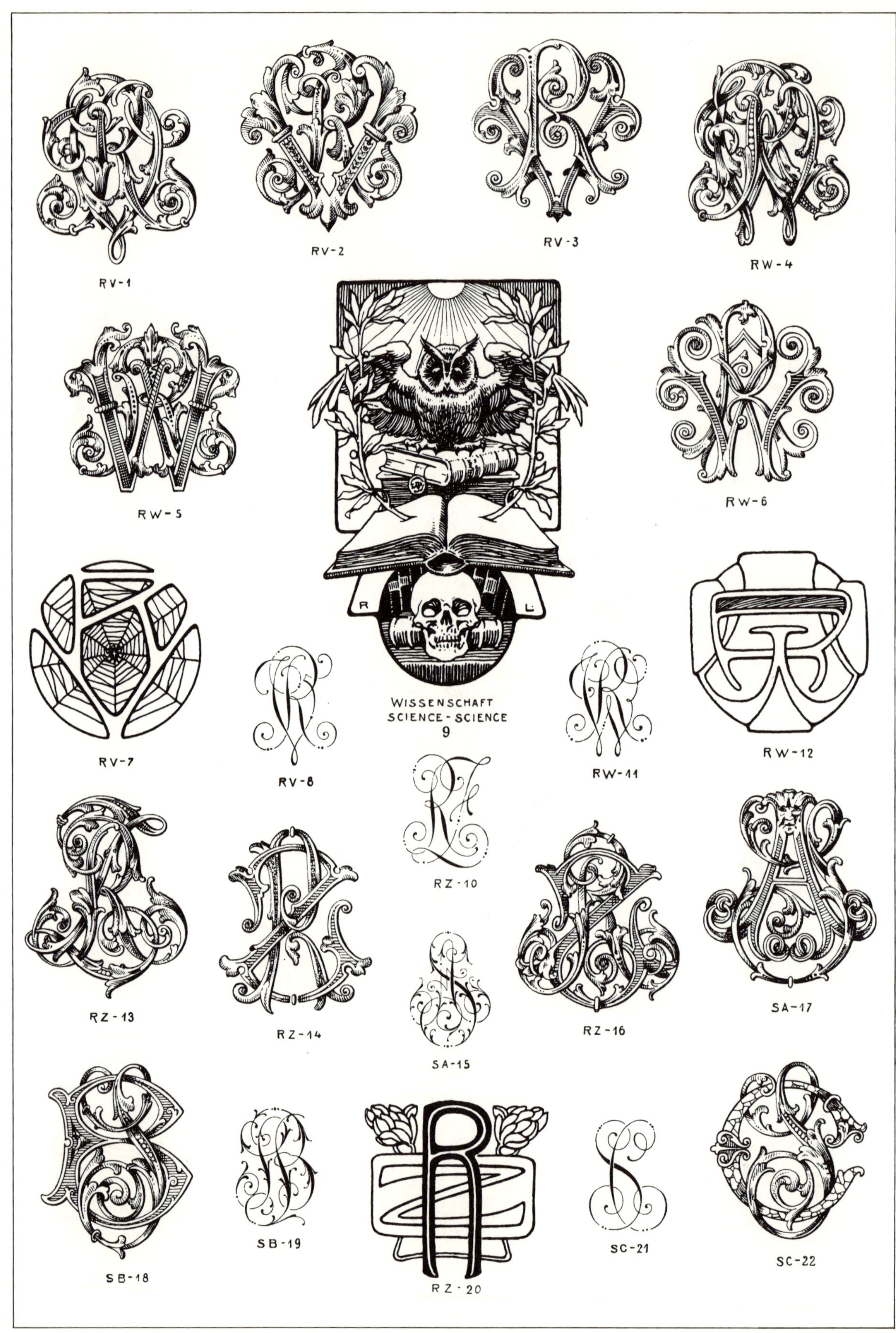

Plate 62. Monograms (Art Nouveau and Other Styles): RV–SC

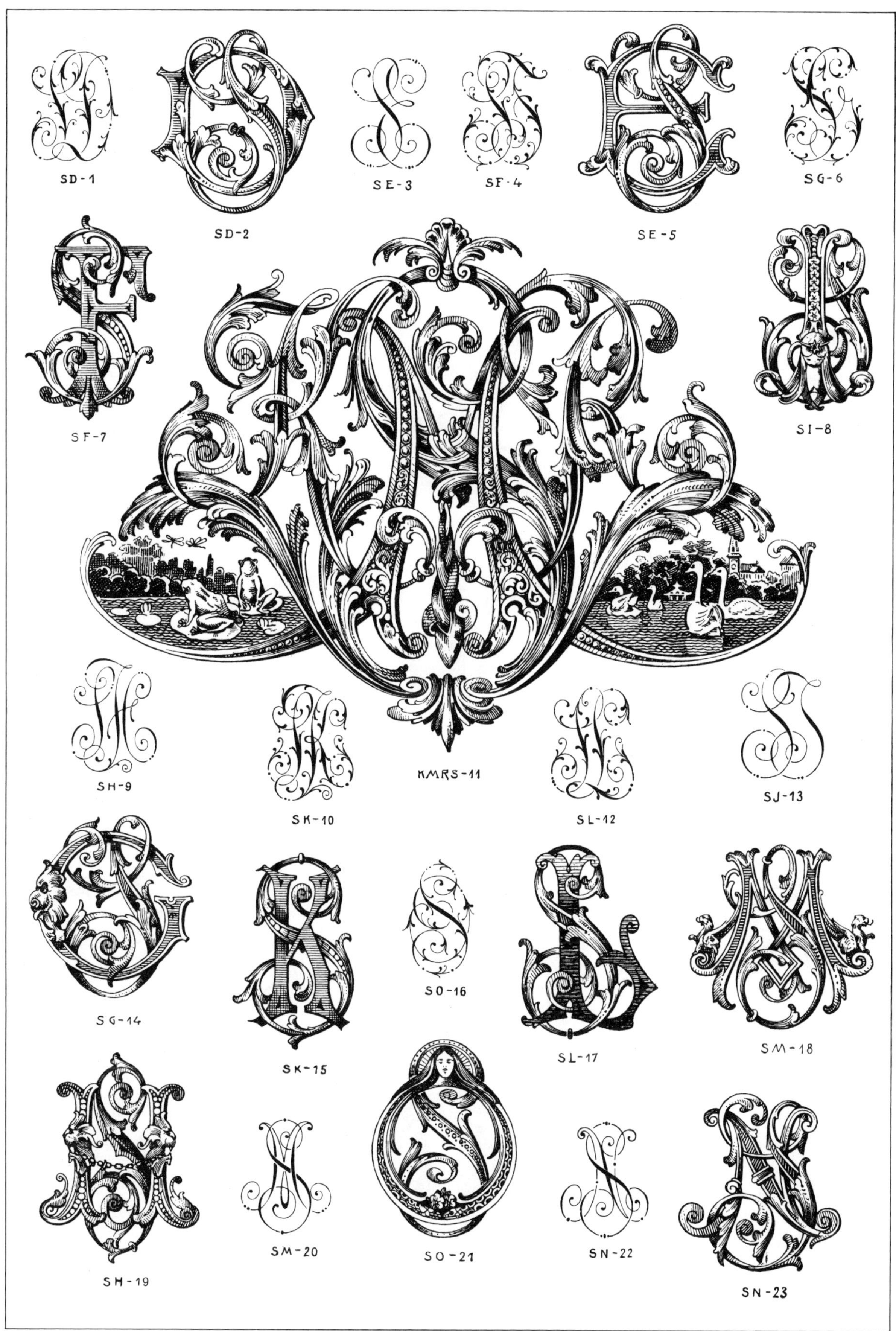

PLATE 63. Monograms (Art Nouveau and Other Styles): SD–SO

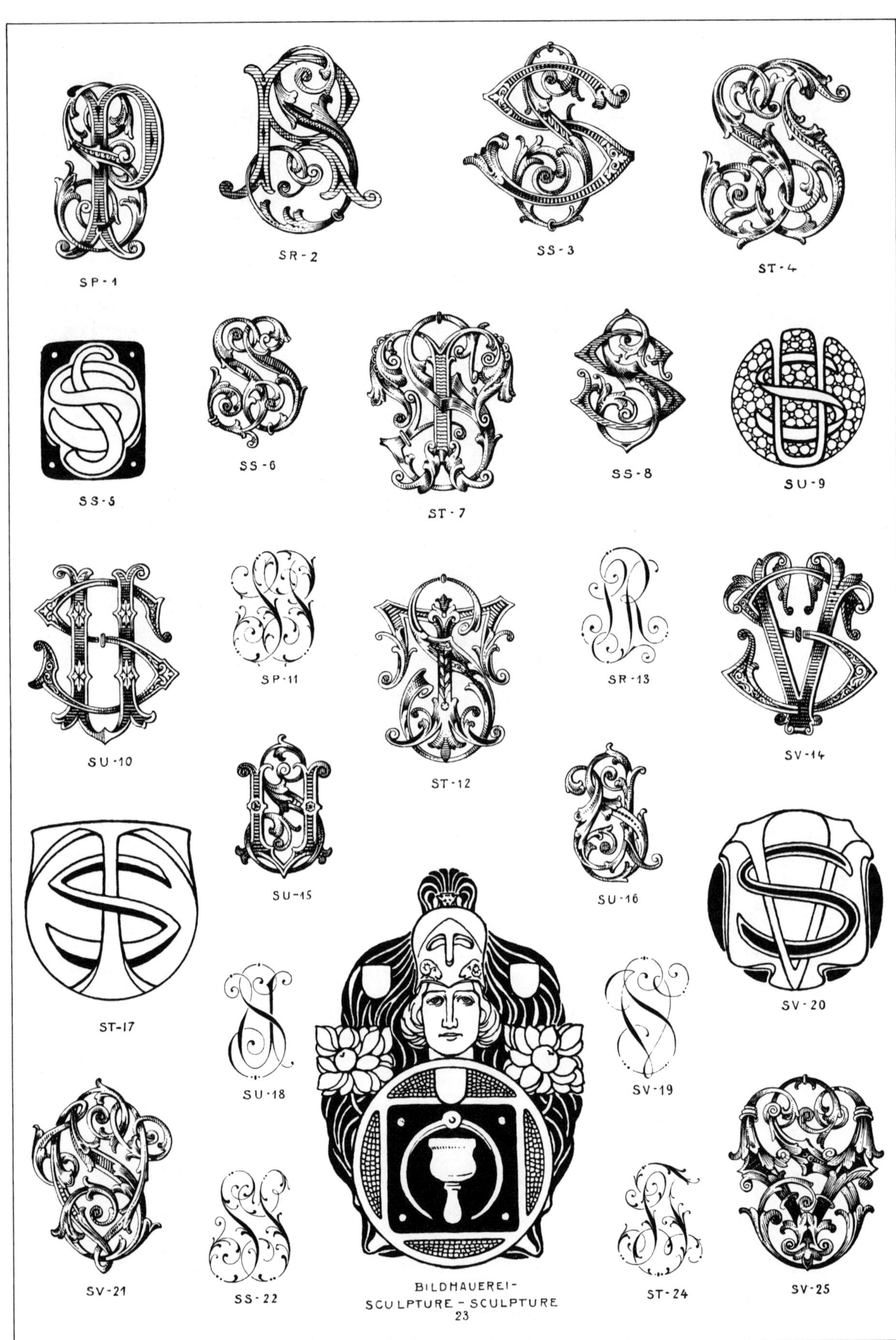

PLATE 64. Monograms (Art Nouveau and Other Styles): SP–SV

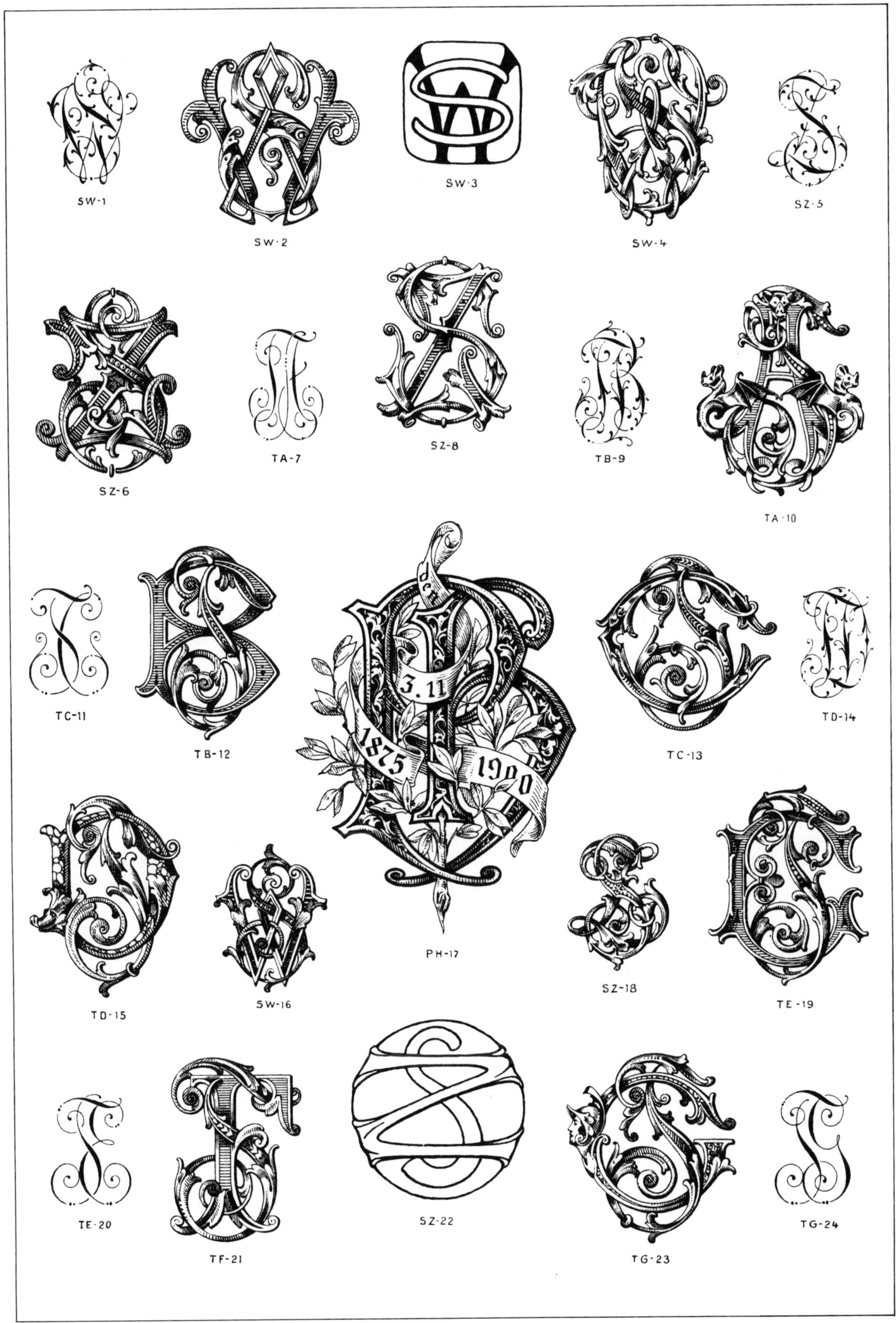

Plate 65. Monograms (Art Nouveau and Other Styles): SW–TG

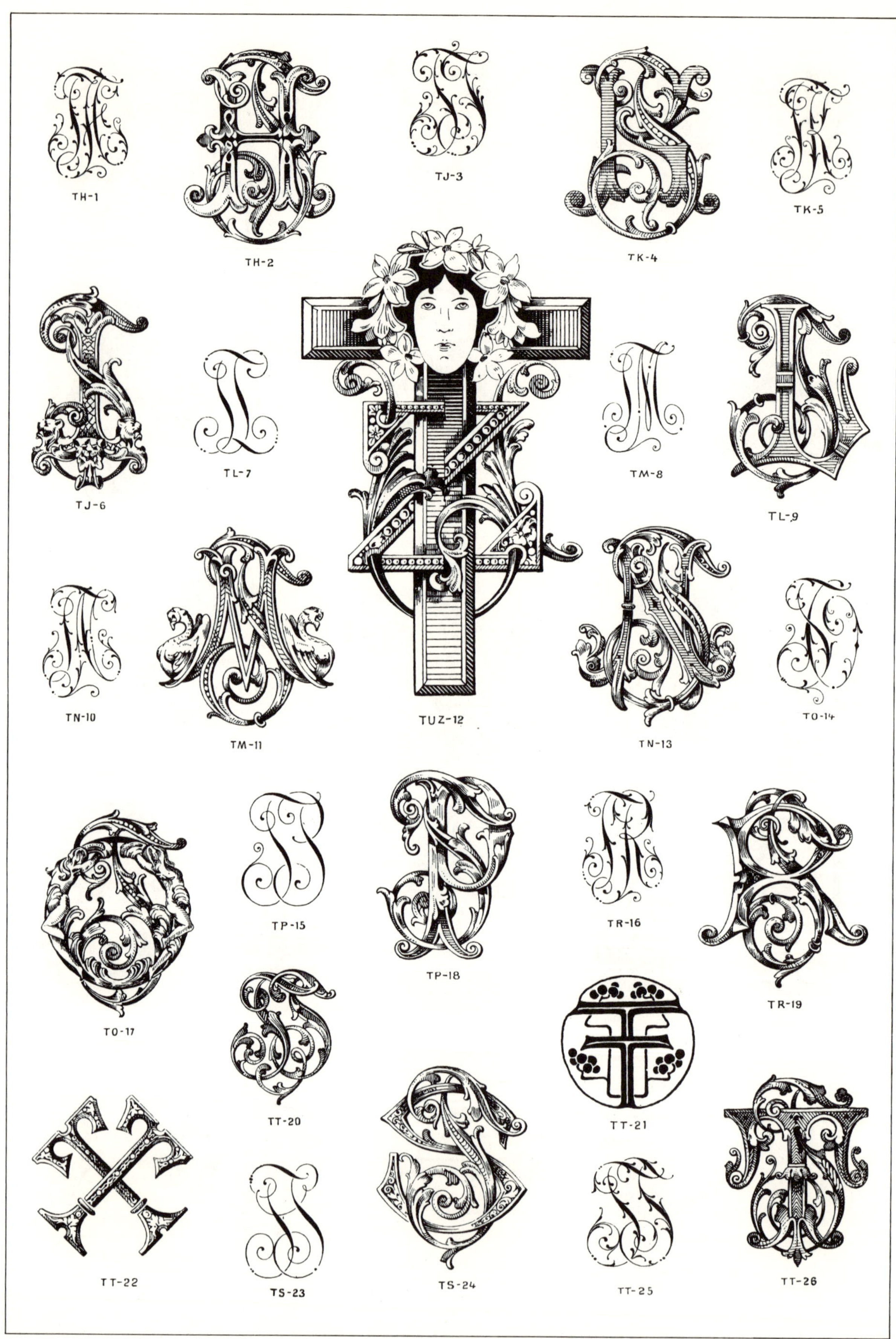

Plate 66. Monograms (Art Nouveau and Other Styles): TH–TT

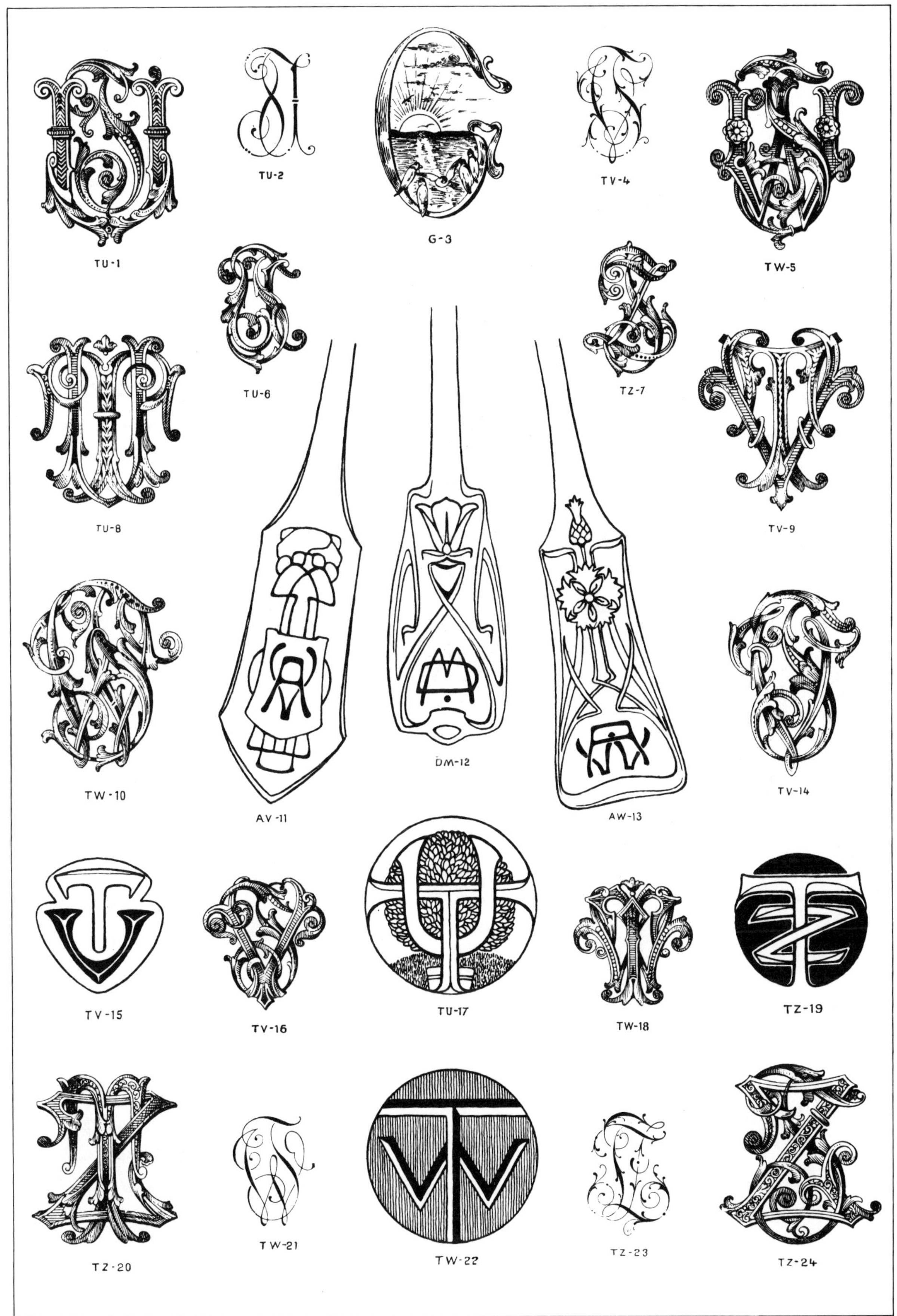

PLATE 67. Monograms (Art Nouveau and Other Styles): TU–TZ

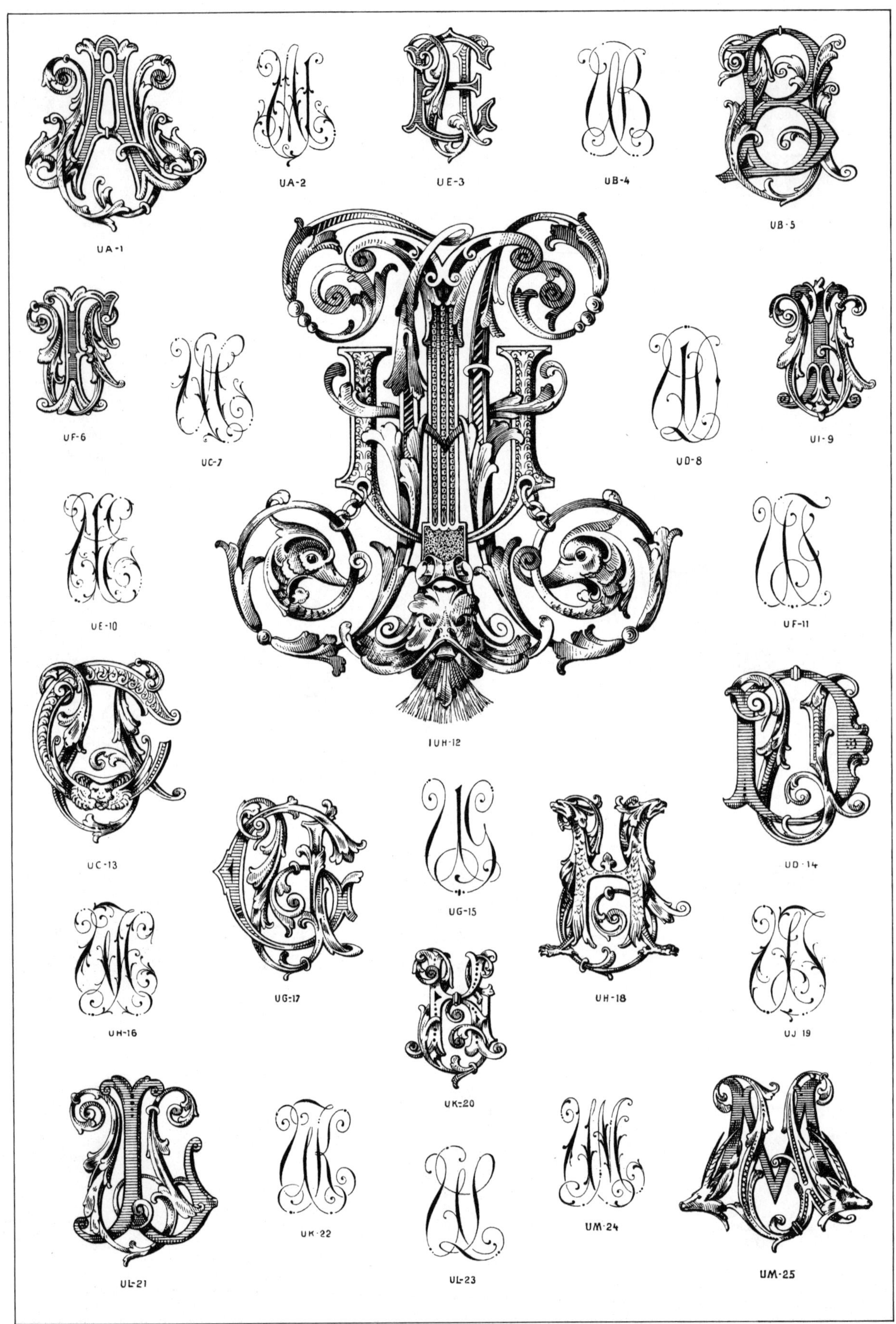

Plate 68. Monograms (Art Nouveau and Other Styles): UA–UM

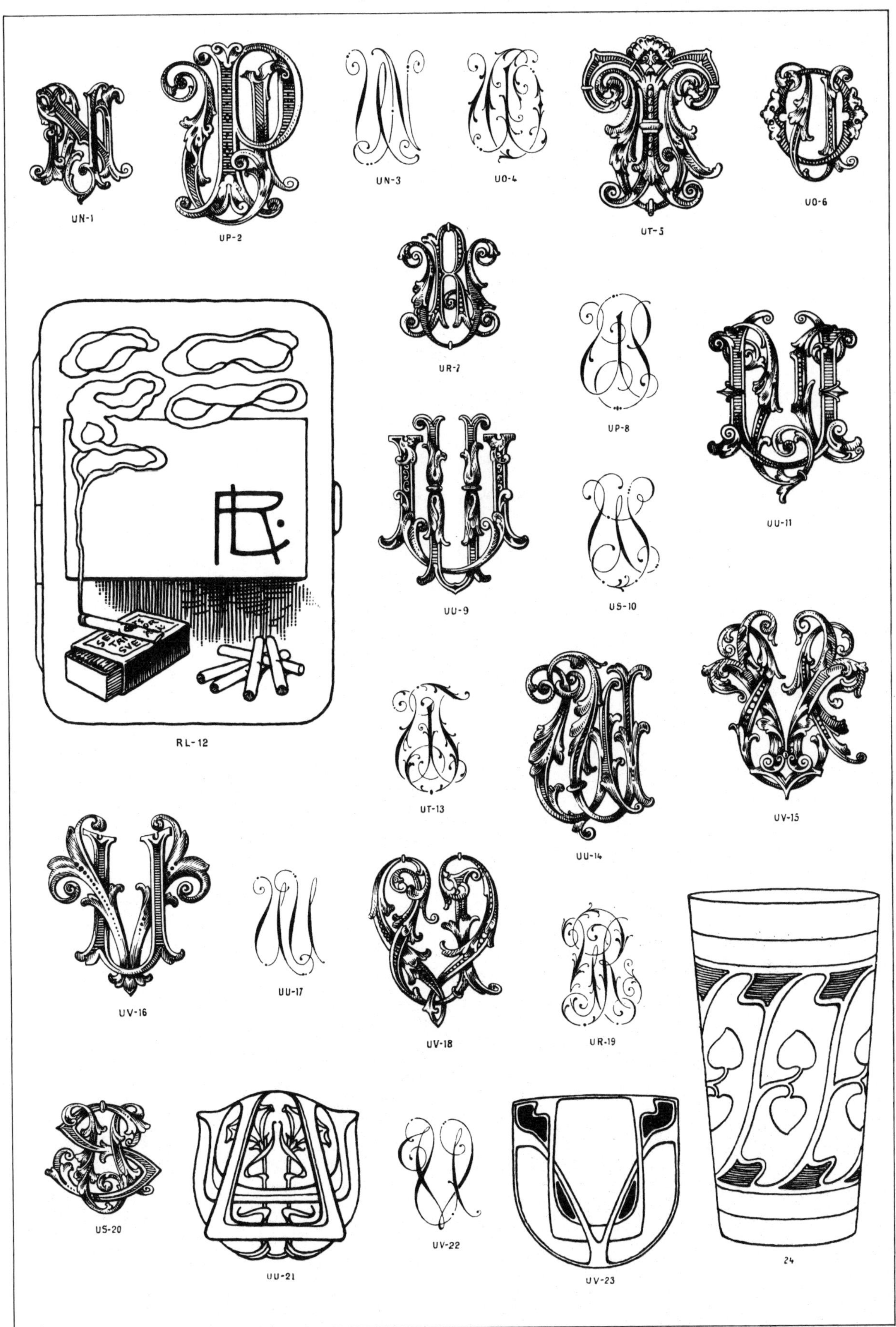

PLATE 69. Monograms (Art Nouveau and Other Styles): UN–UV

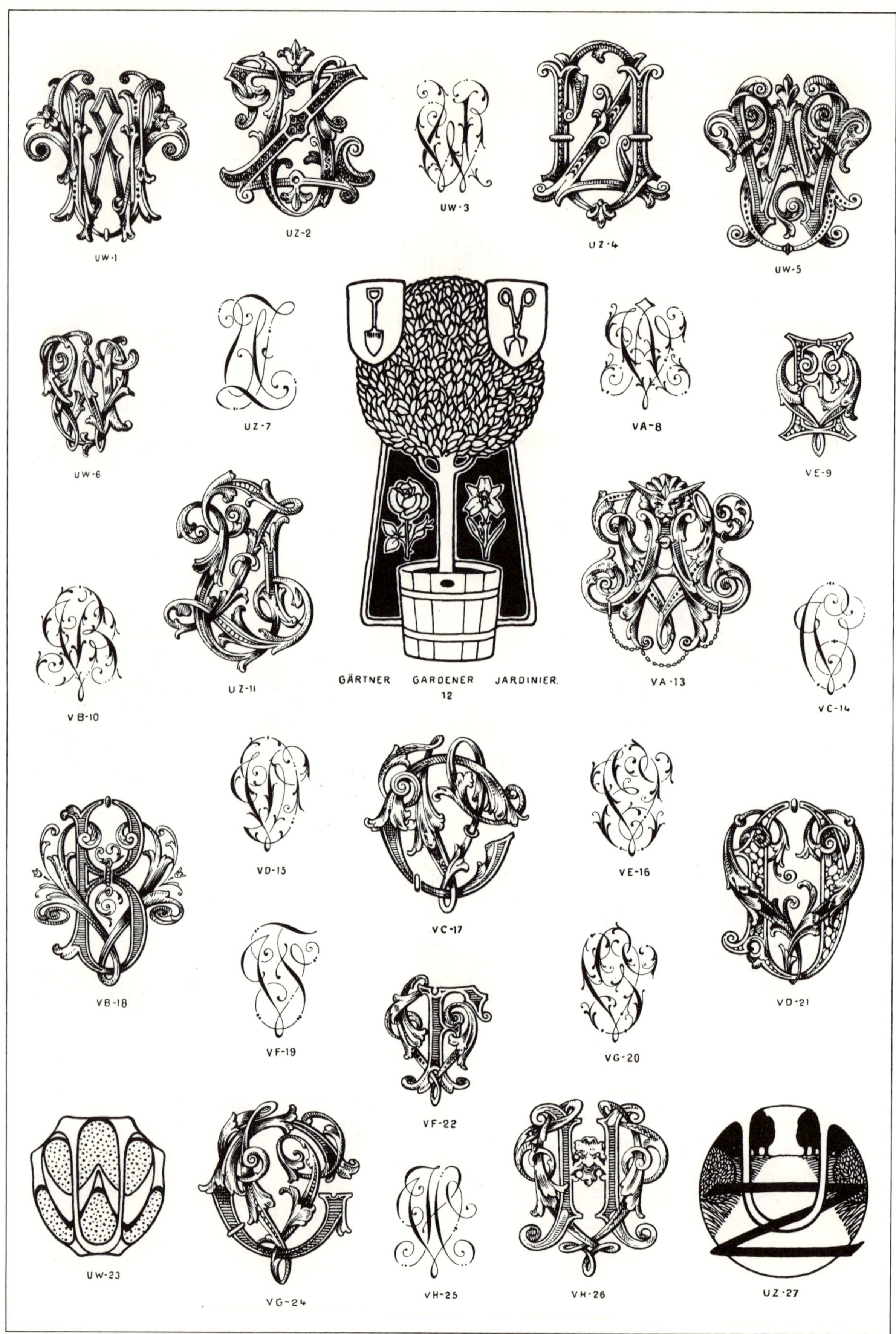

PLATE 70. Monograms (Art Nouveau and Other Styles): UW–VH

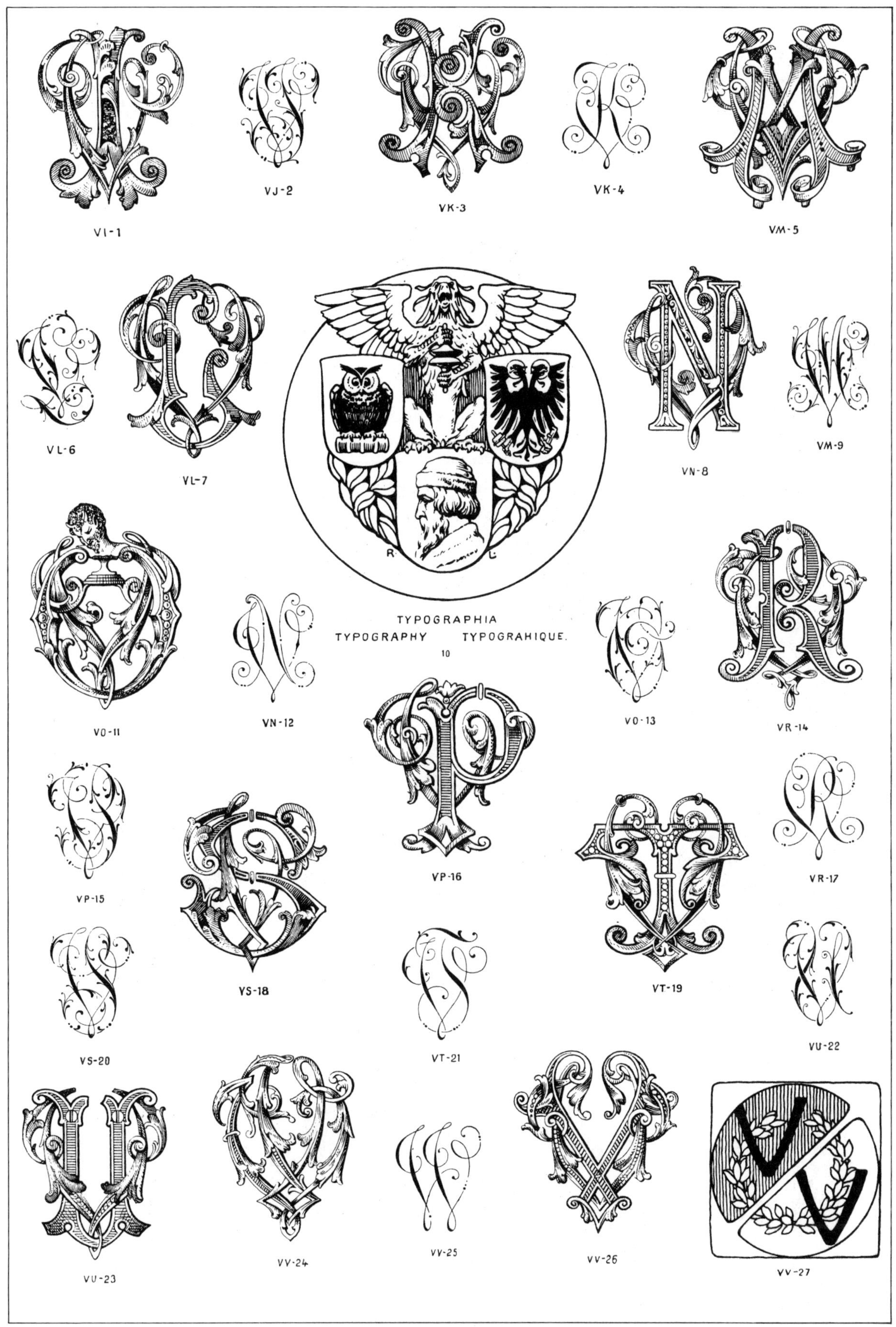

PLATE 71. Monograms (Art Nouveau and Other Styles): VI–VV

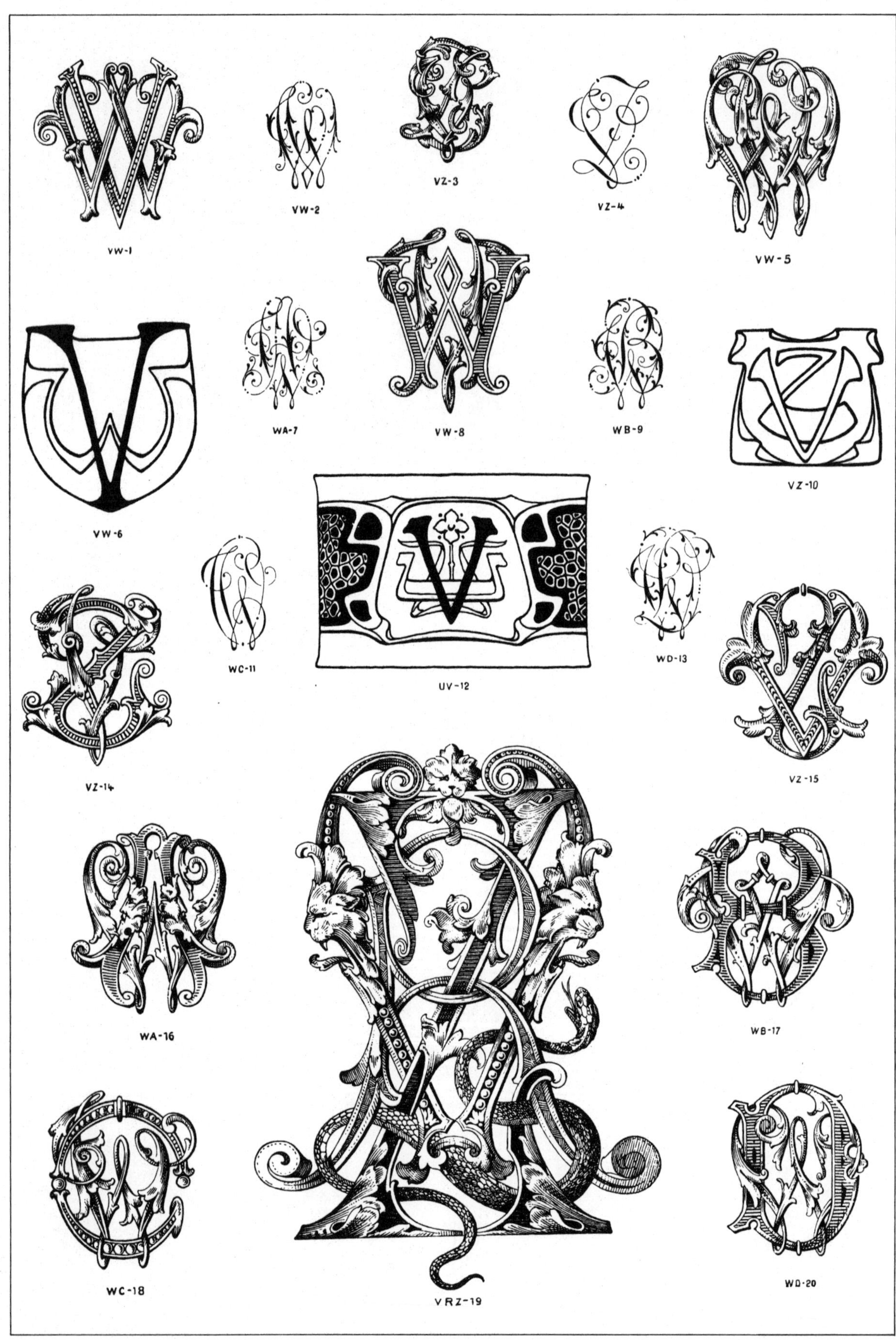

PLATE 72. Monograms (Art Nouveau and Other Styles): VW–WD

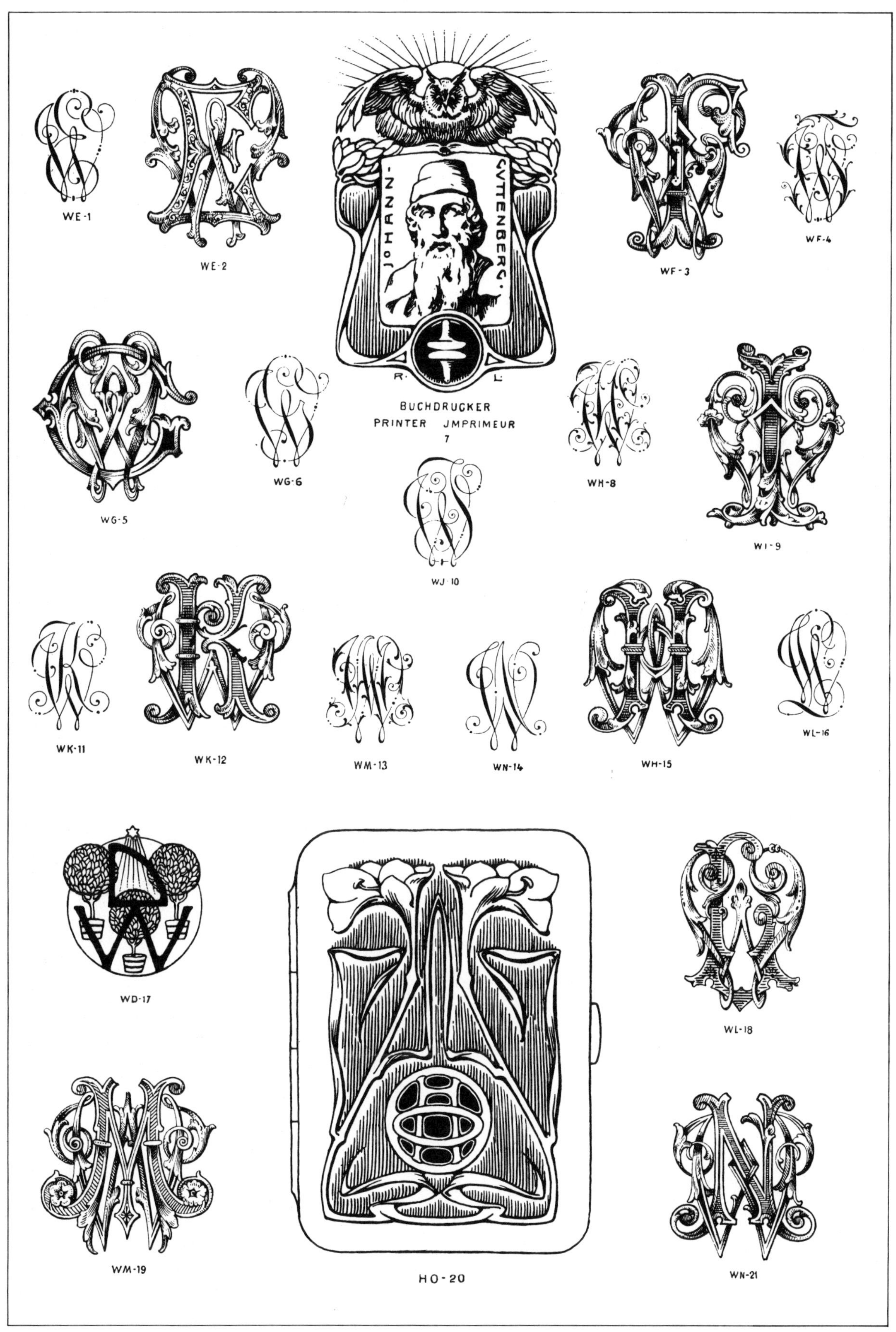

Plate 73. Monograms (Art Nouveau and Other Styles): WE–WN

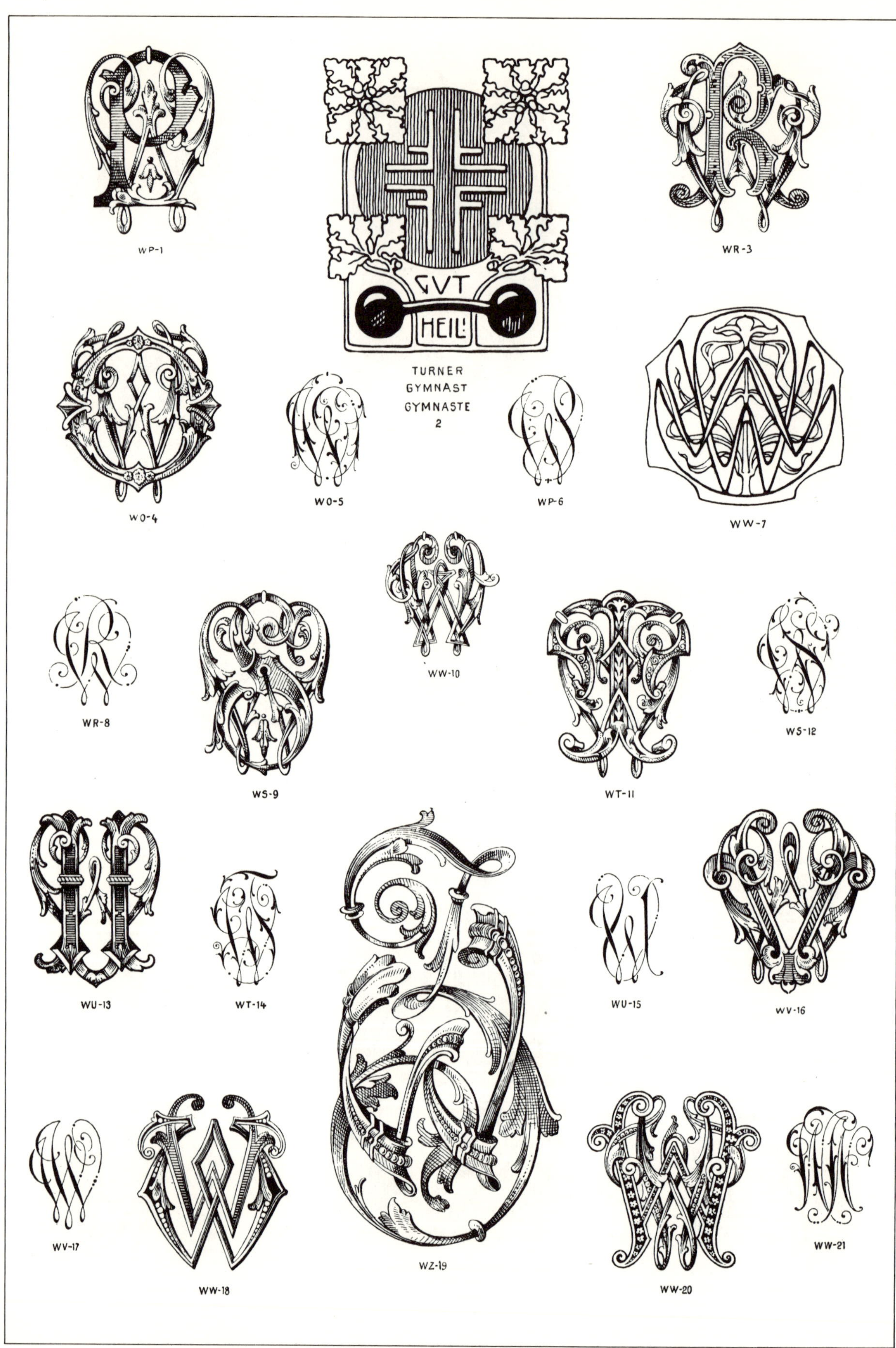

PLATE 74. Monograms (Art Nouveau and Other Styles): WO–WW

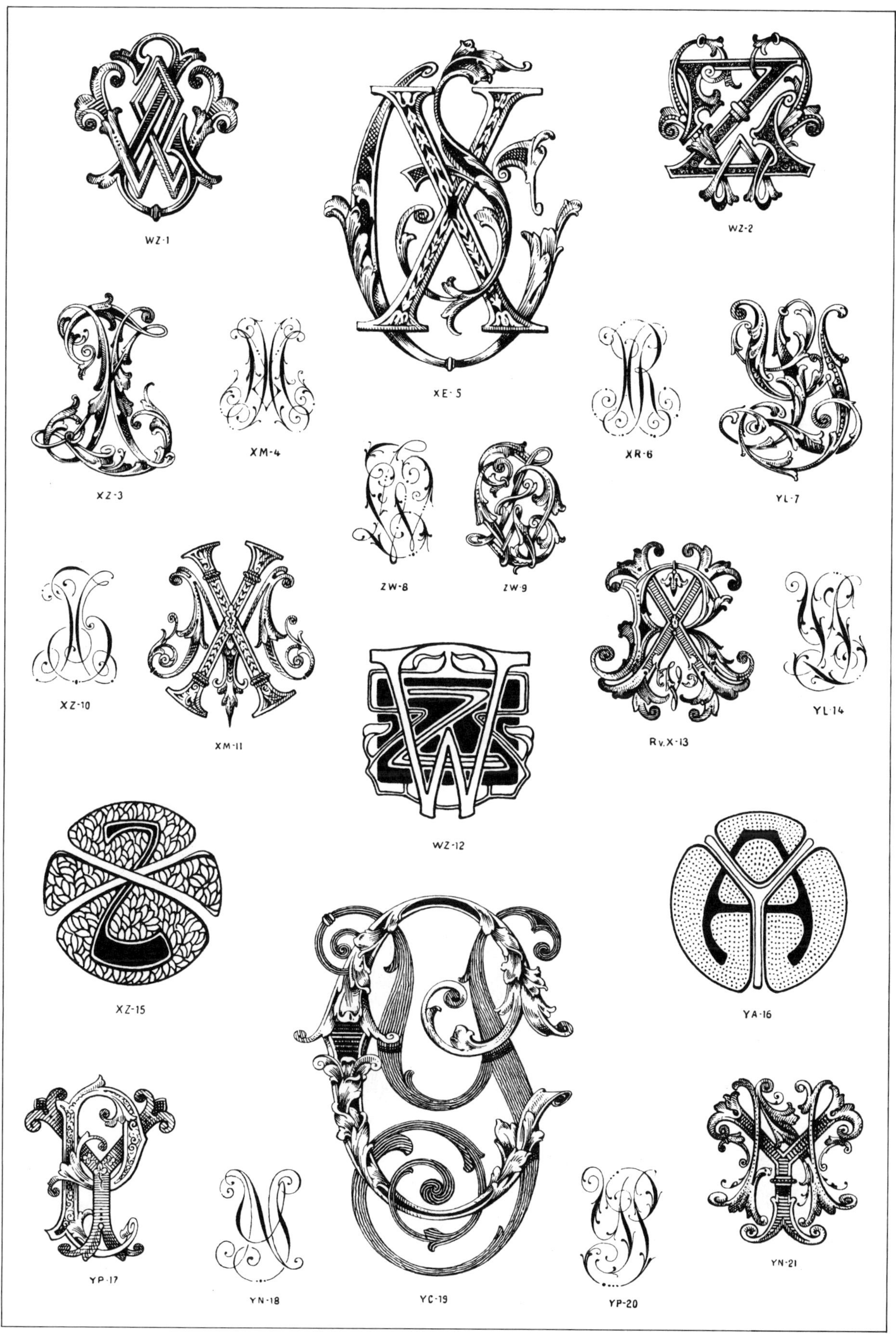

PLATE 75. Monograms (Art Nouveau and Other Styles): WZ–Y

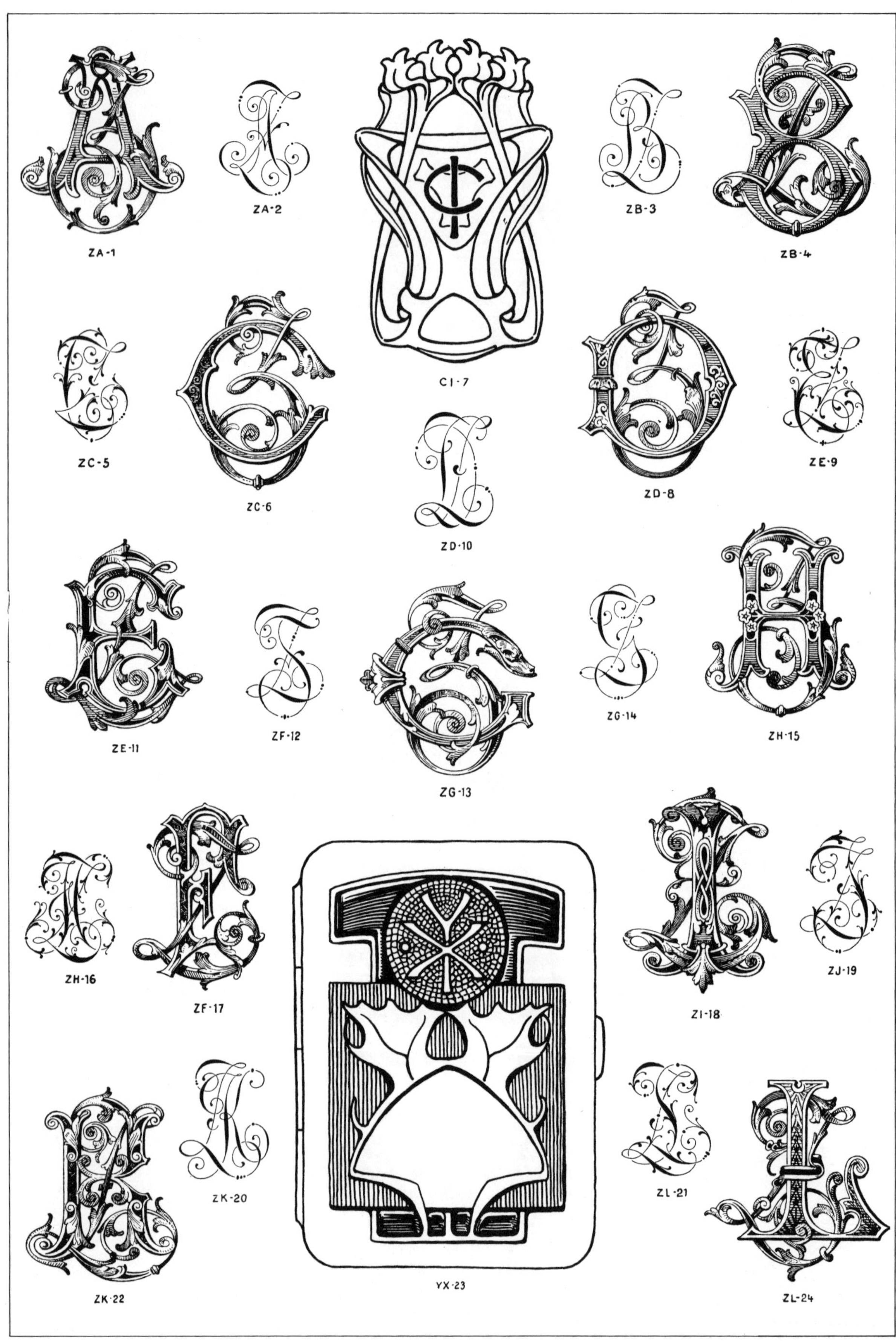

PLATE 76. Monograms (Art Nouveau and Other Styles): ZA–ZL

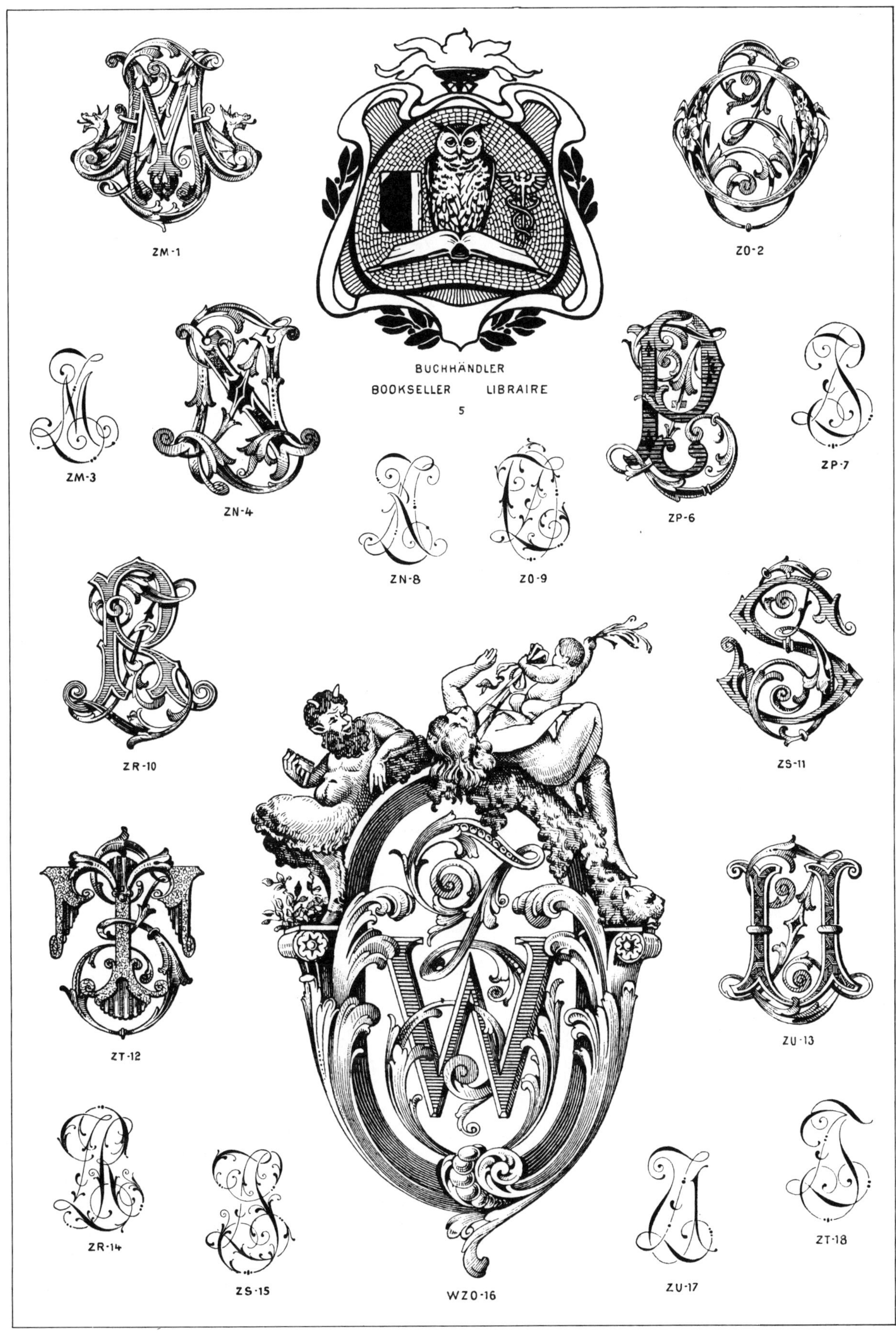

PLATE 77. Monograms (Art Nouveau and Other Styles): ZM–ZU

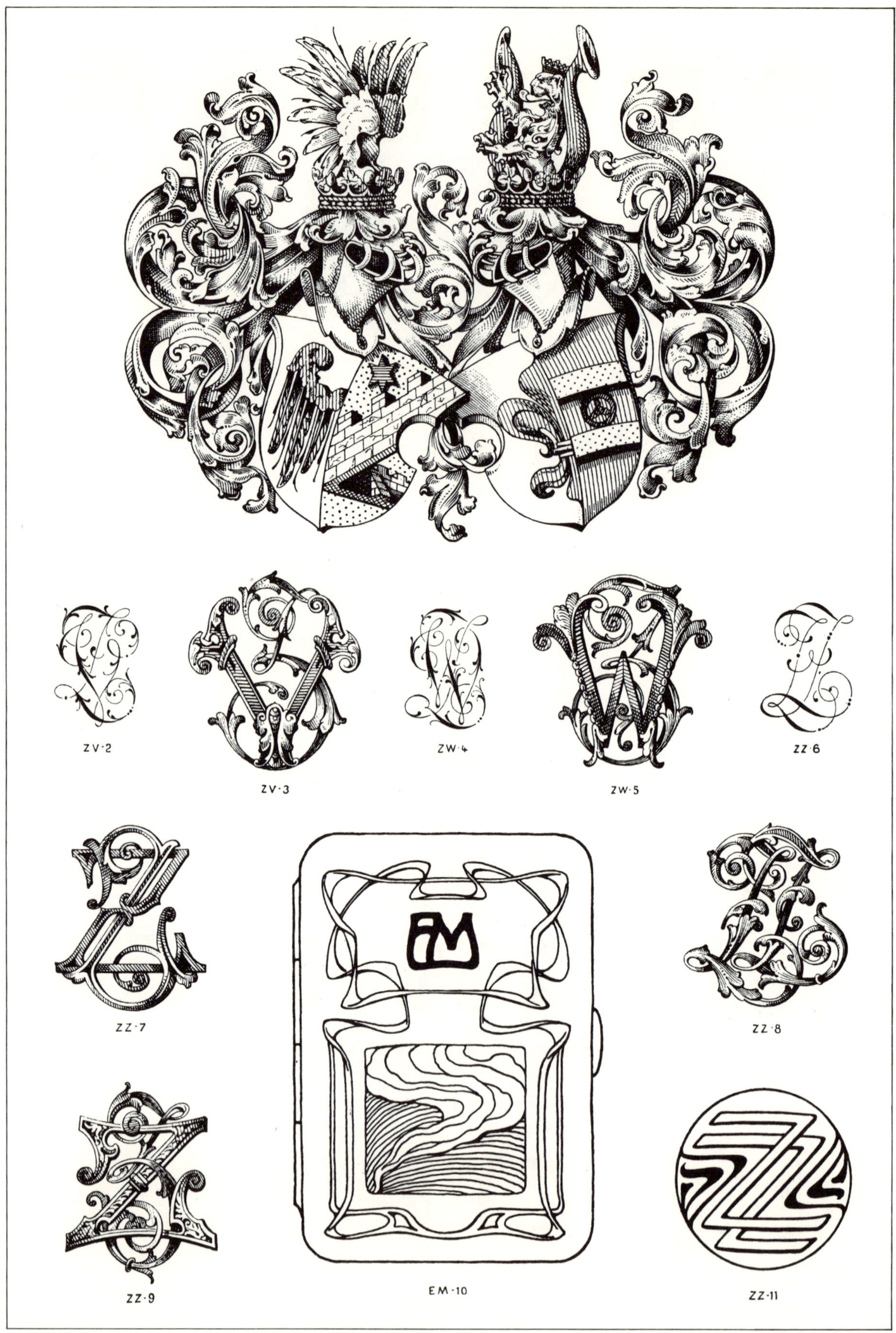

PLATE 78. Monograms (Art Nouveau and Other Styles): ZV–ZZ

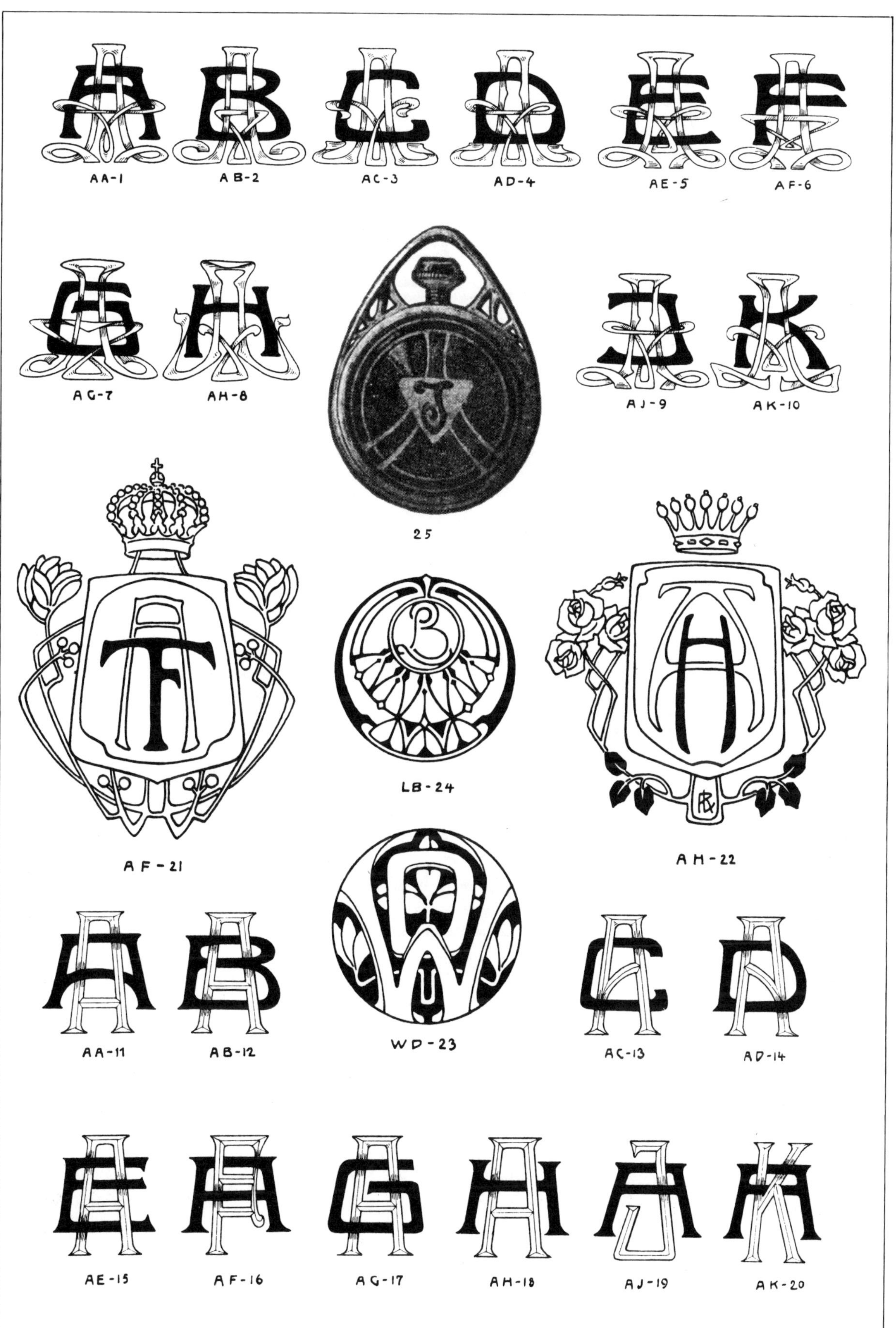

PLATE 79. Monograms (Art Nouveau Interlocking): AA–AK

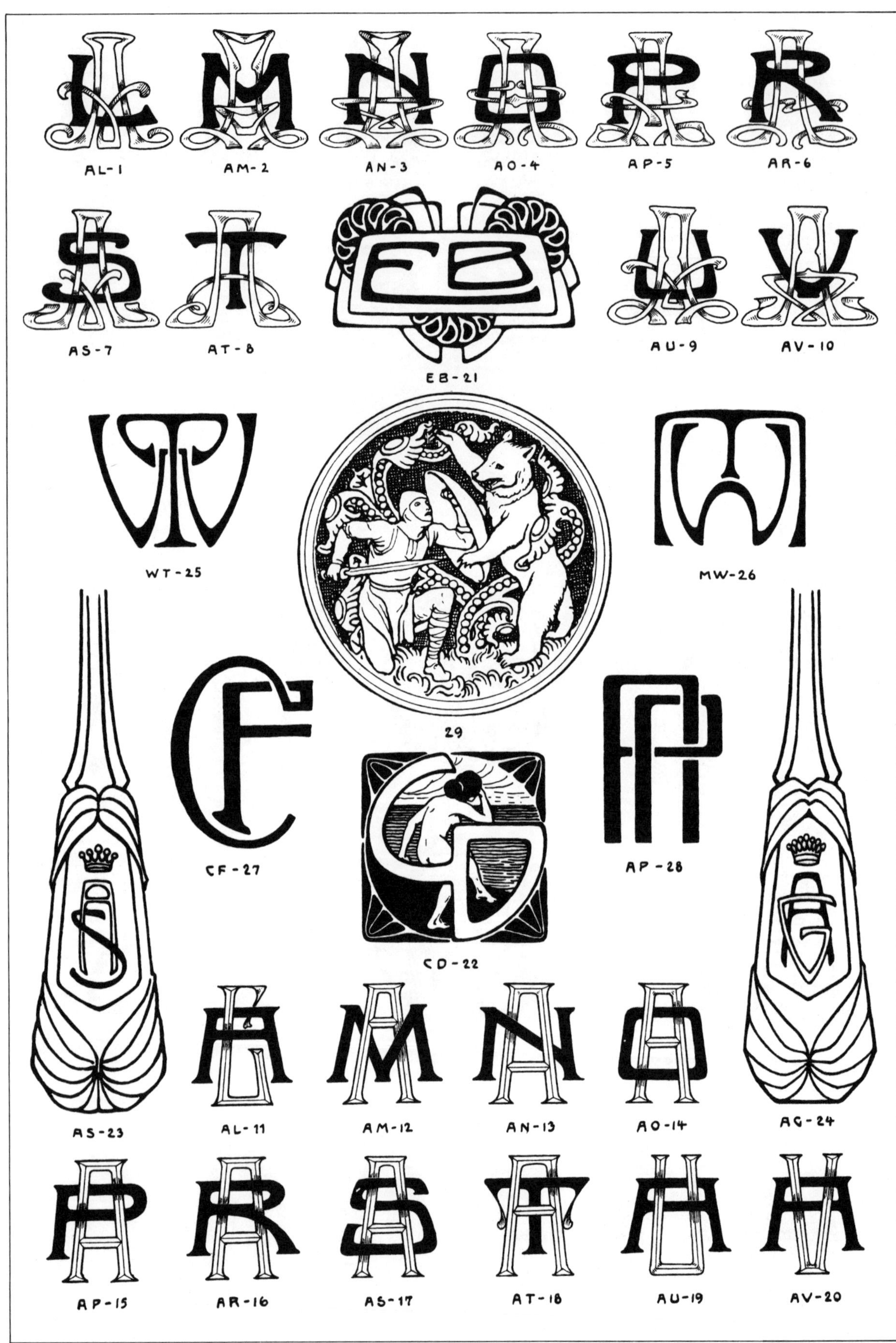

PLATE 80. Monograms (Art Nouveau Interlocking): AL–AV

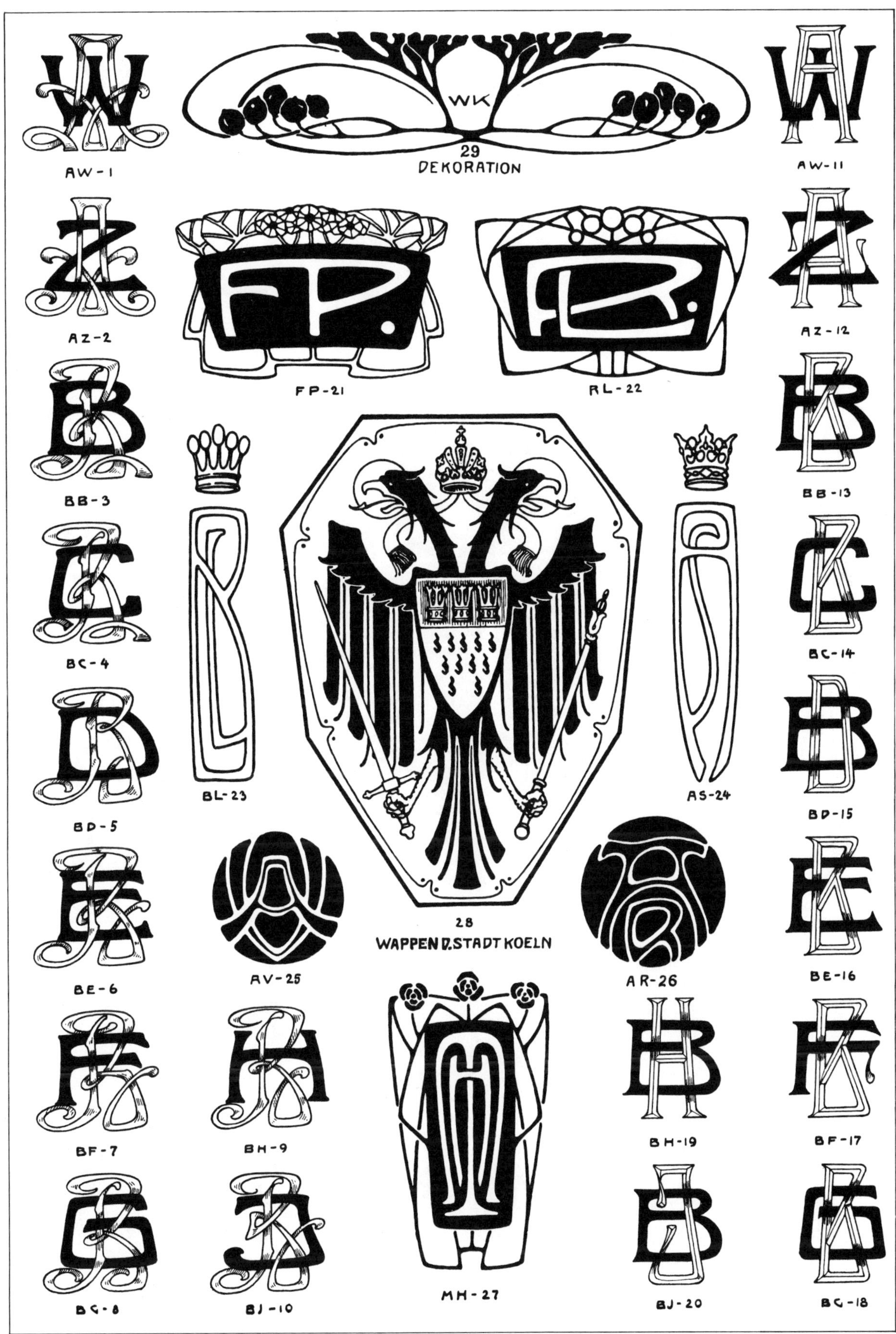

PLATE 81. Monograms (Art Nouveau Interlocking): AW–BJ

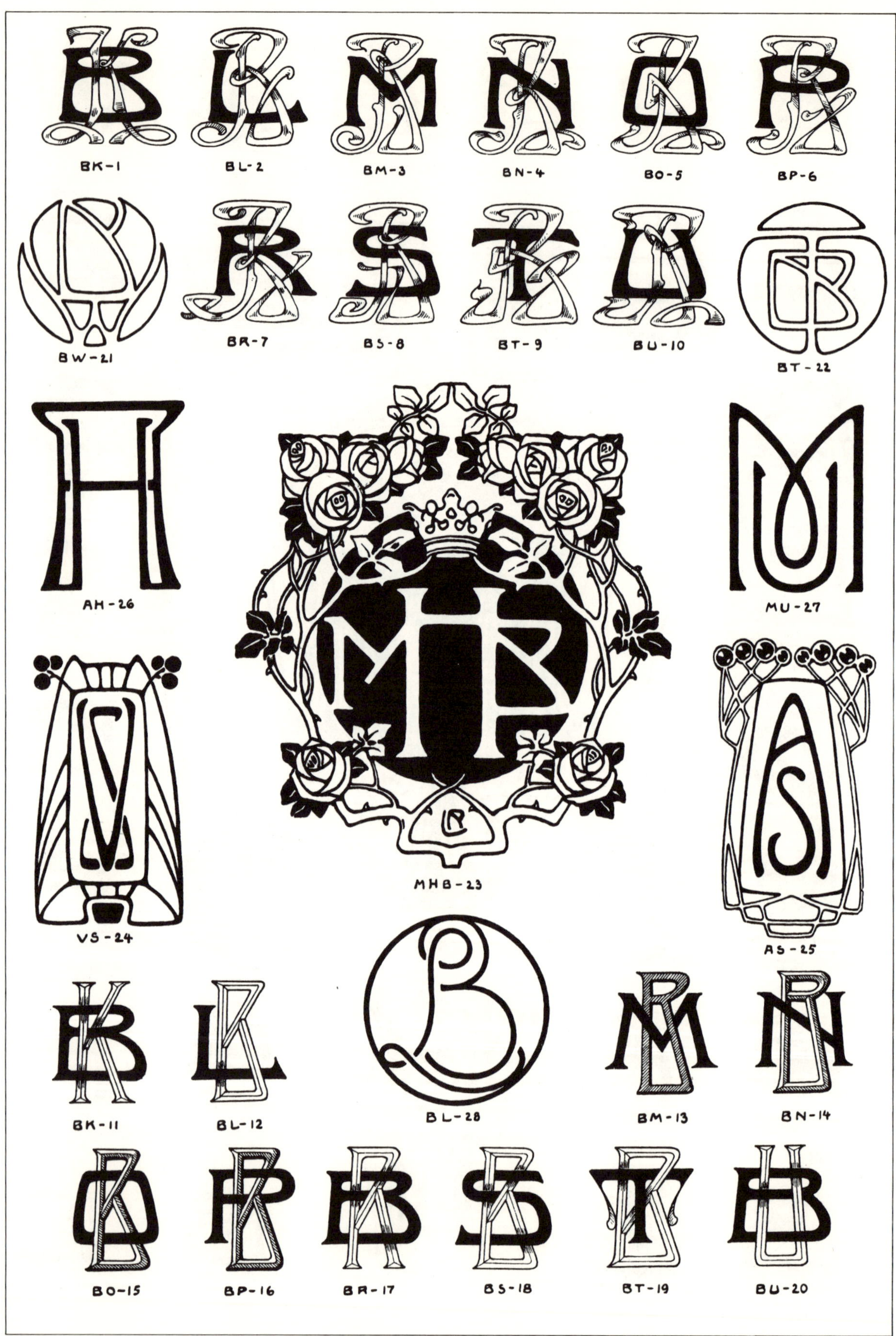

PLATE 82. Monograms (Art Nouveau Interlocking): BK–BU

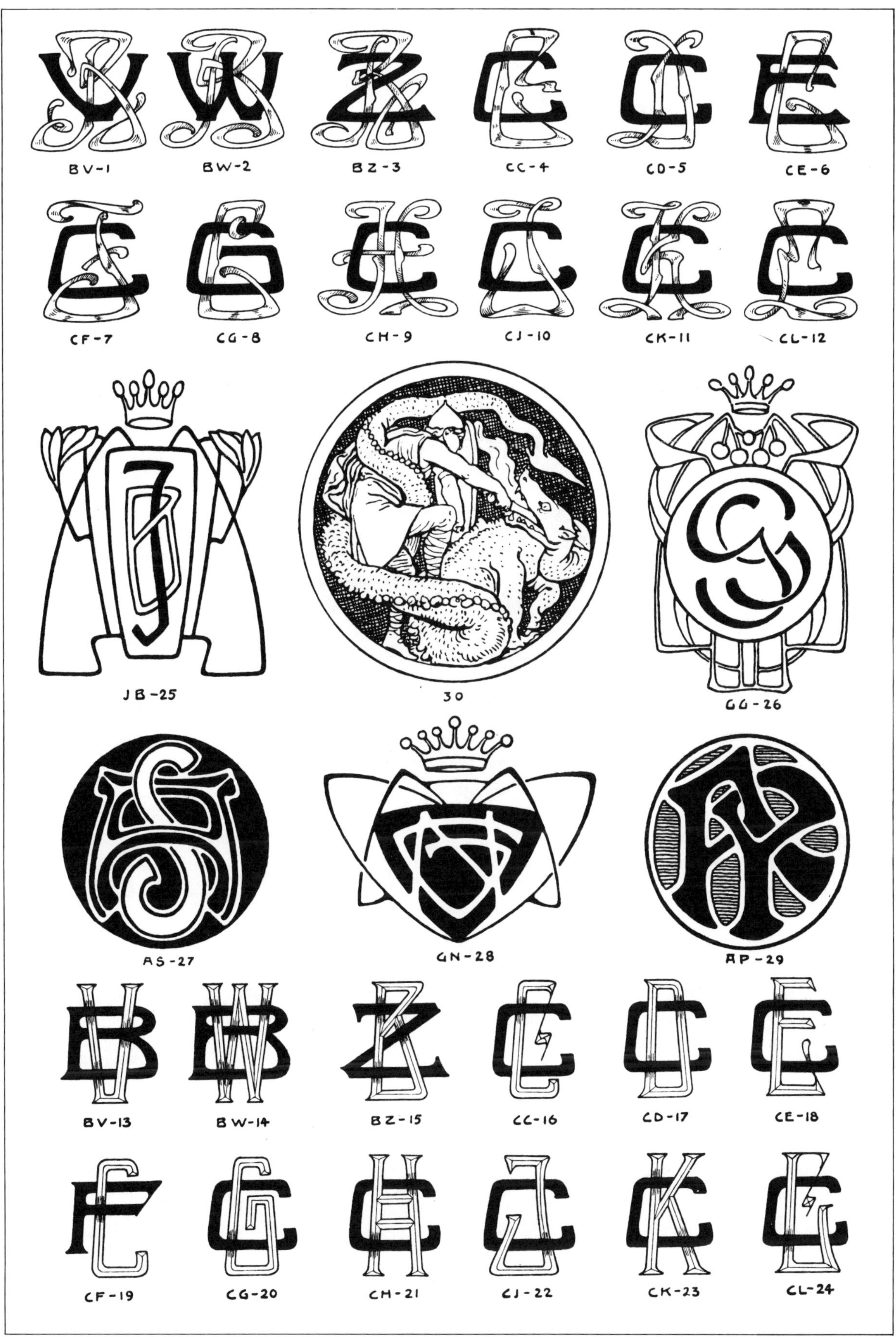

PLATE 83. Monograms (Art Nouveau Interlocking): BV–CL

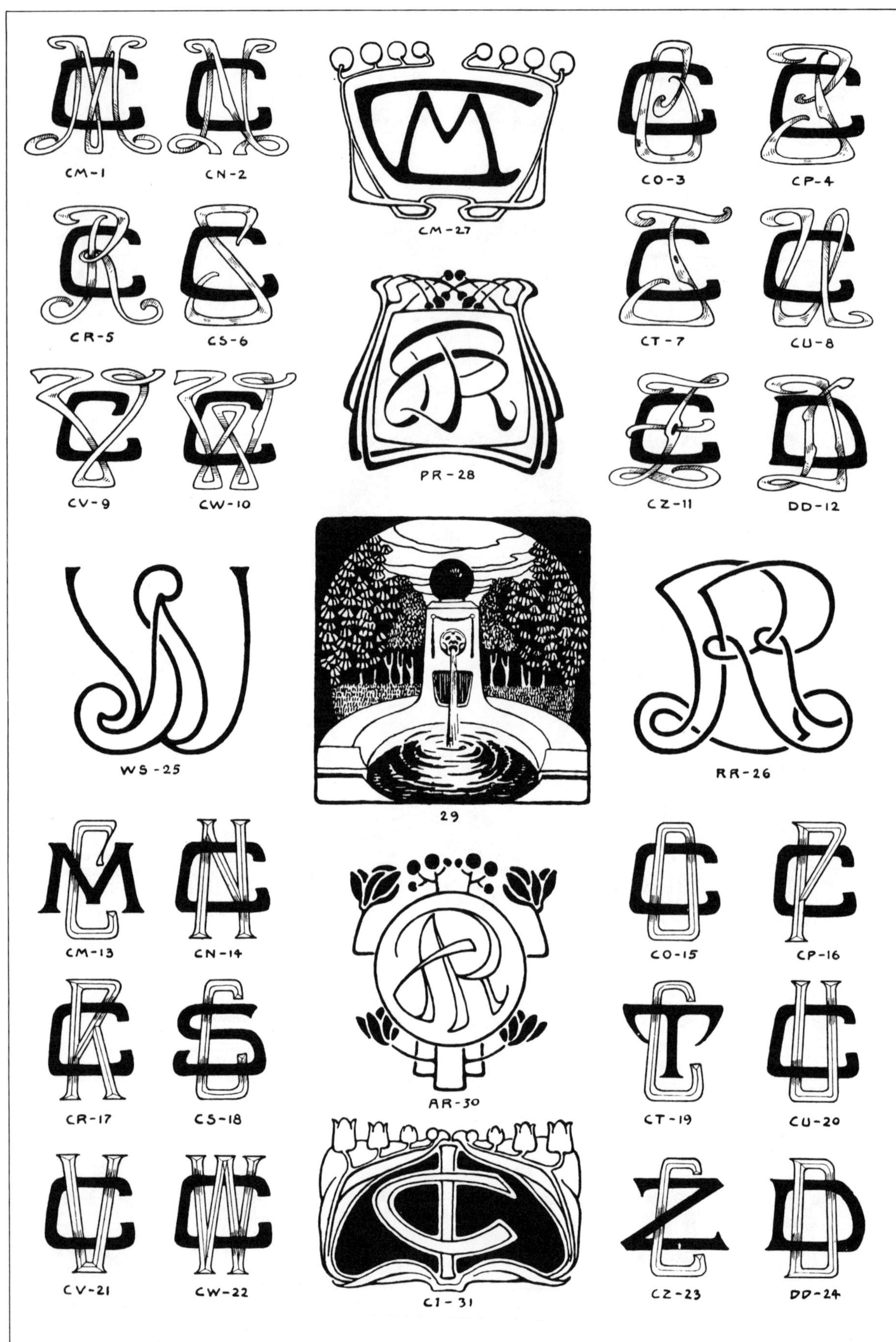

PLATE 84. Monograms (Art Nouveau Interlocking): CM–DD

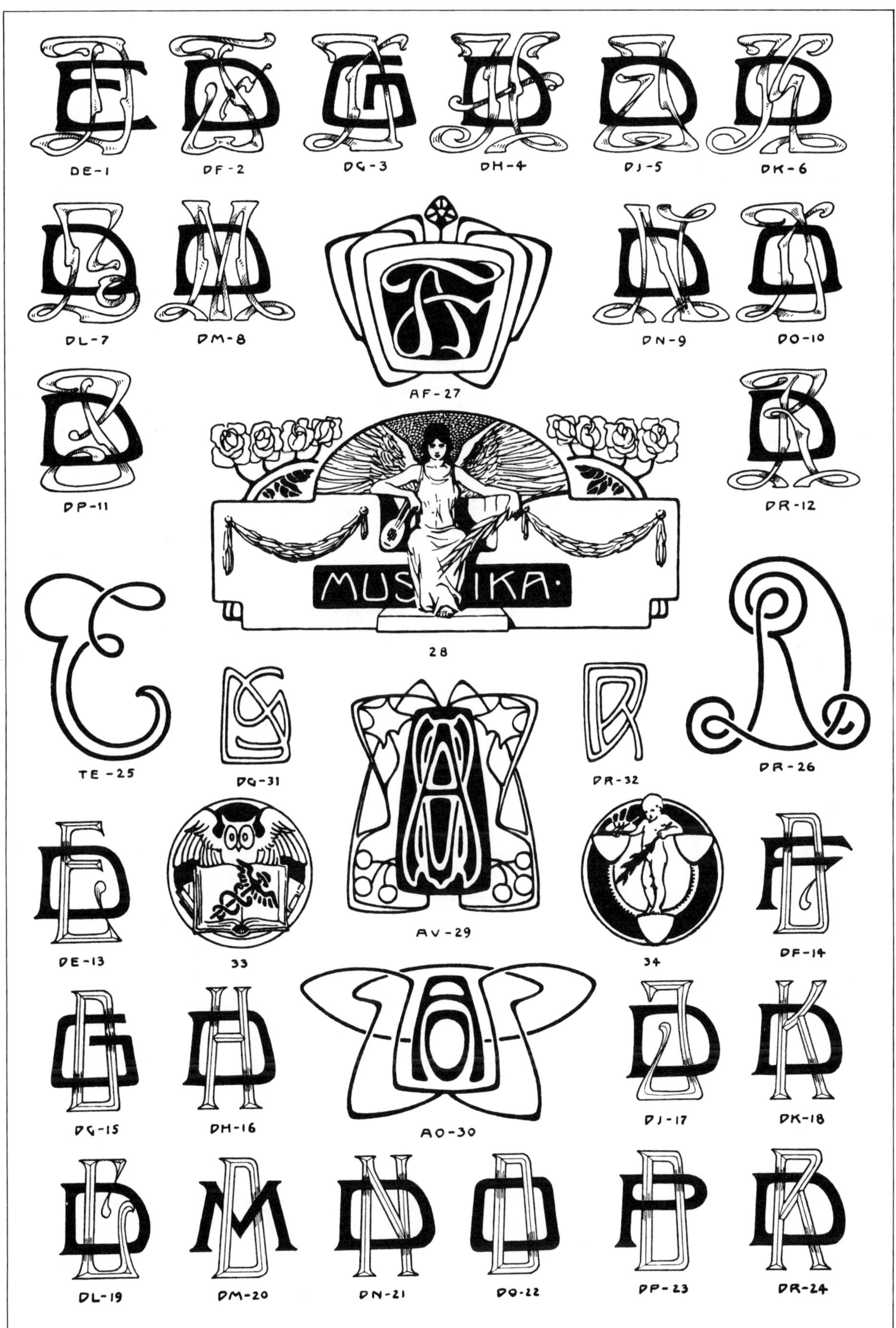

PLATE 85. Monograms (Art Nouveau Interlocking): DE–DR

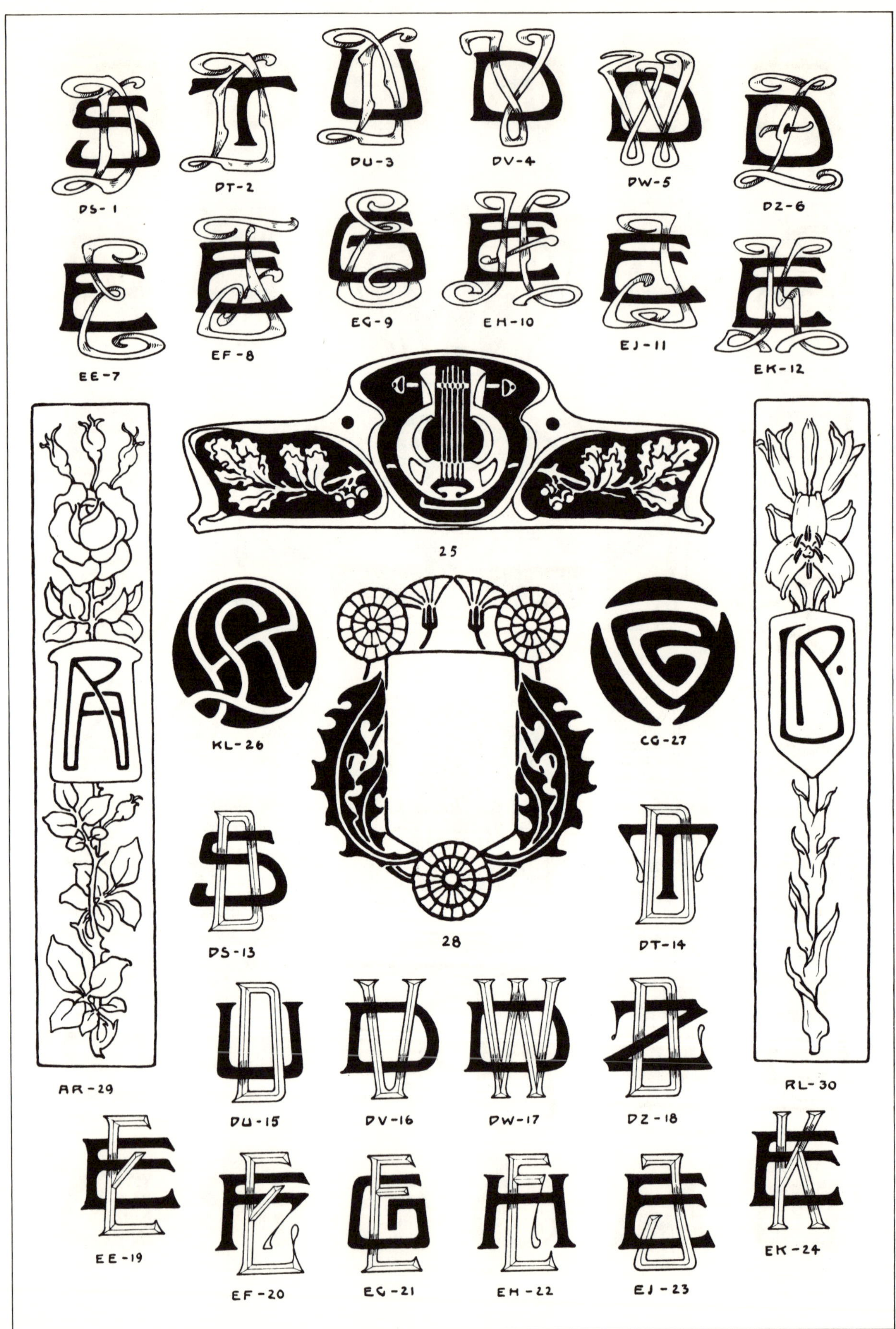

PLATE 86. Monograms (Art Nouveau Interlocking): DS–EK

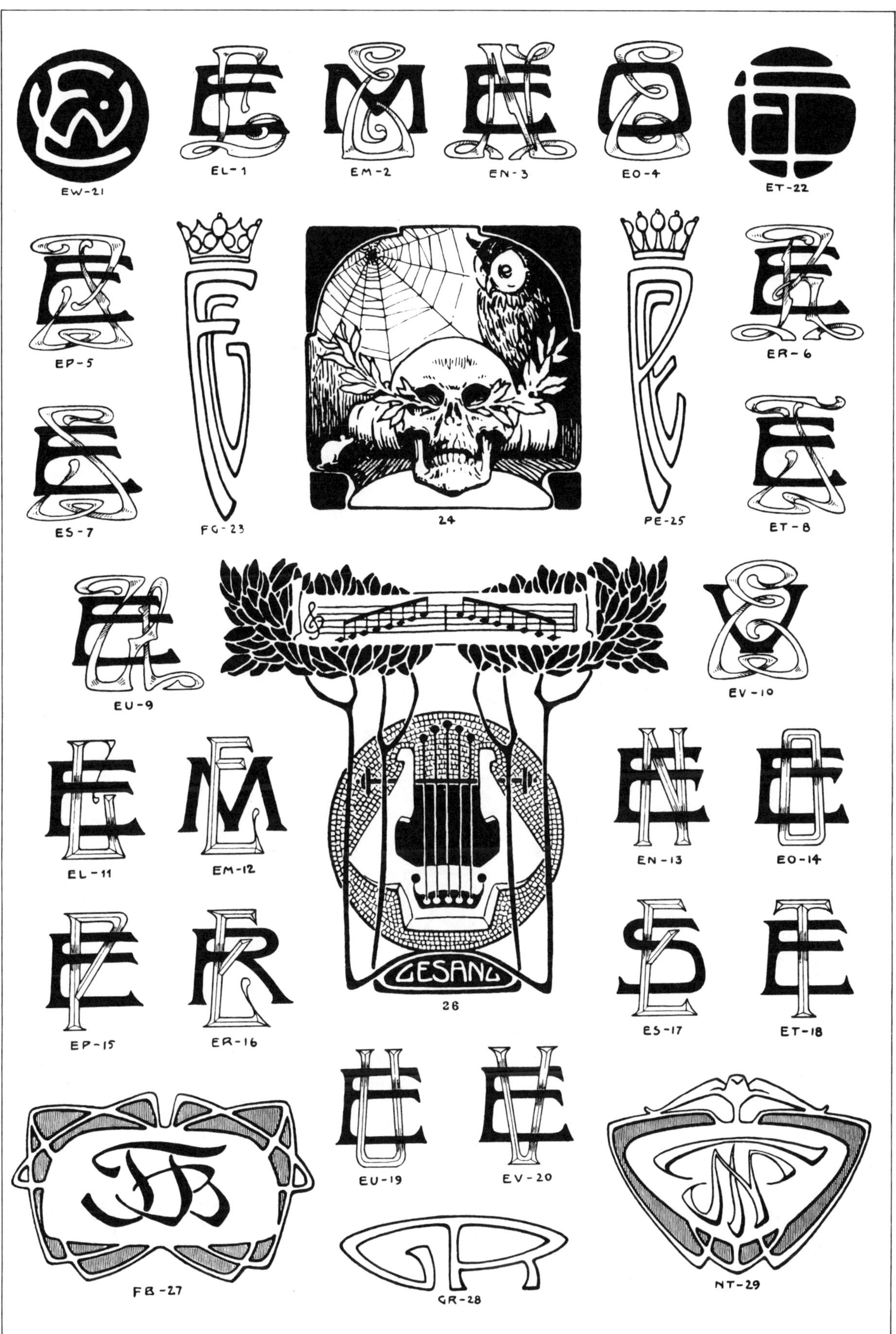

PLATE 87. Monograms (Art Nouveau Interlocking): EL–EV

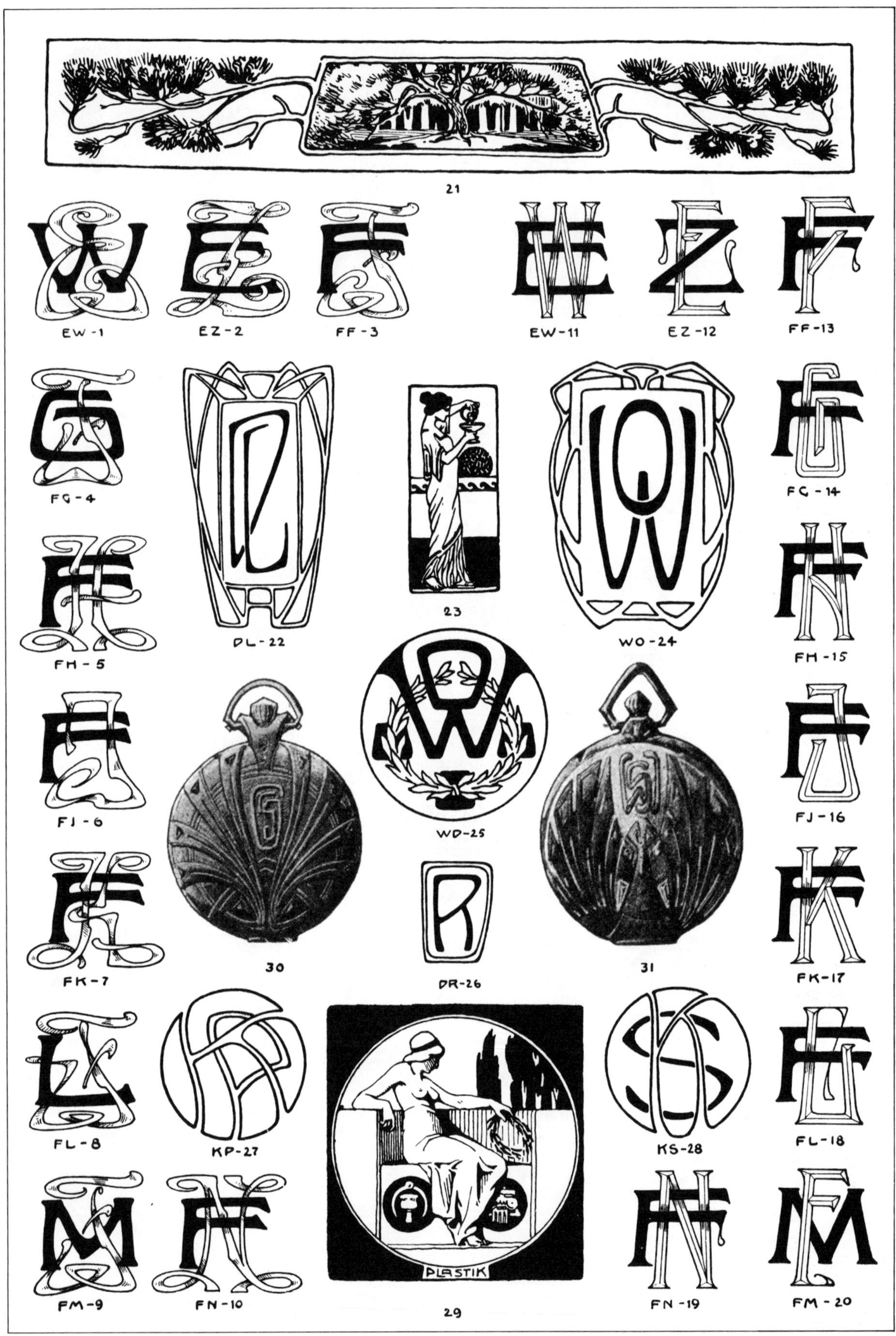

PLATE 88. Monograms (Art Nouveau Interlocking): EW–FN

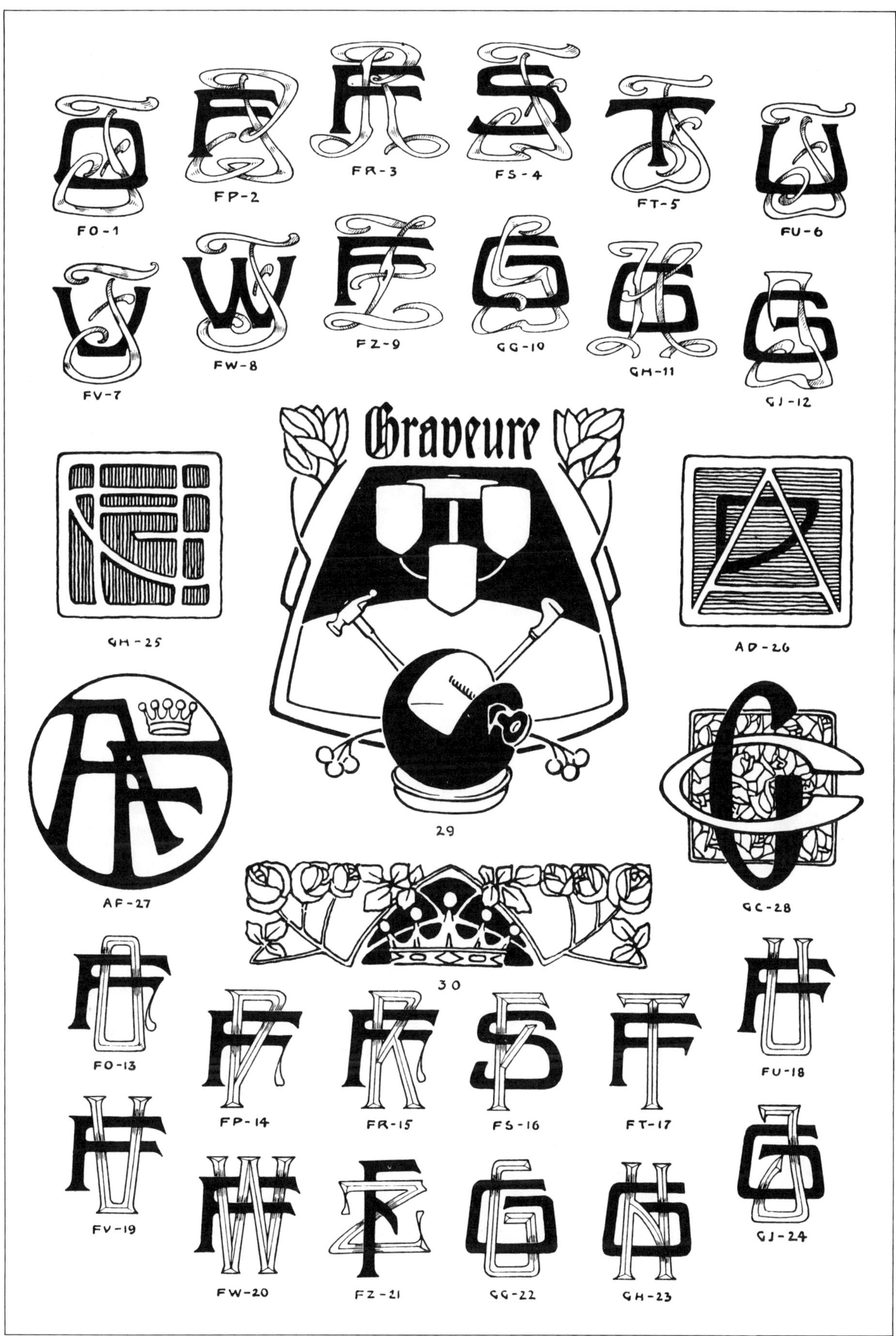

PLATE 89. Monograms (Art Nouveau Interlocking): FO–GJ

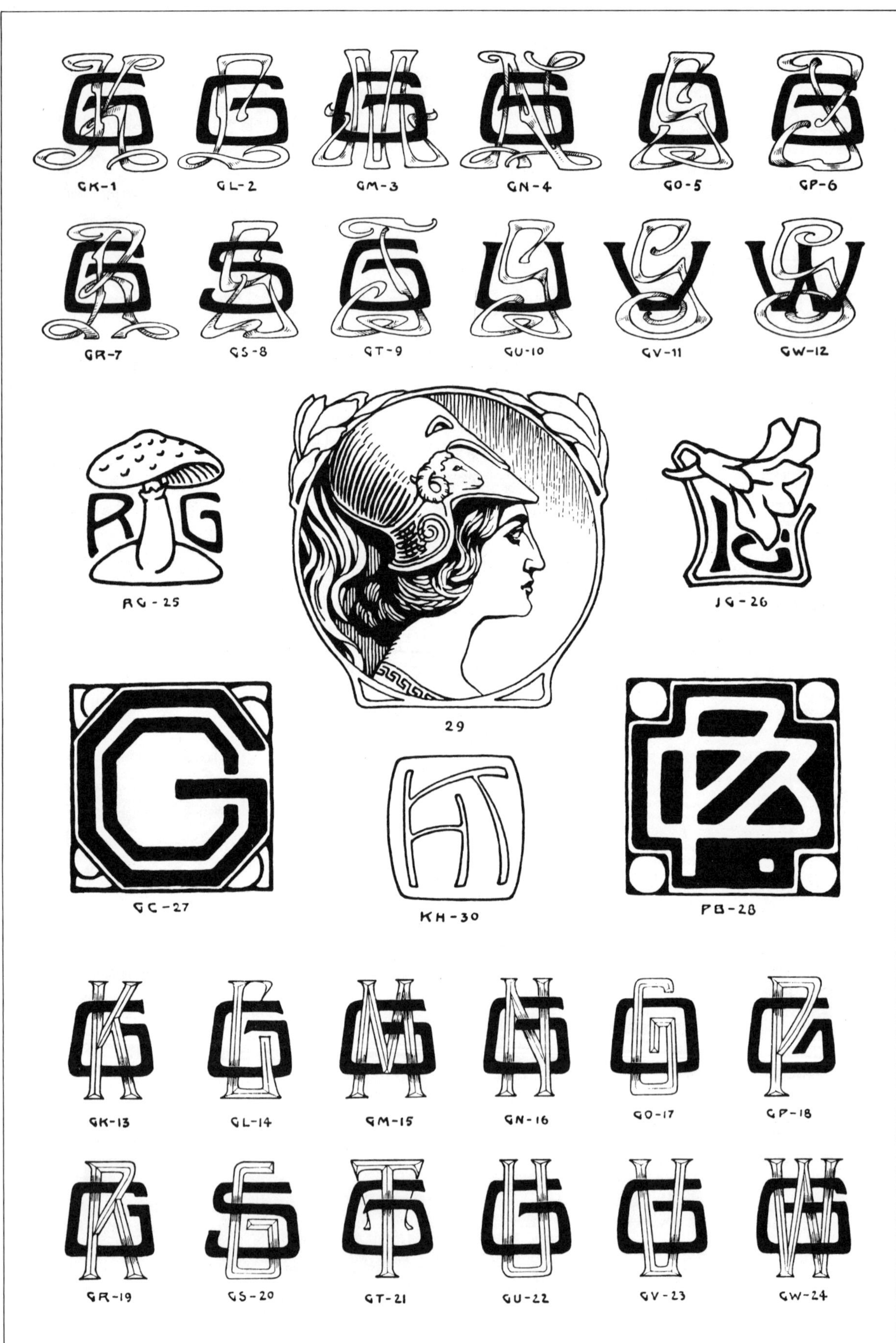

PLATE 90. Monograms (Art Nouveau Interlocking): GK–GW

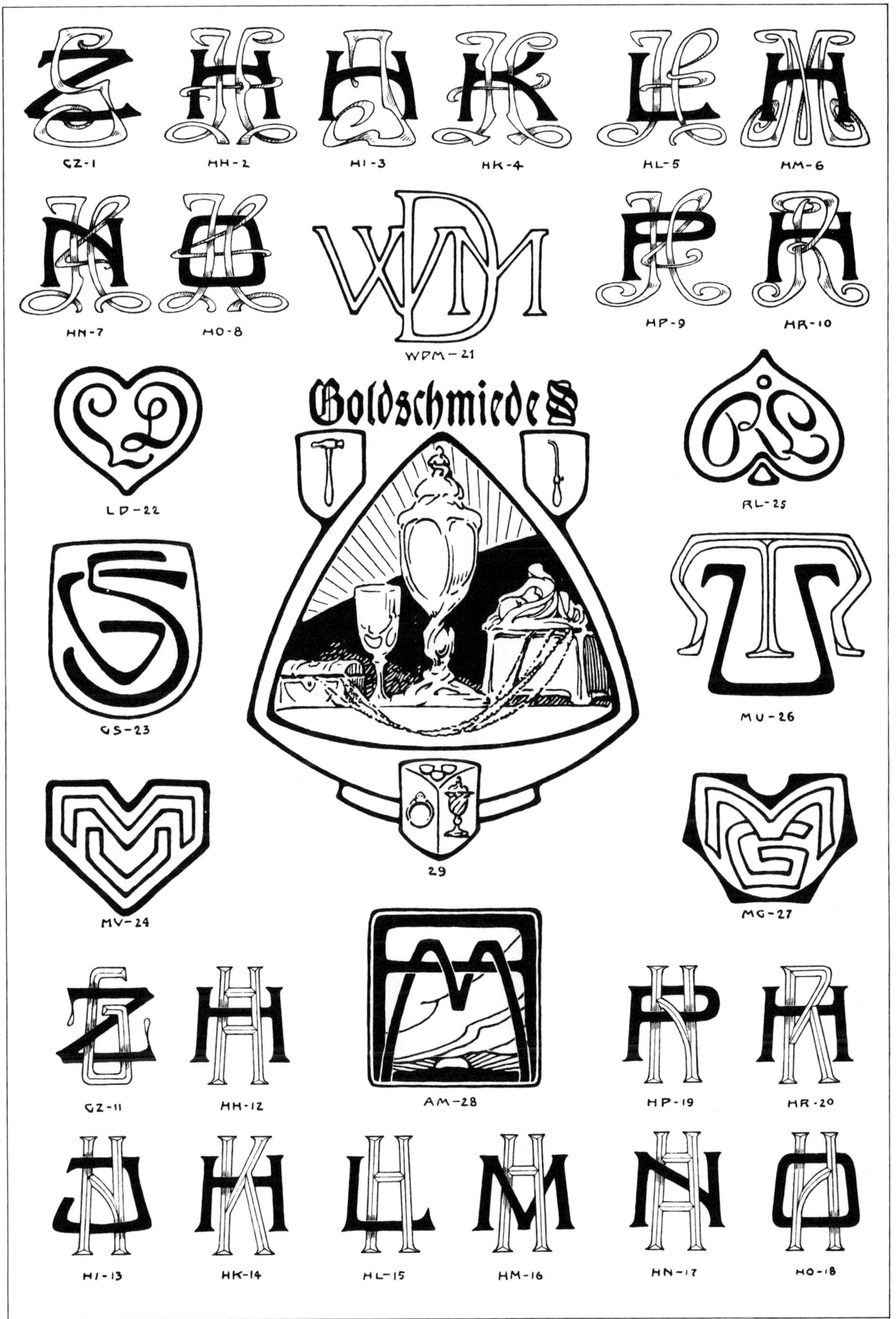

Plate 91. Monograms (Art Nouveau Interlocking): GZ–HR

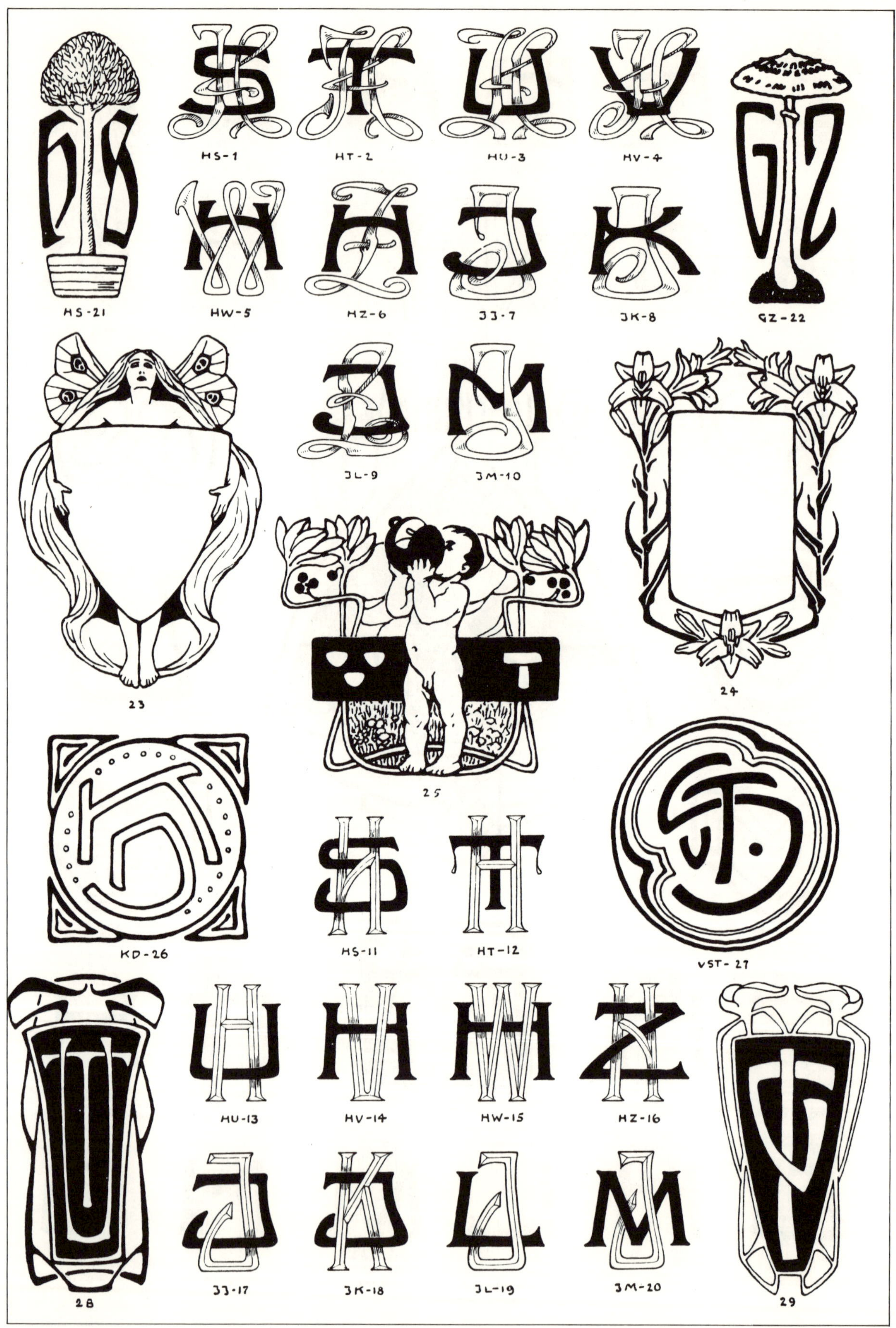

PLATE 92. Monograms (Art Nouveau Interlocking): HS–JM

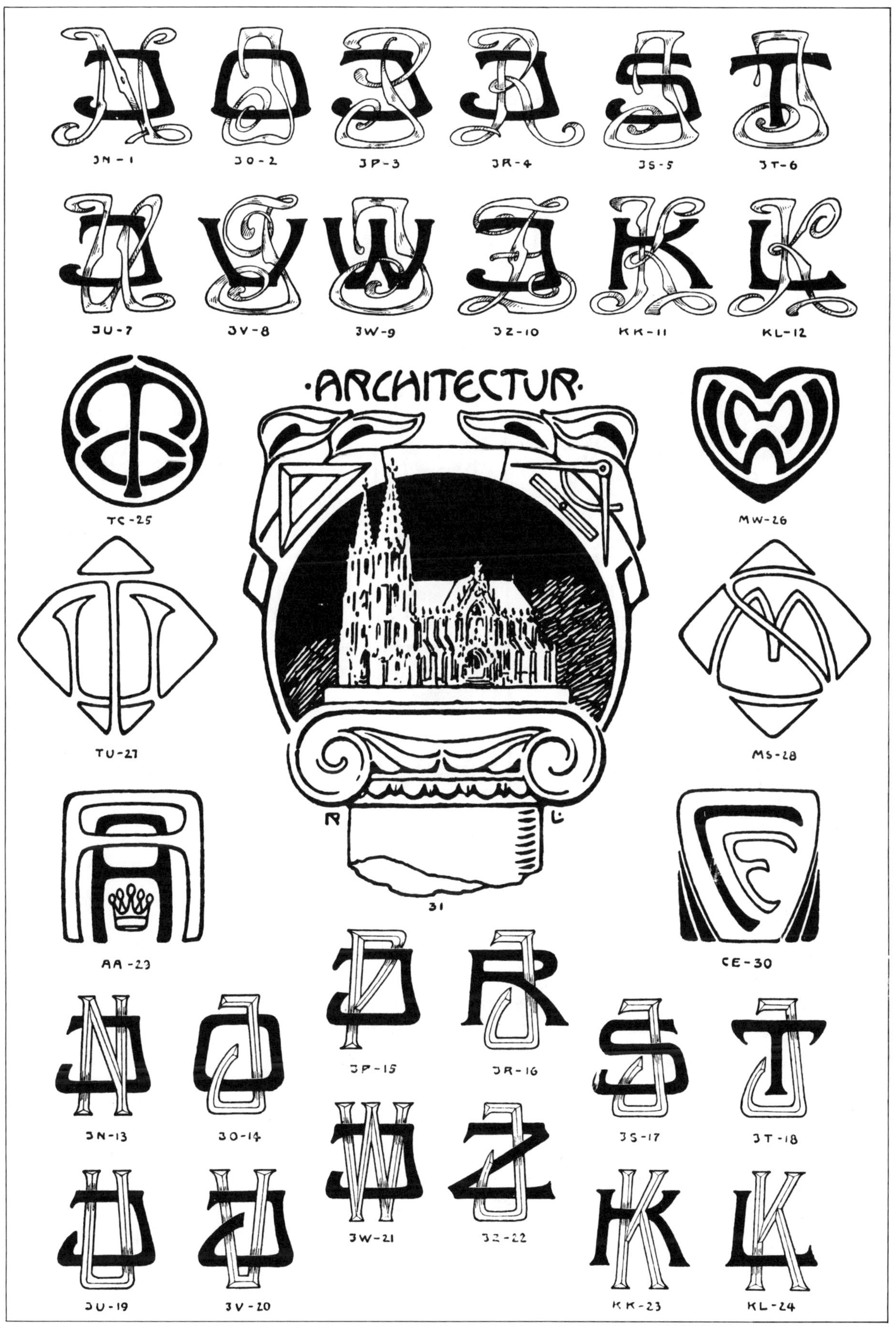

Plate 93. Monograms (Art Nouveau Interlocking): JN–KL

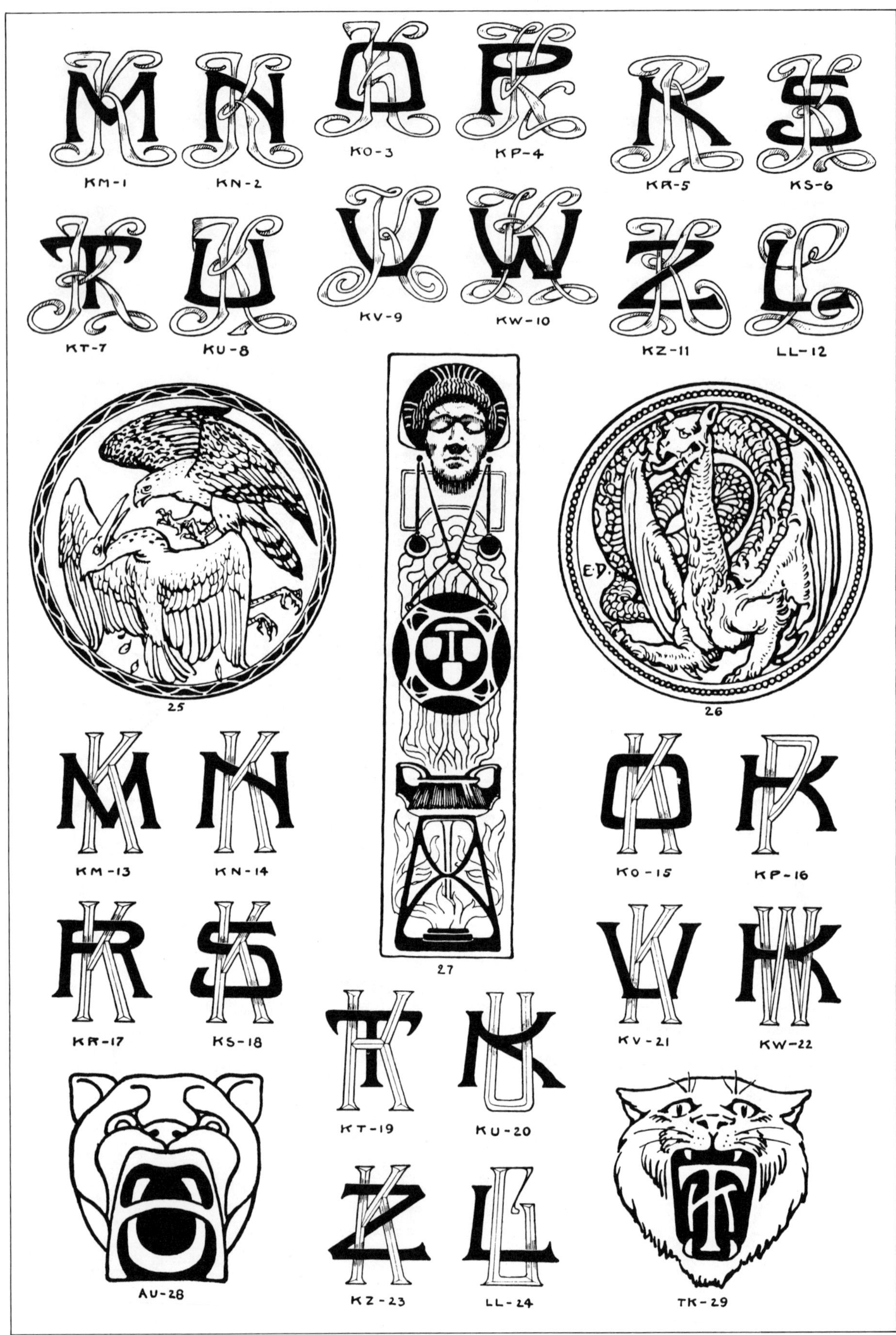

PLATE 94. Monograms (Art Nouveau Interlocking): KM–LL

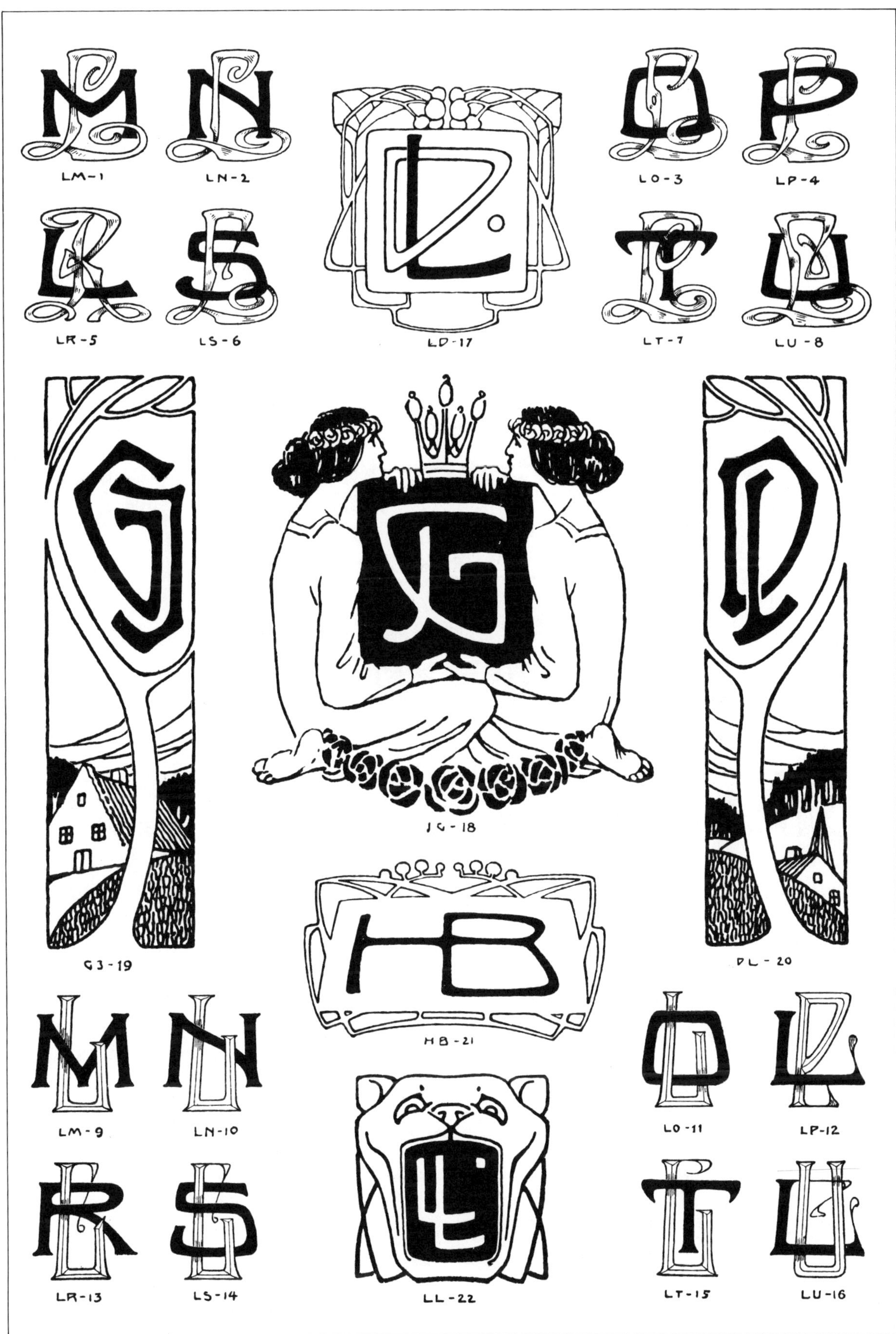

PLATE 95. Monograms (Art Nouveau Interlocking): LM–LU

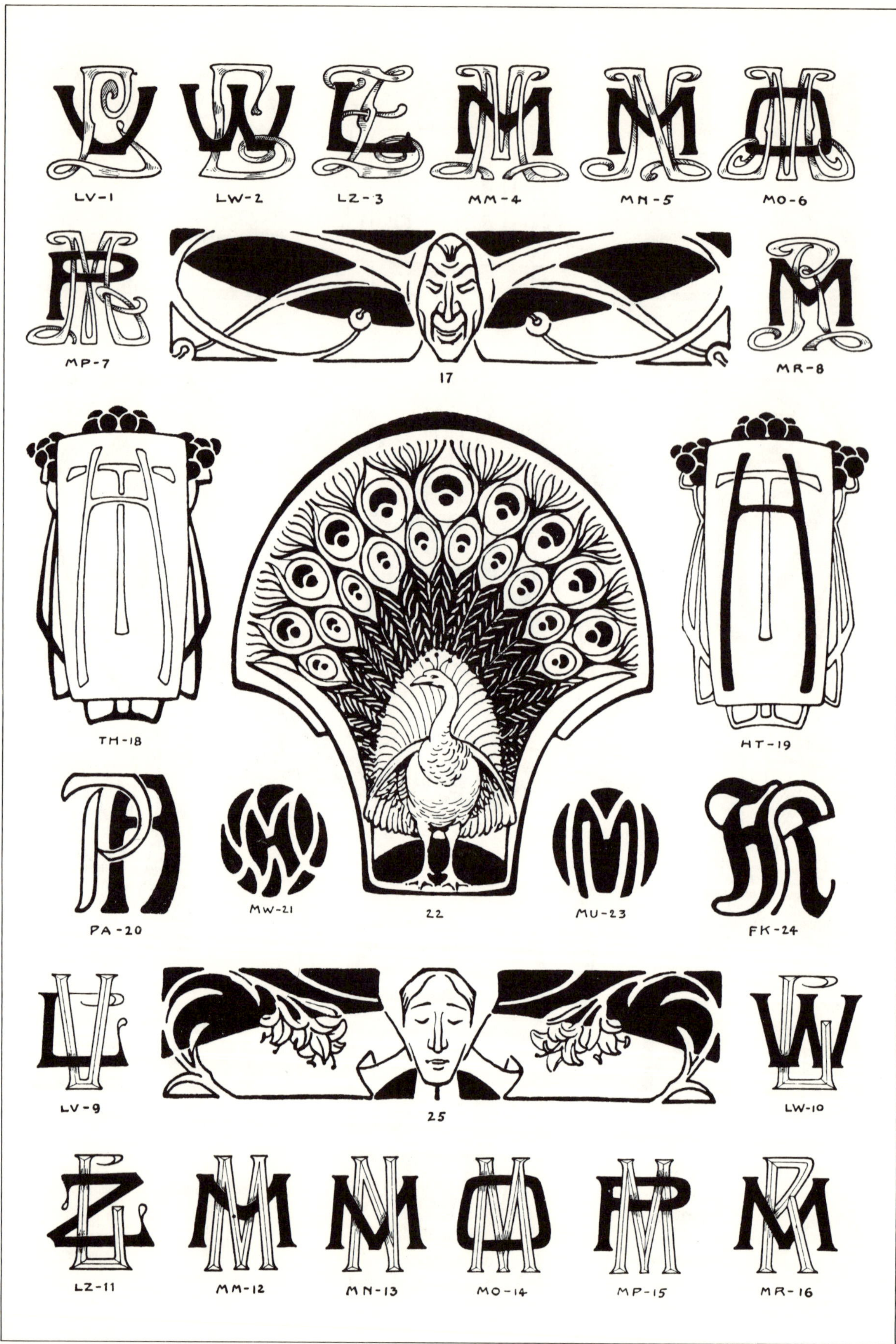

PLATE 96. Monograms (Art Nouveau Interlocking): LV–MR

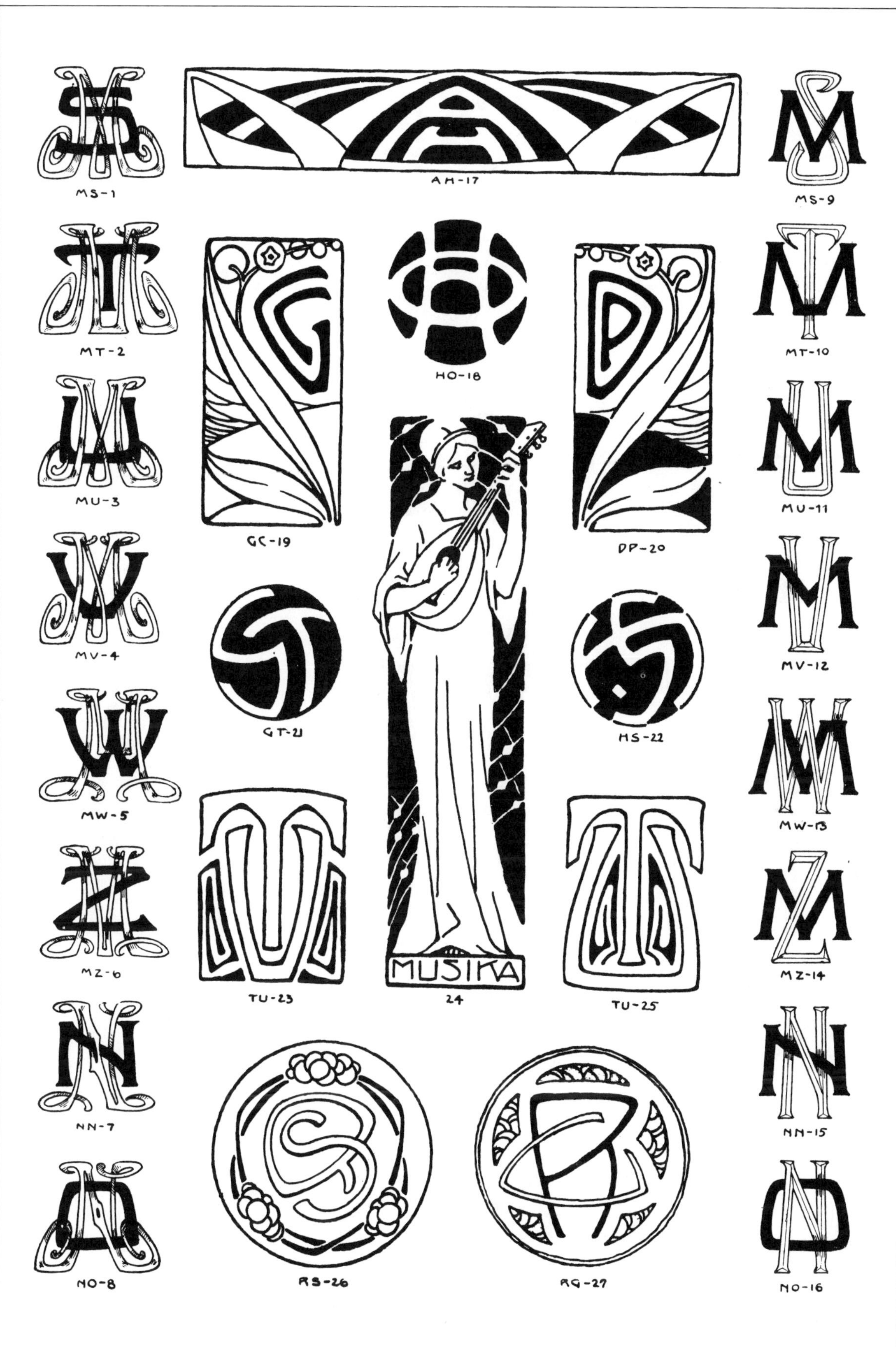

PLATE 97. Monograms (Art Nouveau Interlocking): MS–NO

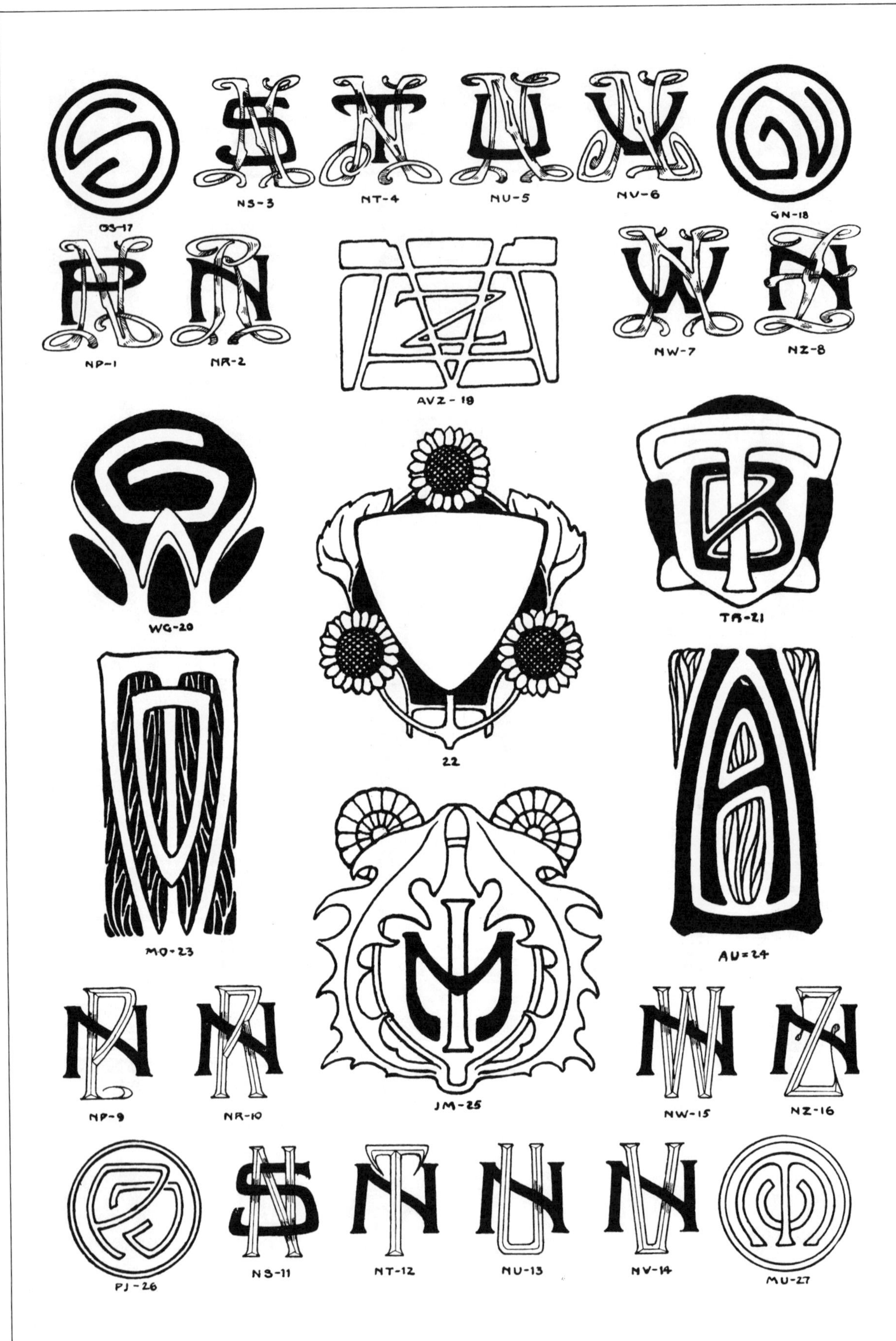

PLATE 98. Monograms (Art Nouveau Interlocking): NP–NZ

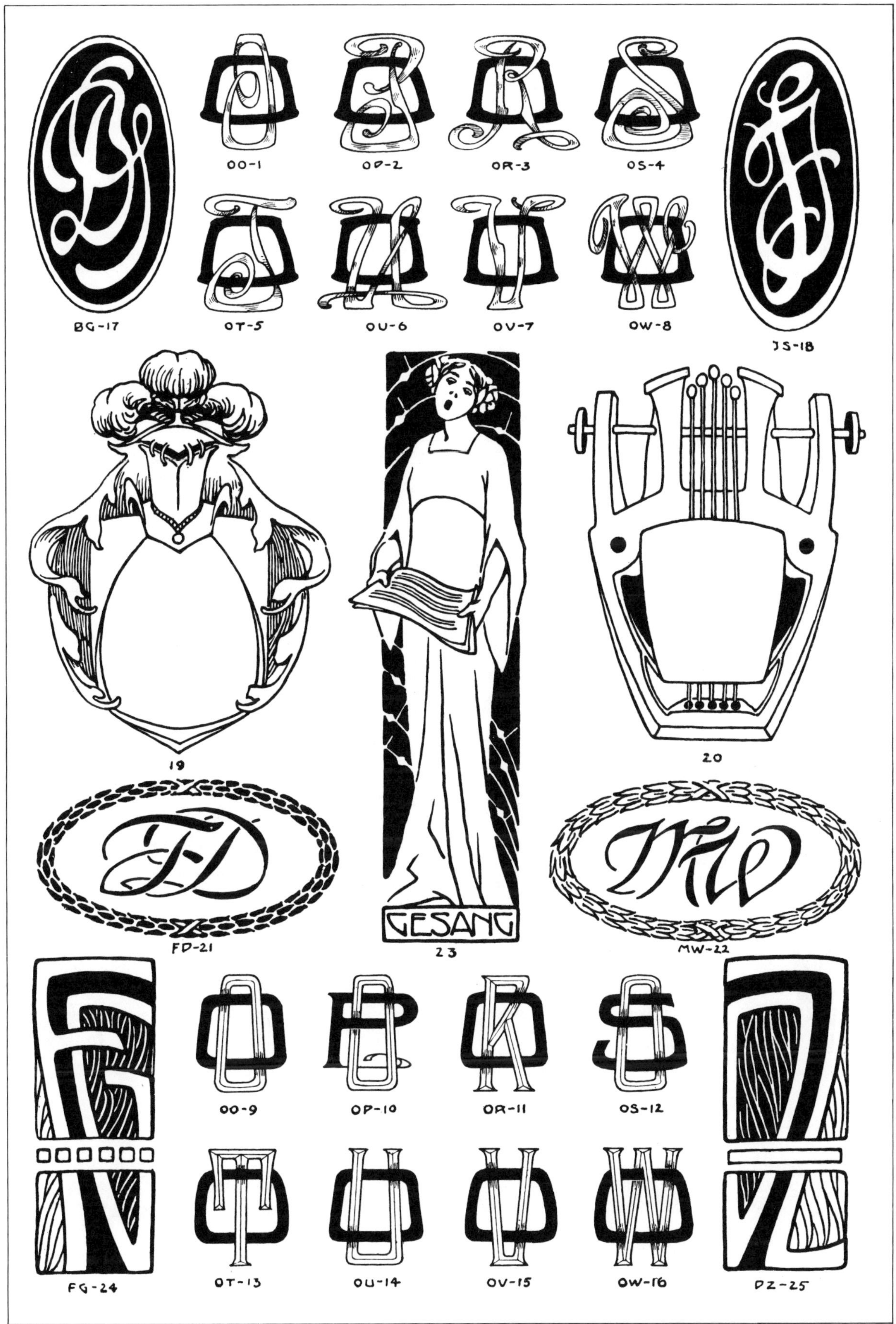

PLATE 99. Monograms (Art Nouveau Interlocking): OO–OW

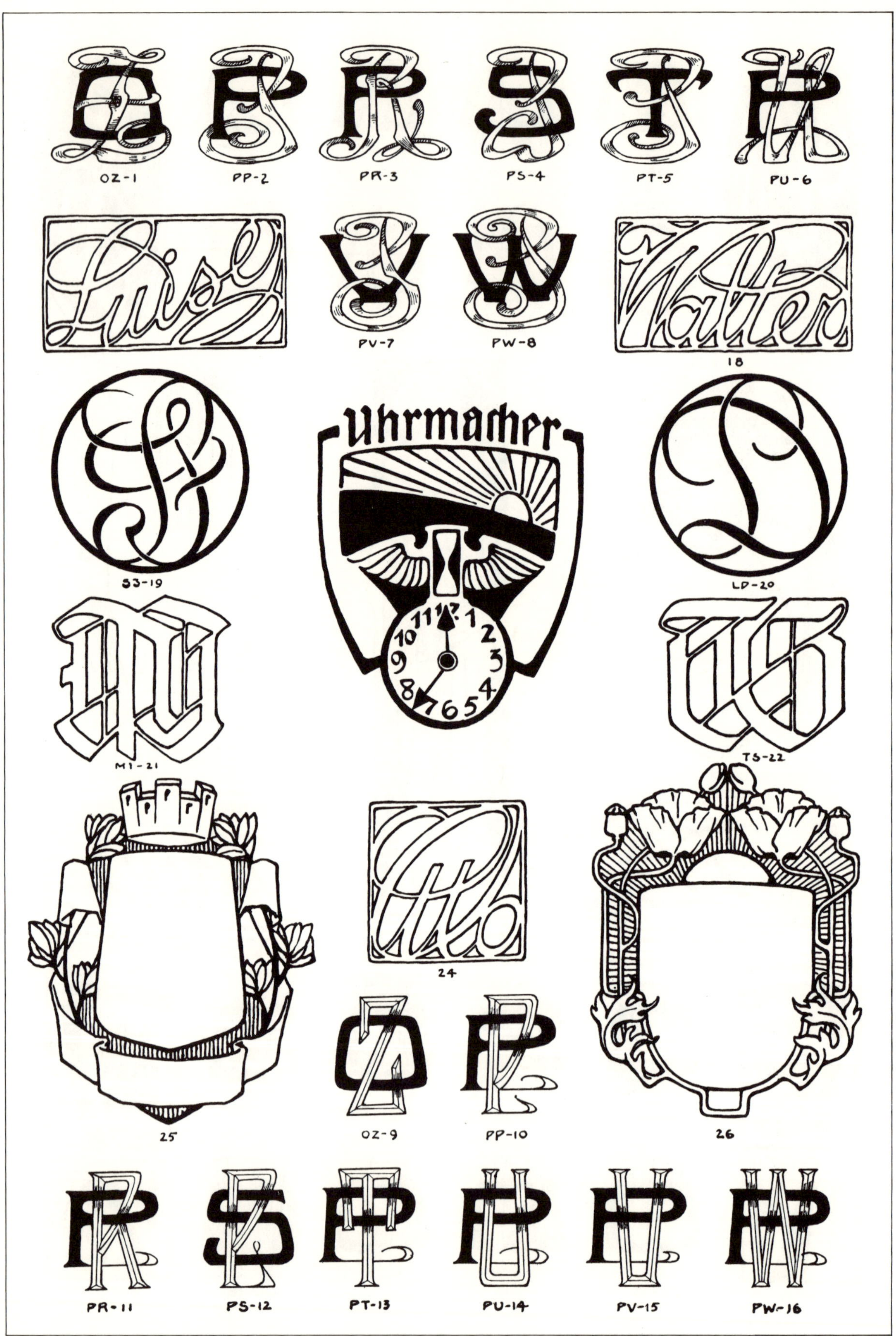

PLATE 100. Monograms (Art Nouveau Interlocking): OZ–PW

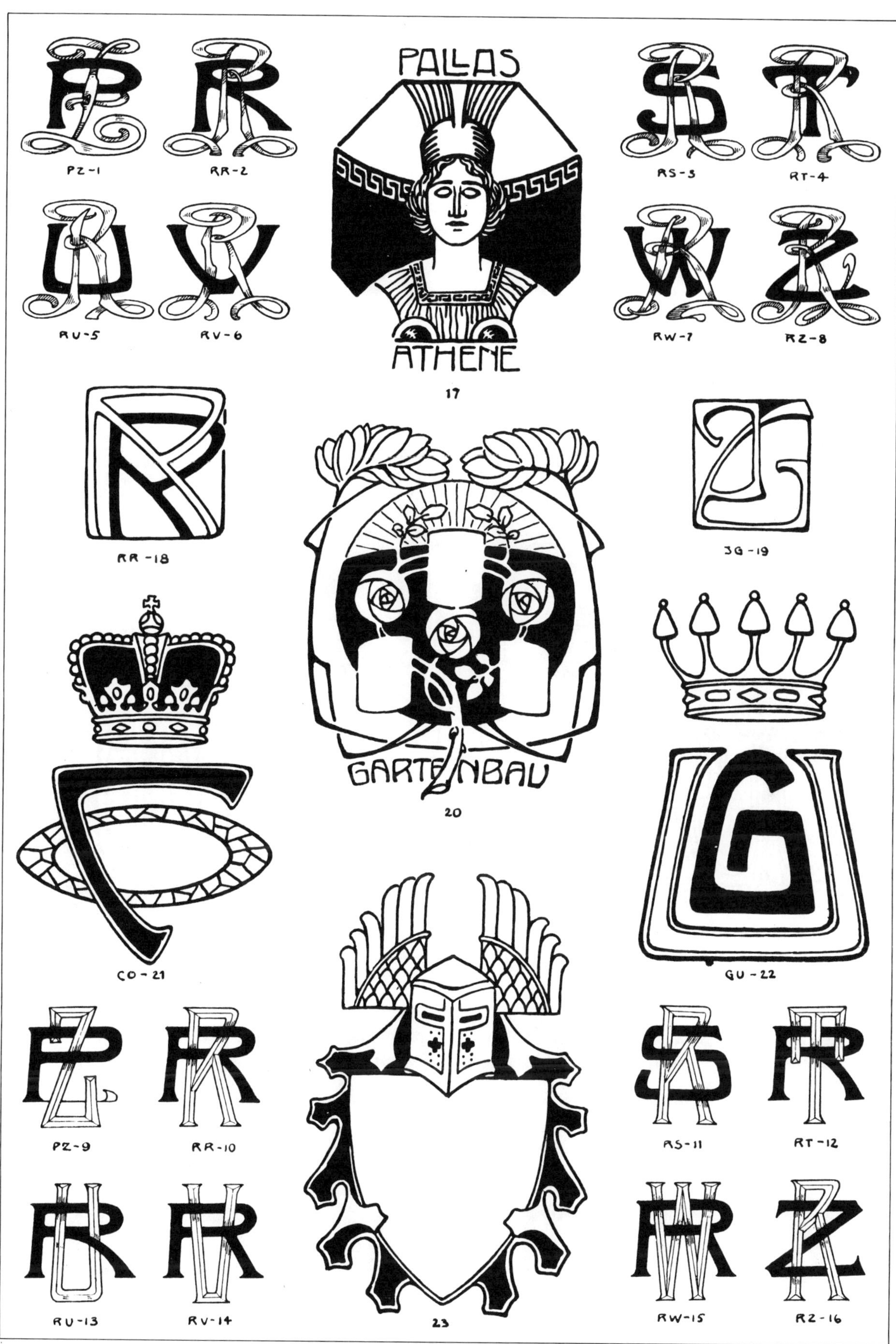

PLATE 101. Monograms (Art Nouveau Interlocking): PZ–RZ

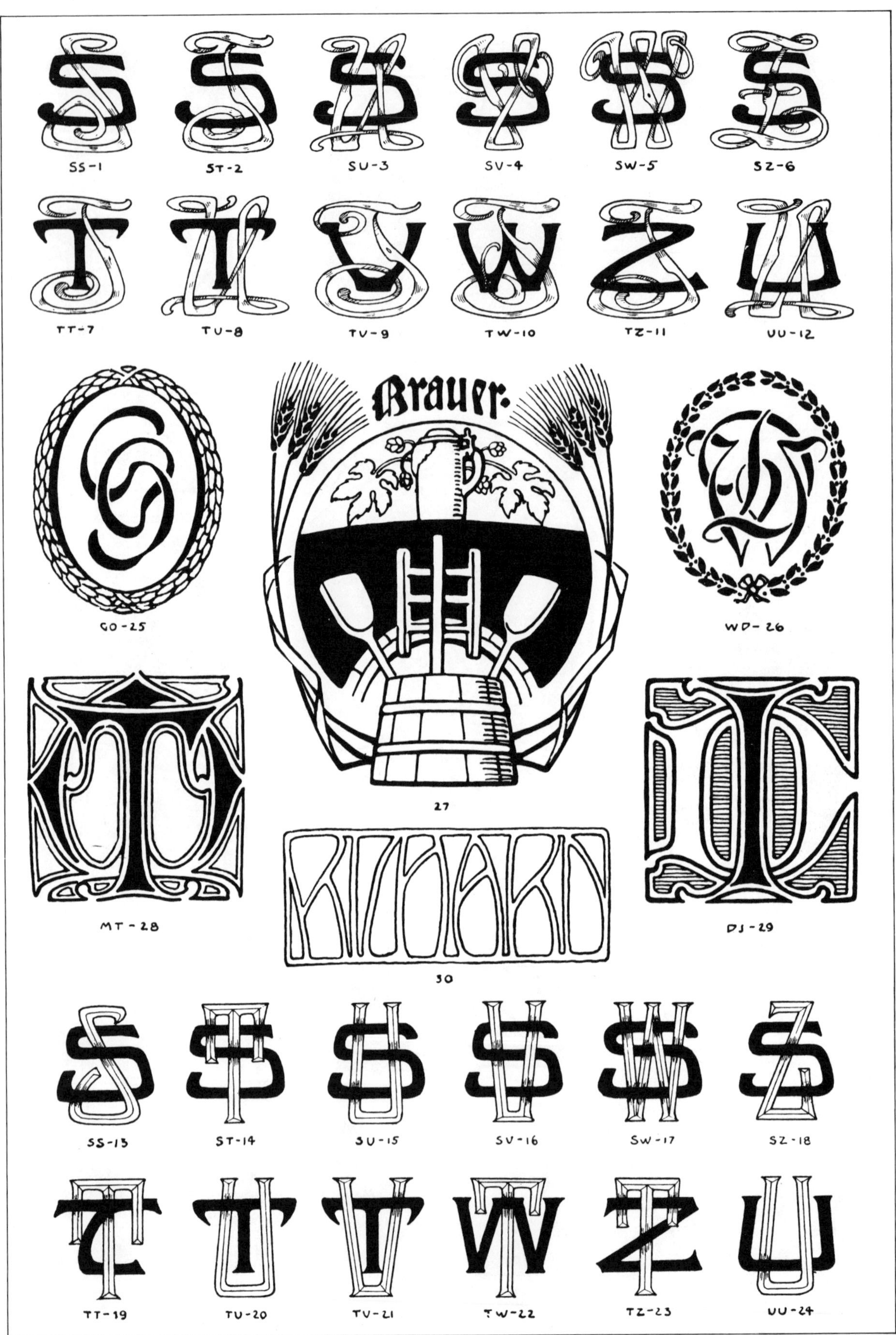

Plate 102. Monograms (Art Nouveau Interlocking): SS–UU

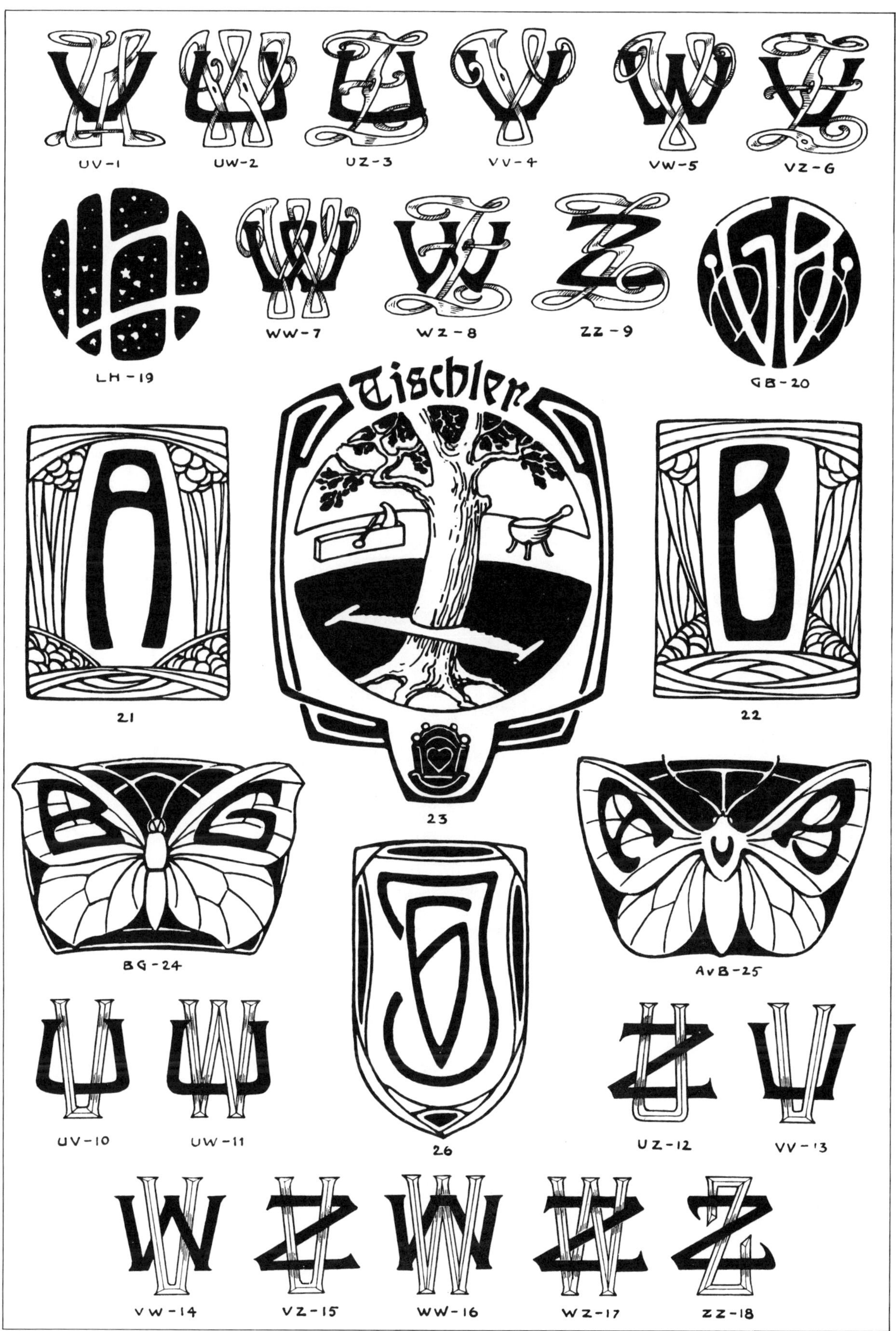

PLATE 103. Monograms (Art Nouveau Interlocking): UV–ZZ

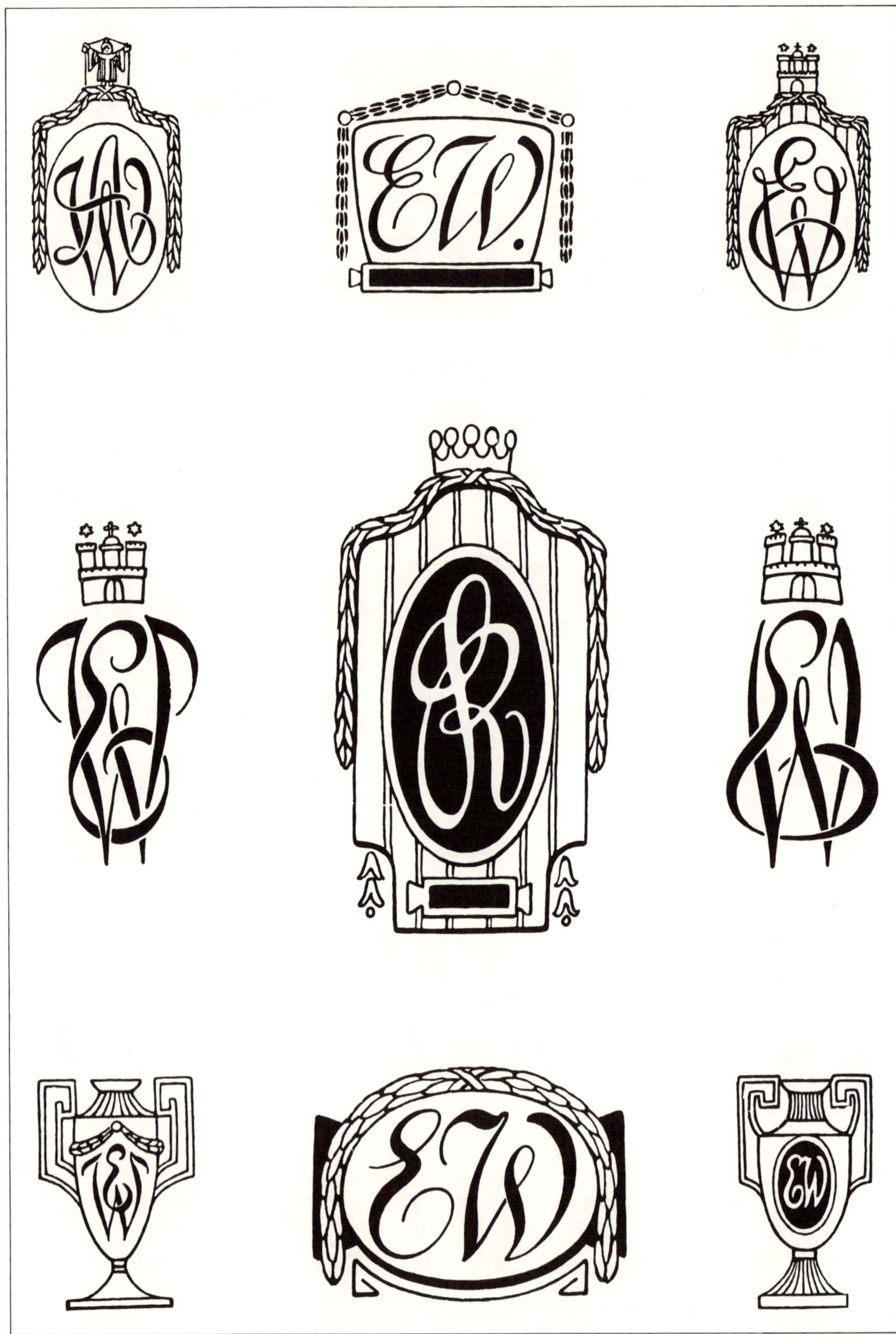

PLATE 104. Embellished Art Nouveau Monograms

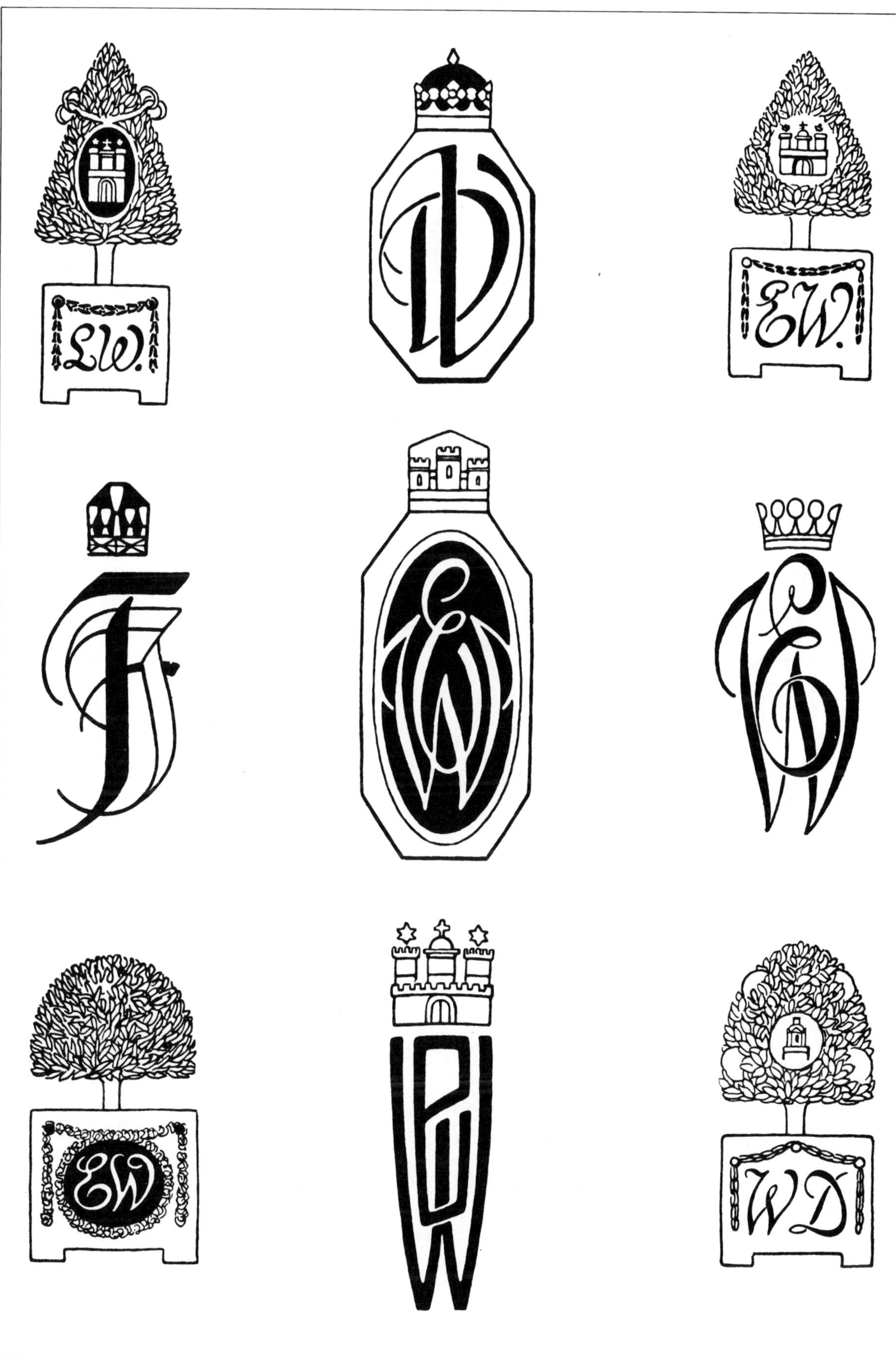

PLATE 105. Embellished Art Nouveau Monograms

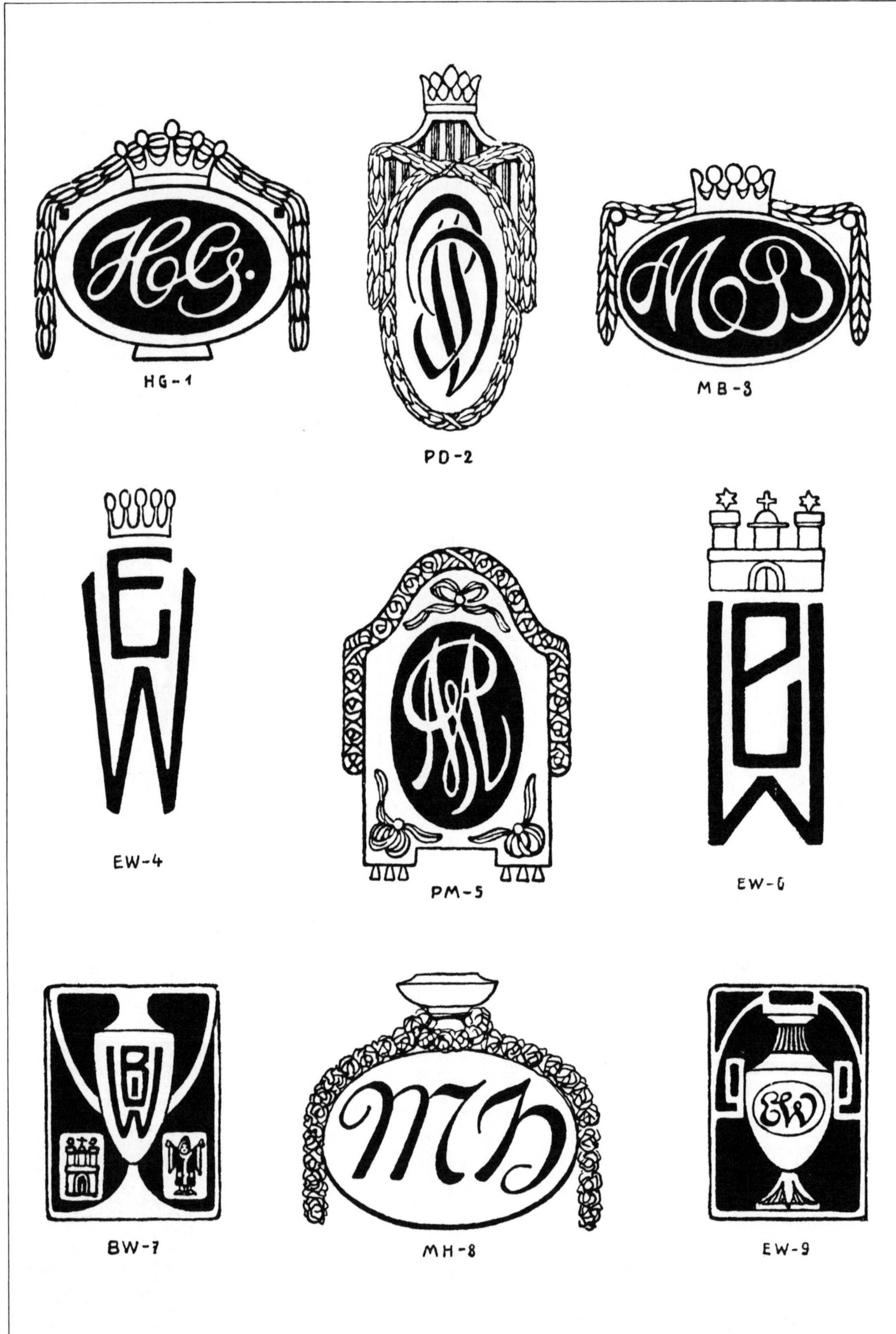

PLATE 106. Embellished Art Nouveau Monograms

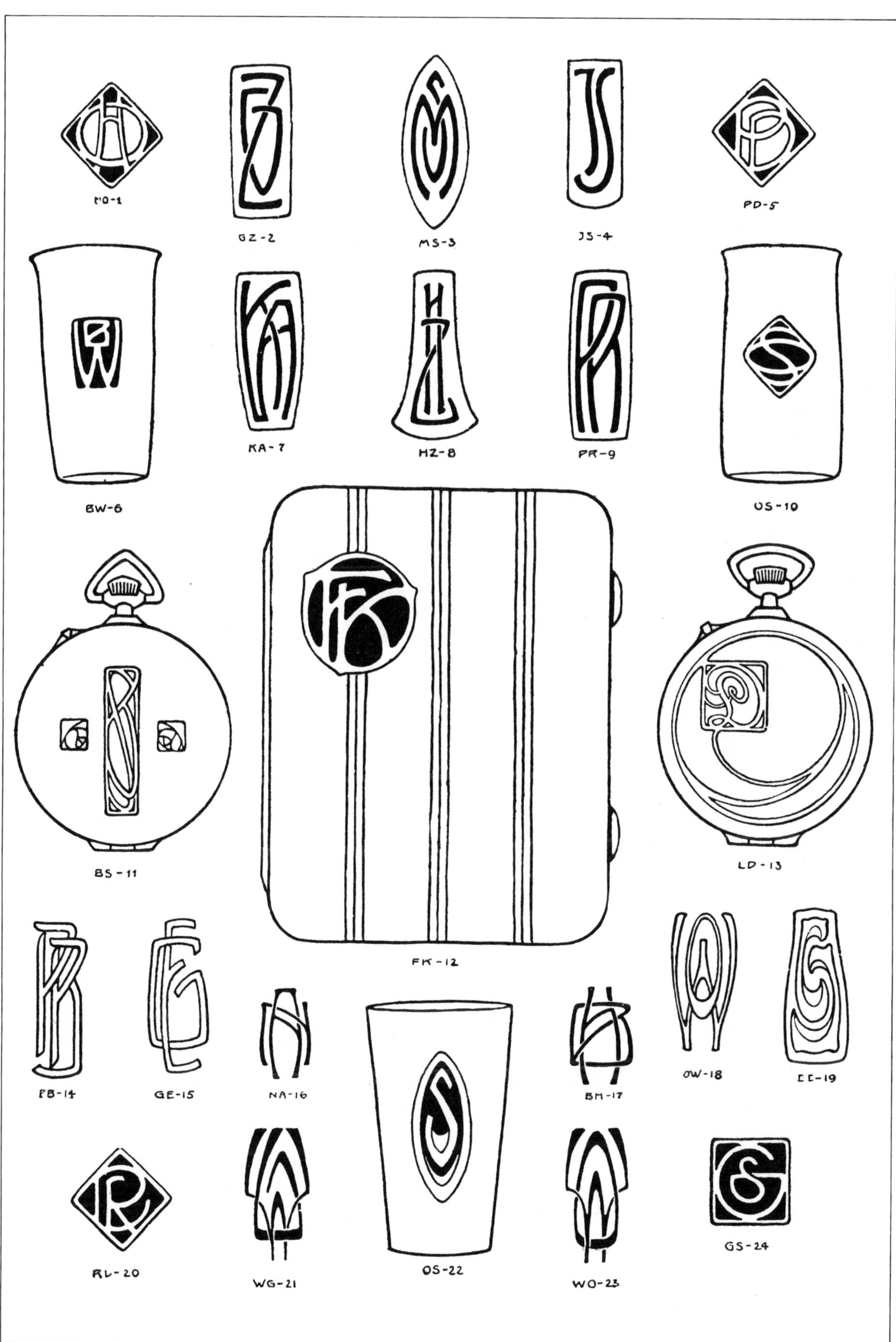

PLATE 107. Embellished Art Nouveau Monograms

PLATE 108. Embellished Art Nouveau Monograms

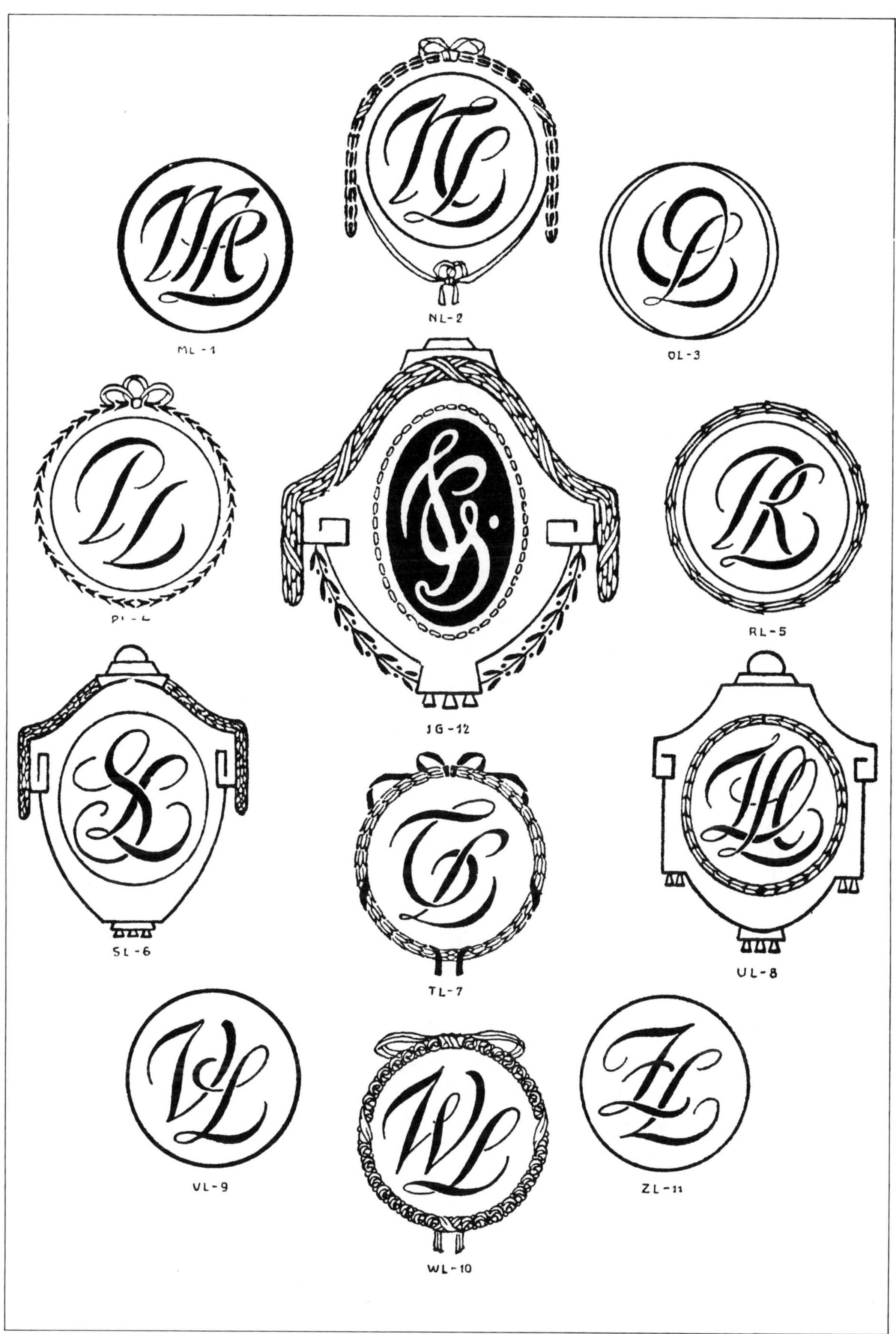

Plate 109. Embellished Art Nouveau Monograms

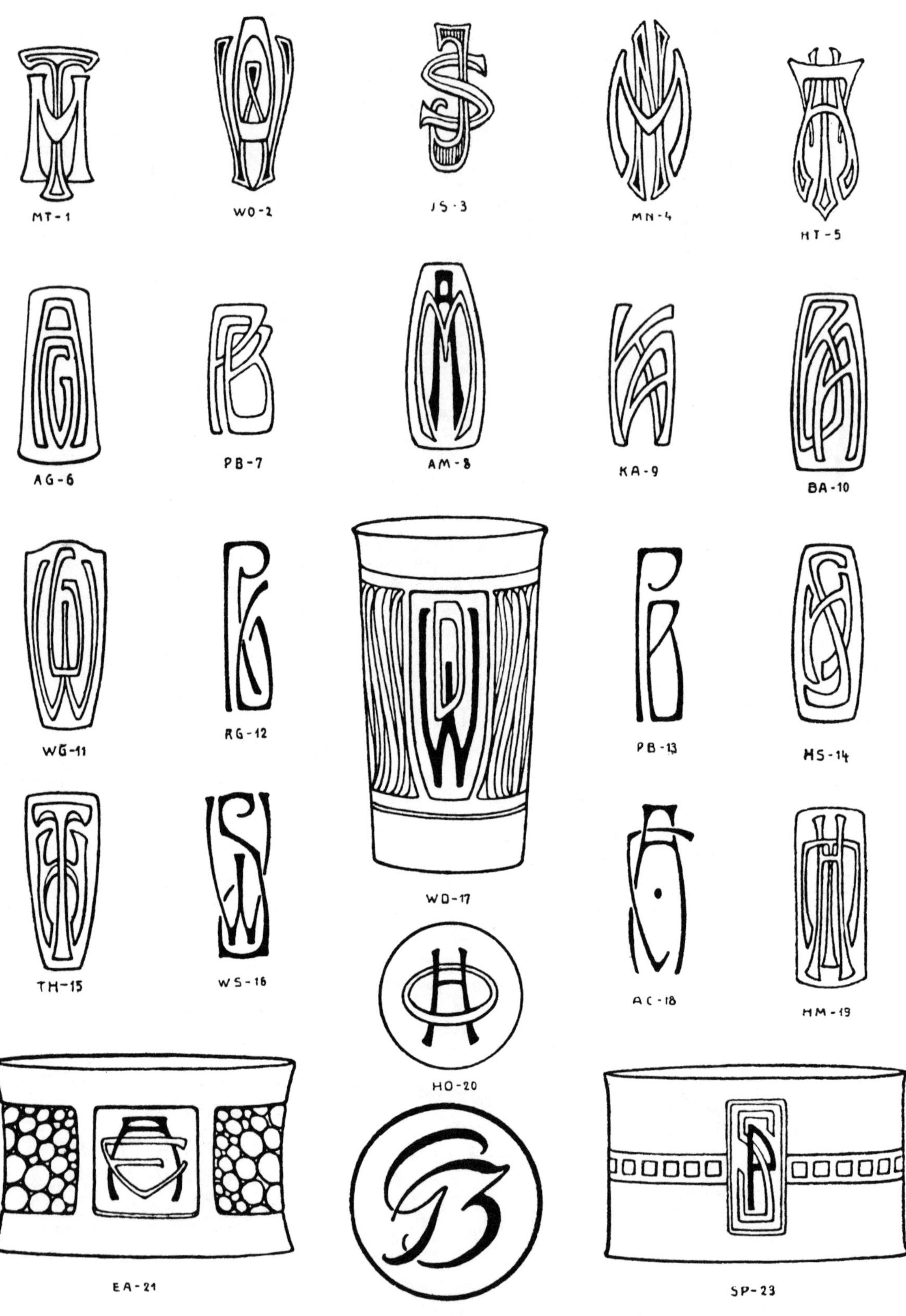

PLATE 110. Embellished Art Nouveau Monograms

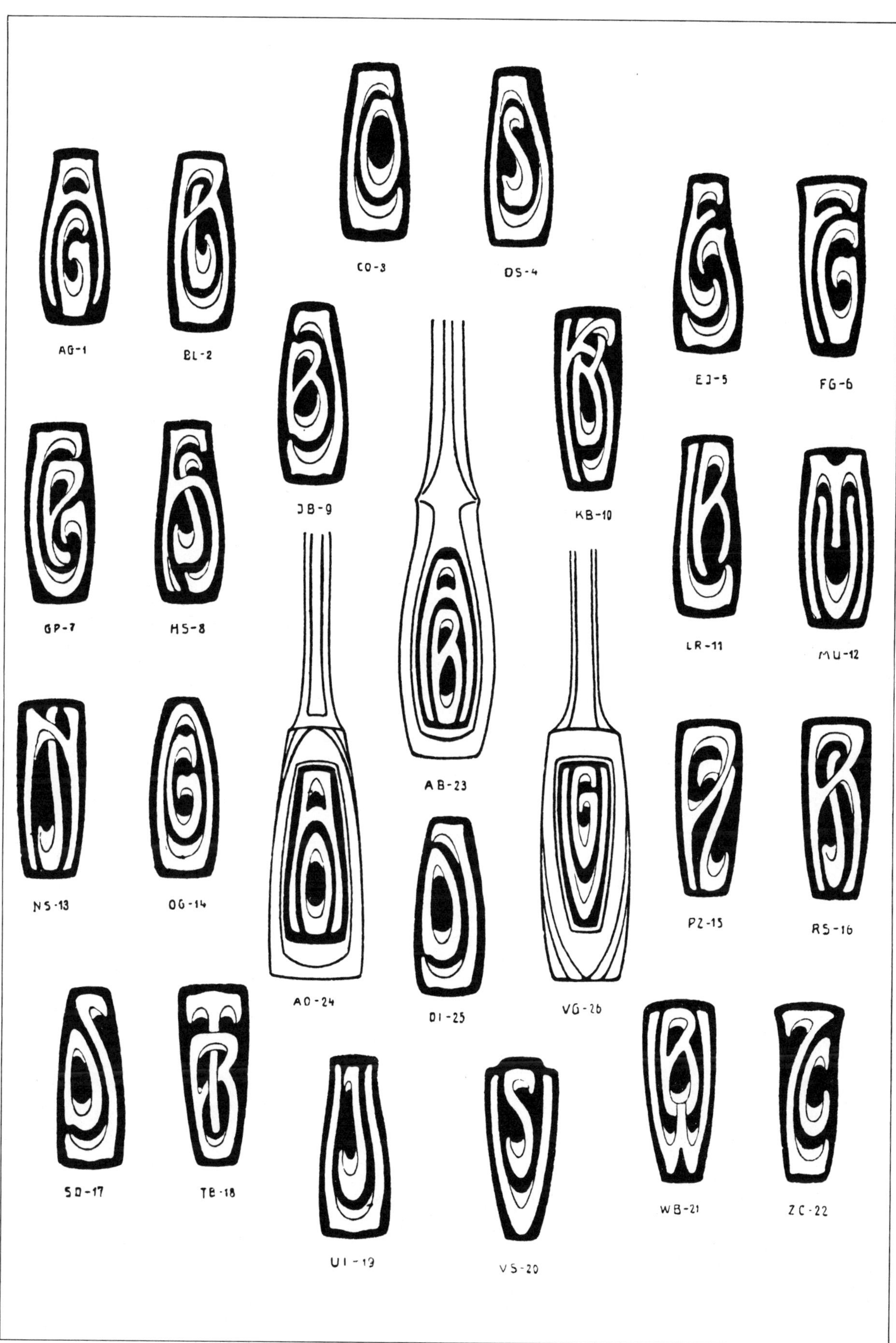

Plate 111. Embellished Art Nouveau Monograms

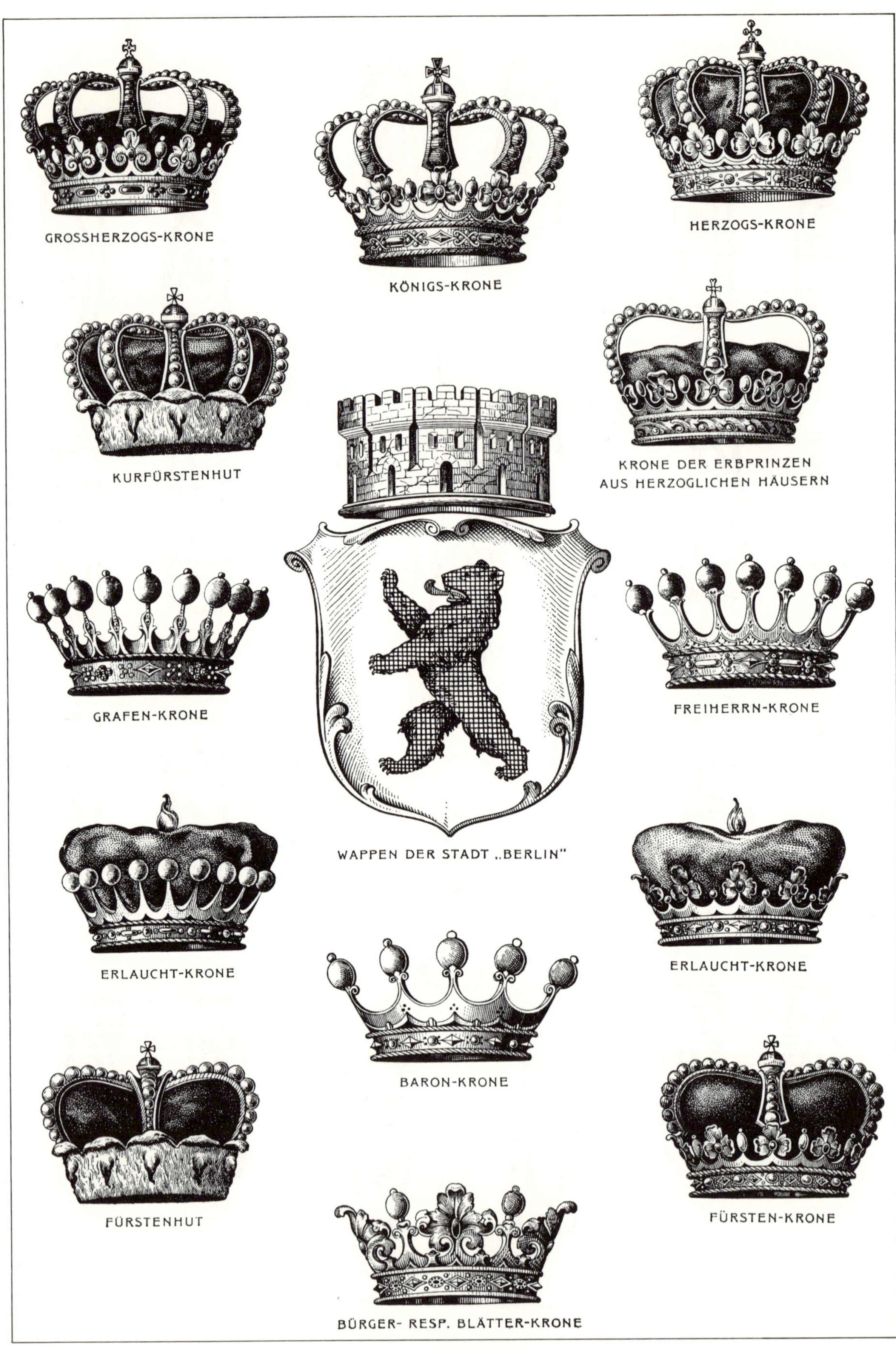

PLATE 112. German Crowns

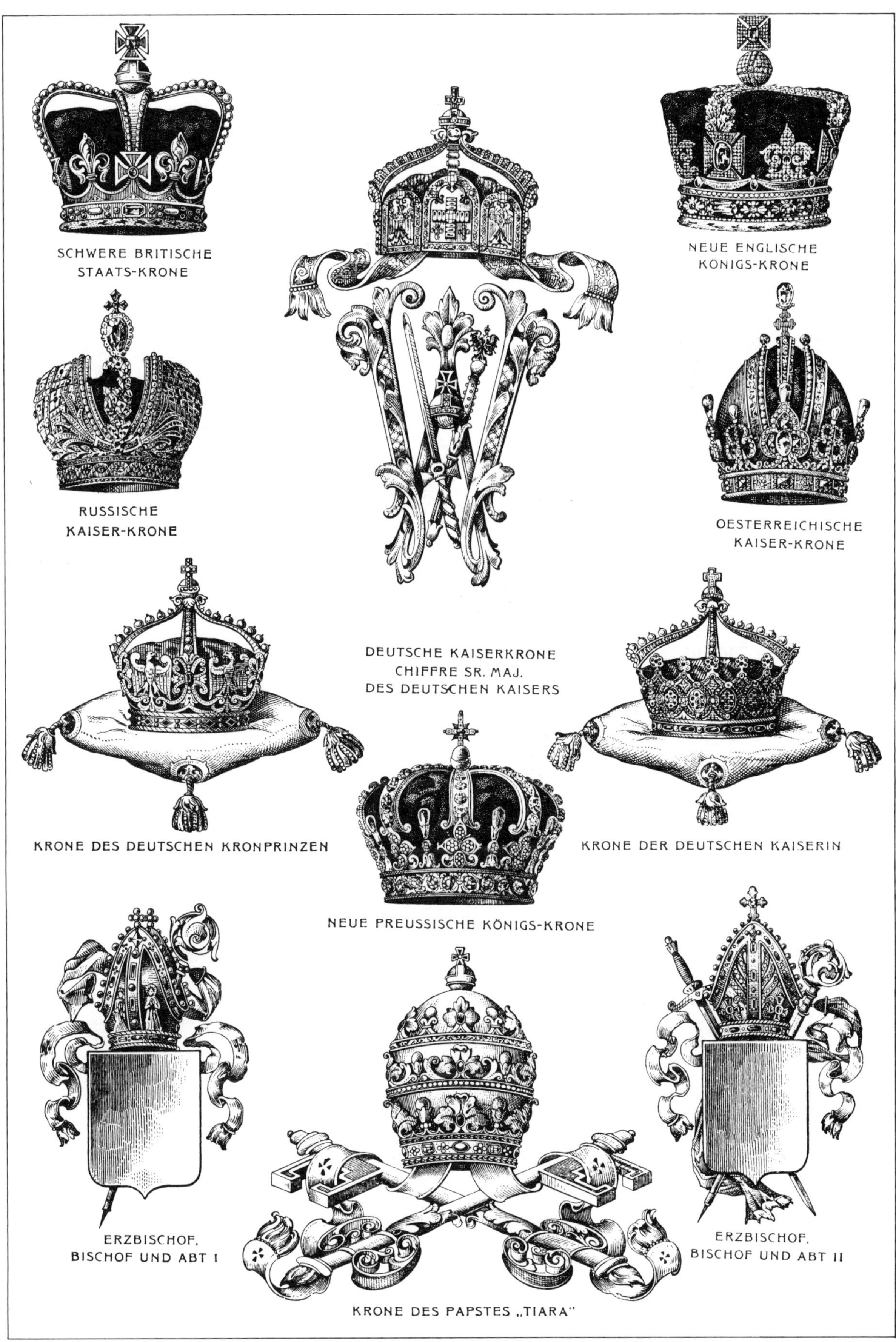

PLATE 113. German and European Crowns

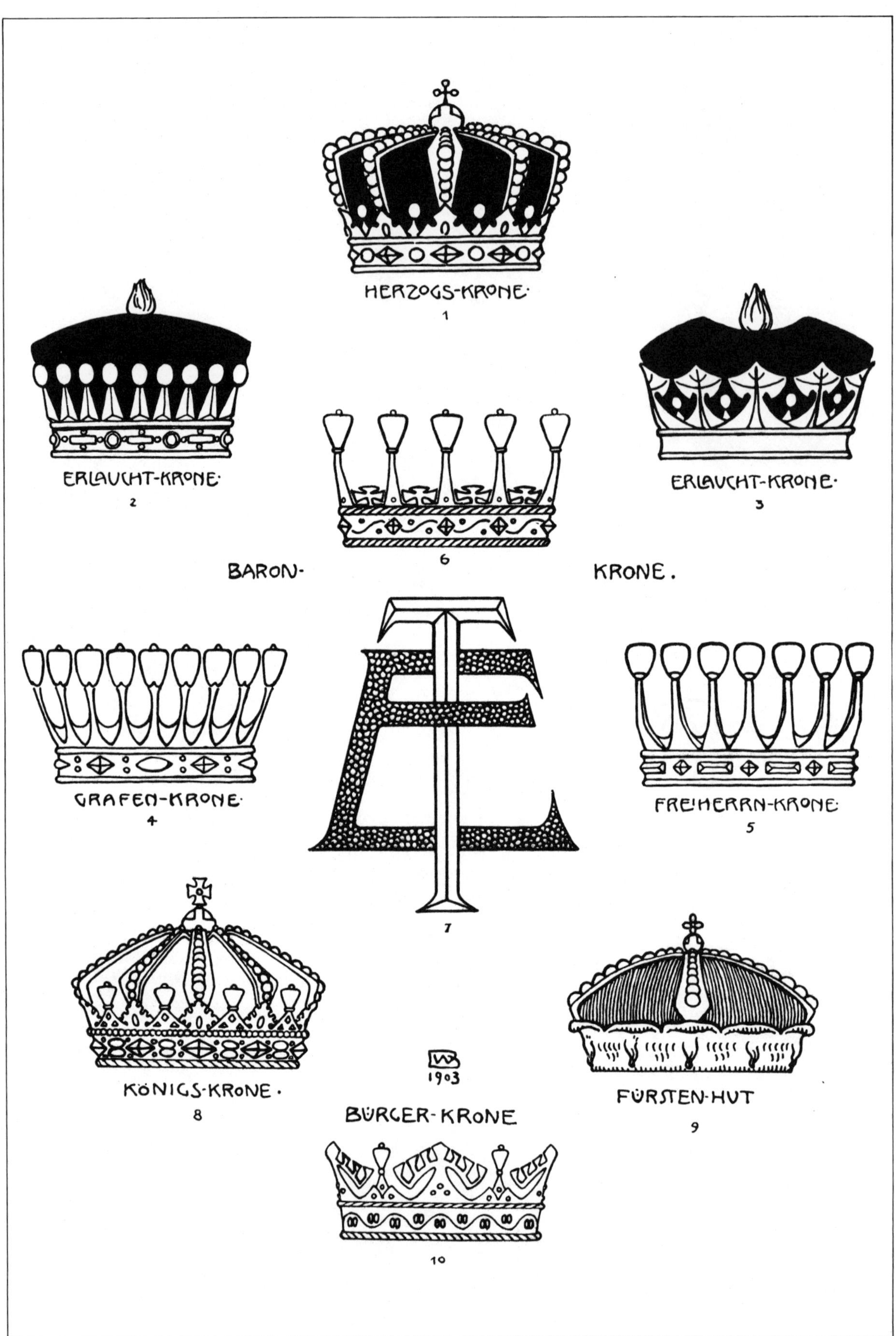

PLATE 114. German Crowns

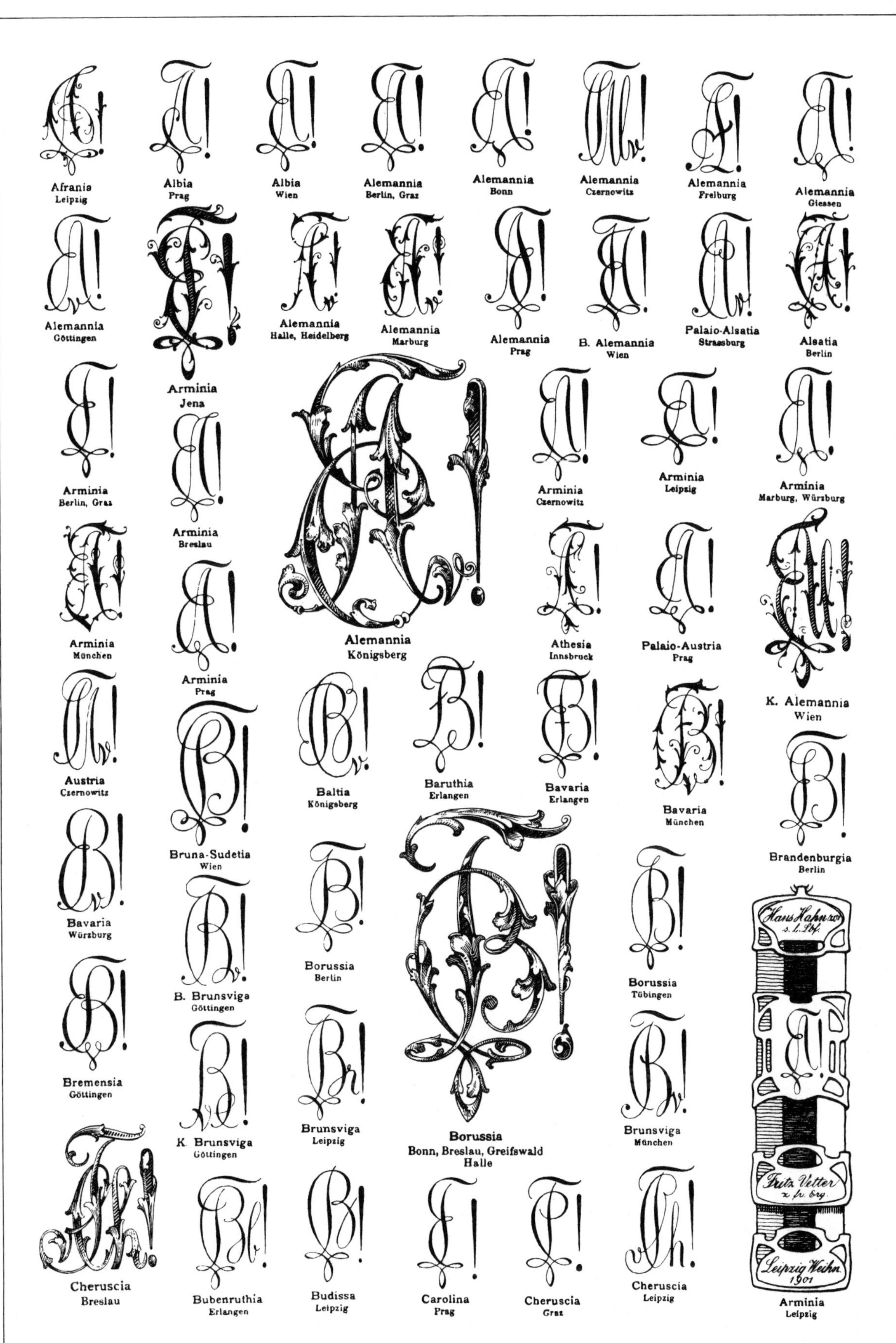

PLATE 115. Monograms of Student Societies in German Universities

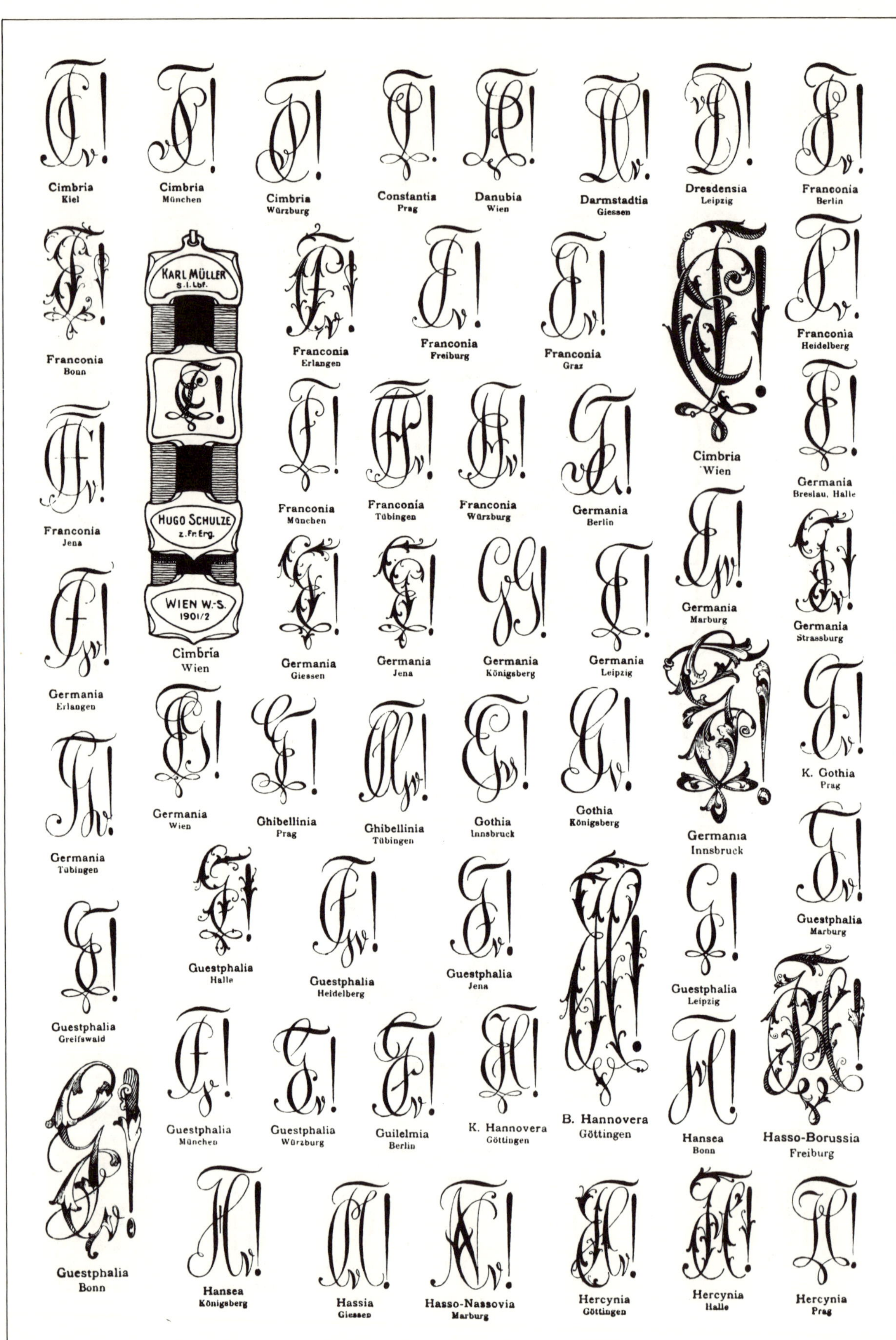

PLATE 116. Monograms of Student Societies in German Universities

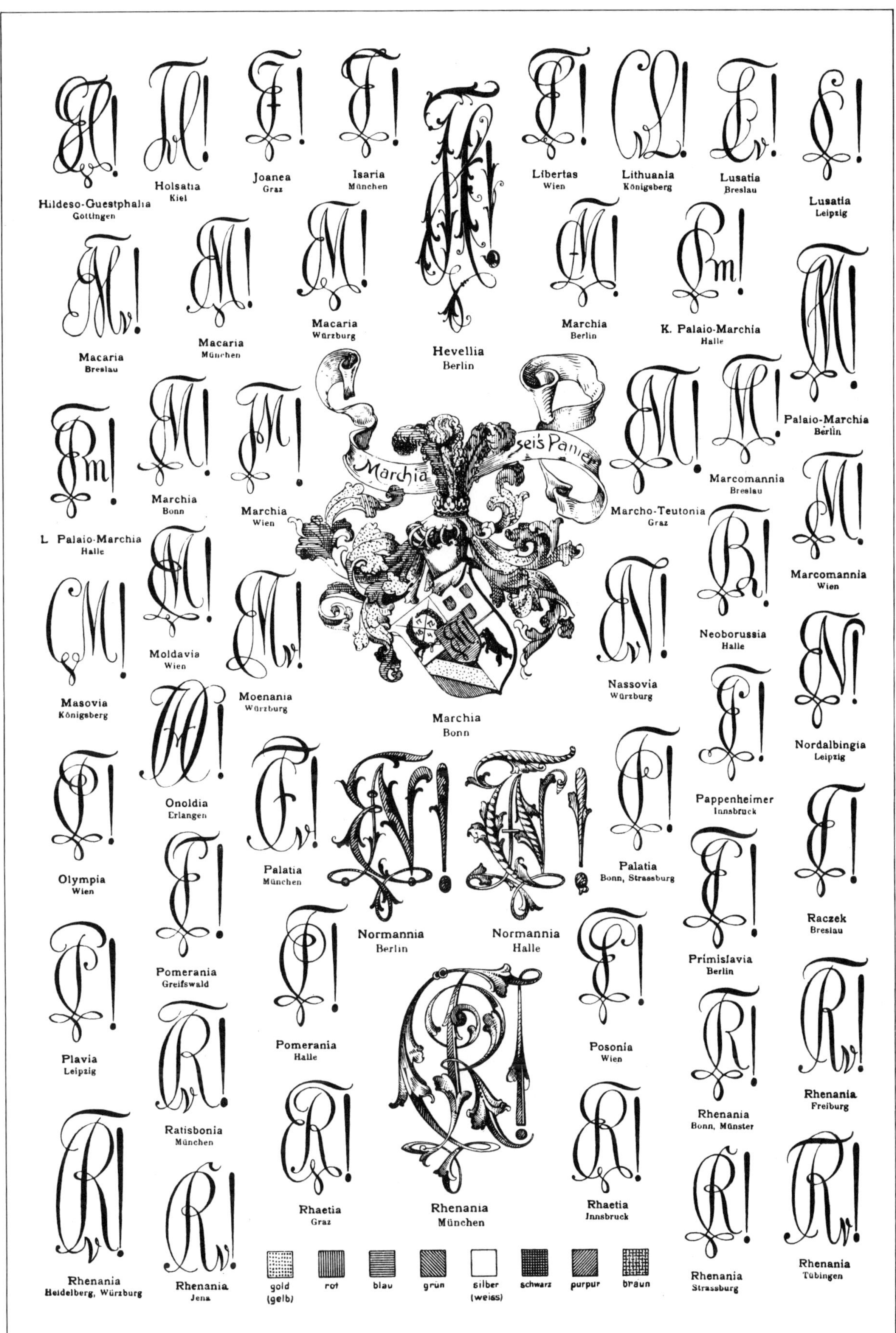

PLATE 117. Monograms of Student Societies in German Universities

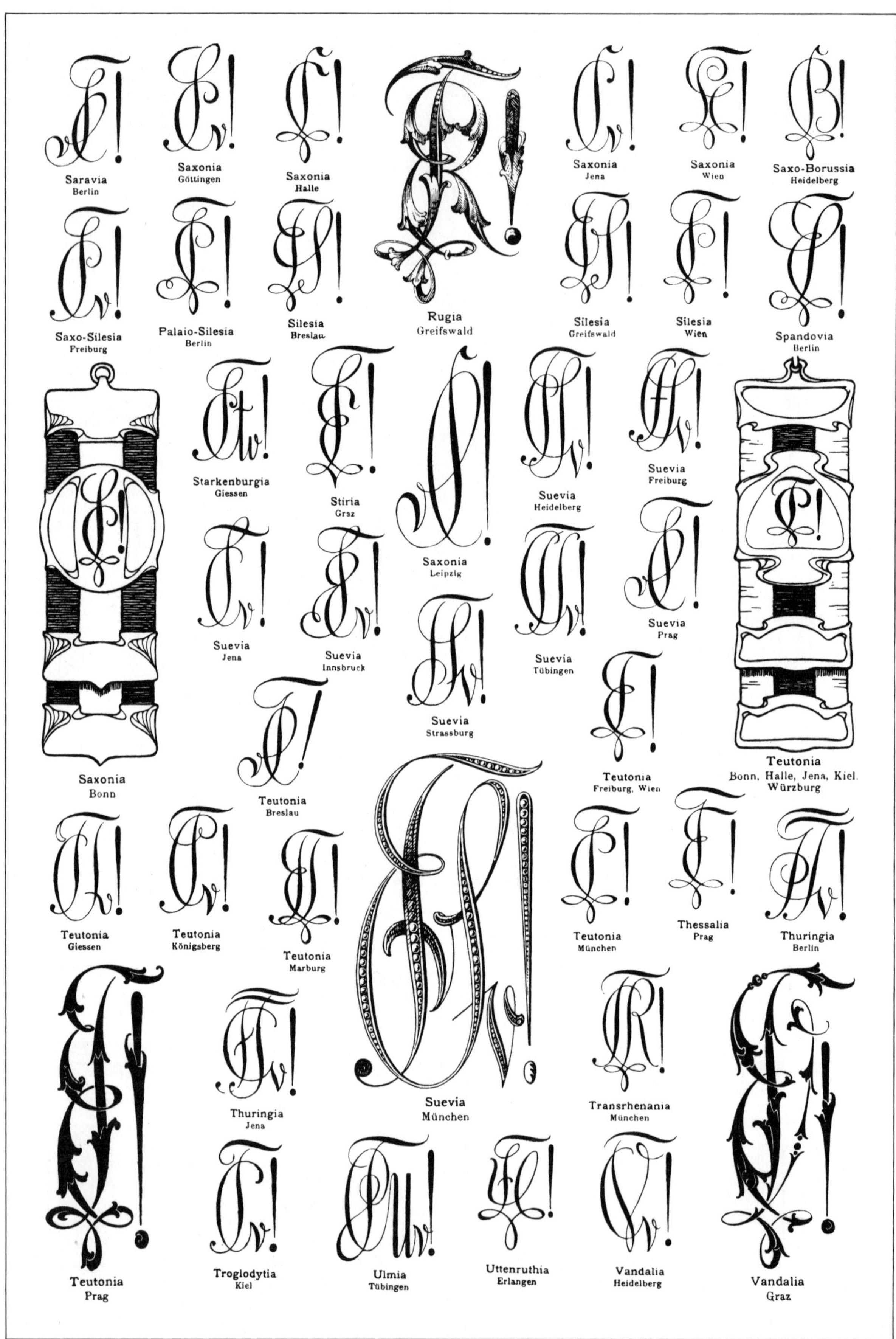

PLATE 118. Monograms of Student Societies in German Universities

*Die mit * bezeichneten Vorlagen entsprechen den vorhandenen Formen, die übrigen sind in freier Umbildung dargestellt.*

PLATE 119. Monograms of German Military Units

*Die mit * bezeichneten Vorlagen entsprechen den vorhandenen Formen, die übrigen sind in freier Umbildung dargestellt.*

PLATE 120. Monograms of German Military Units

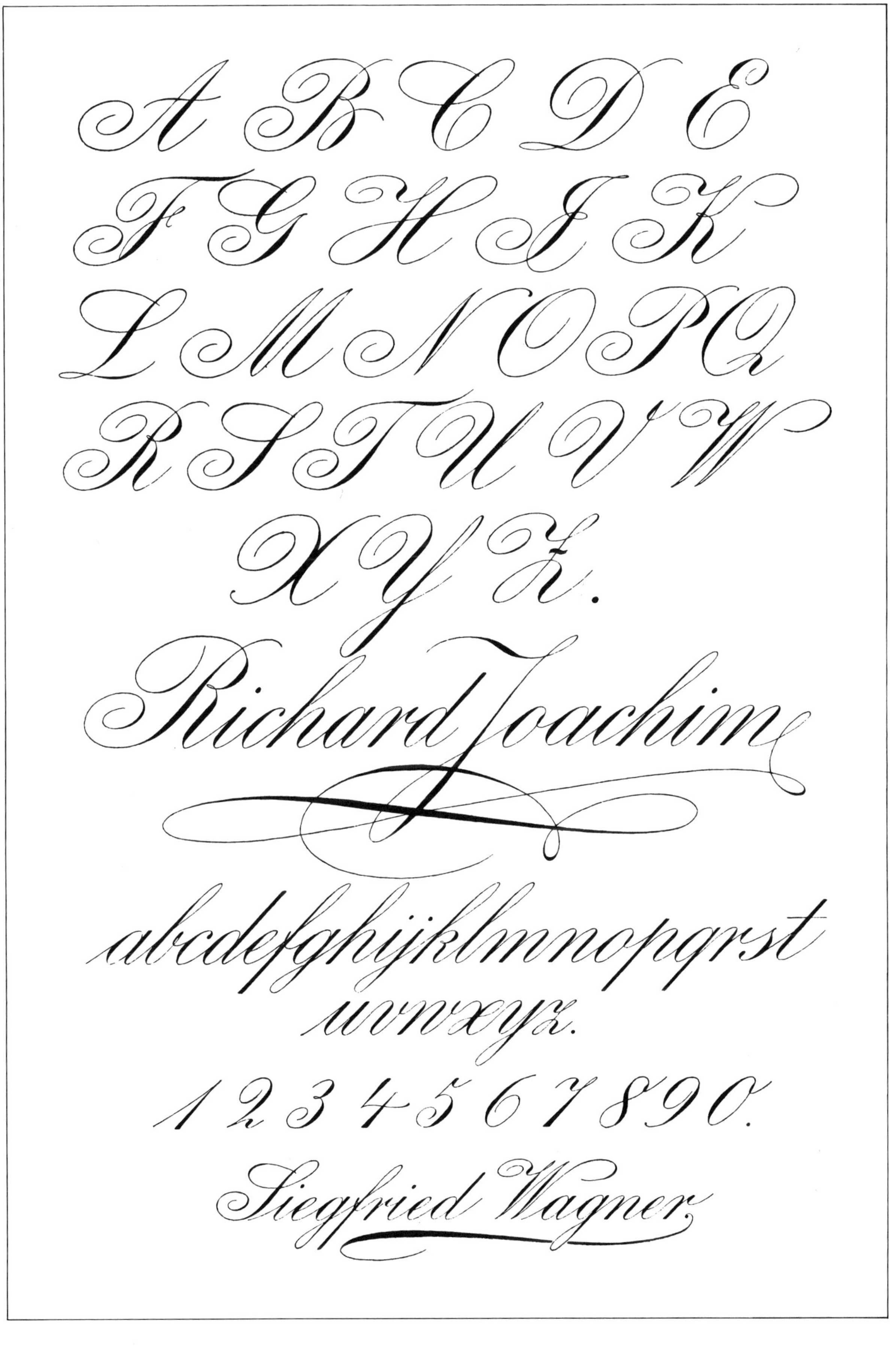

A B C D E
F G H I K
L M N O P Q
R S T U V W
X Y Z.

Richard Joachim

abcdefghijklmnopqrst
uvwxyz.

1 2 3 4 5 6 7 8 9 0.

Siegfried Wagner.

PLATE 121. Alphabets

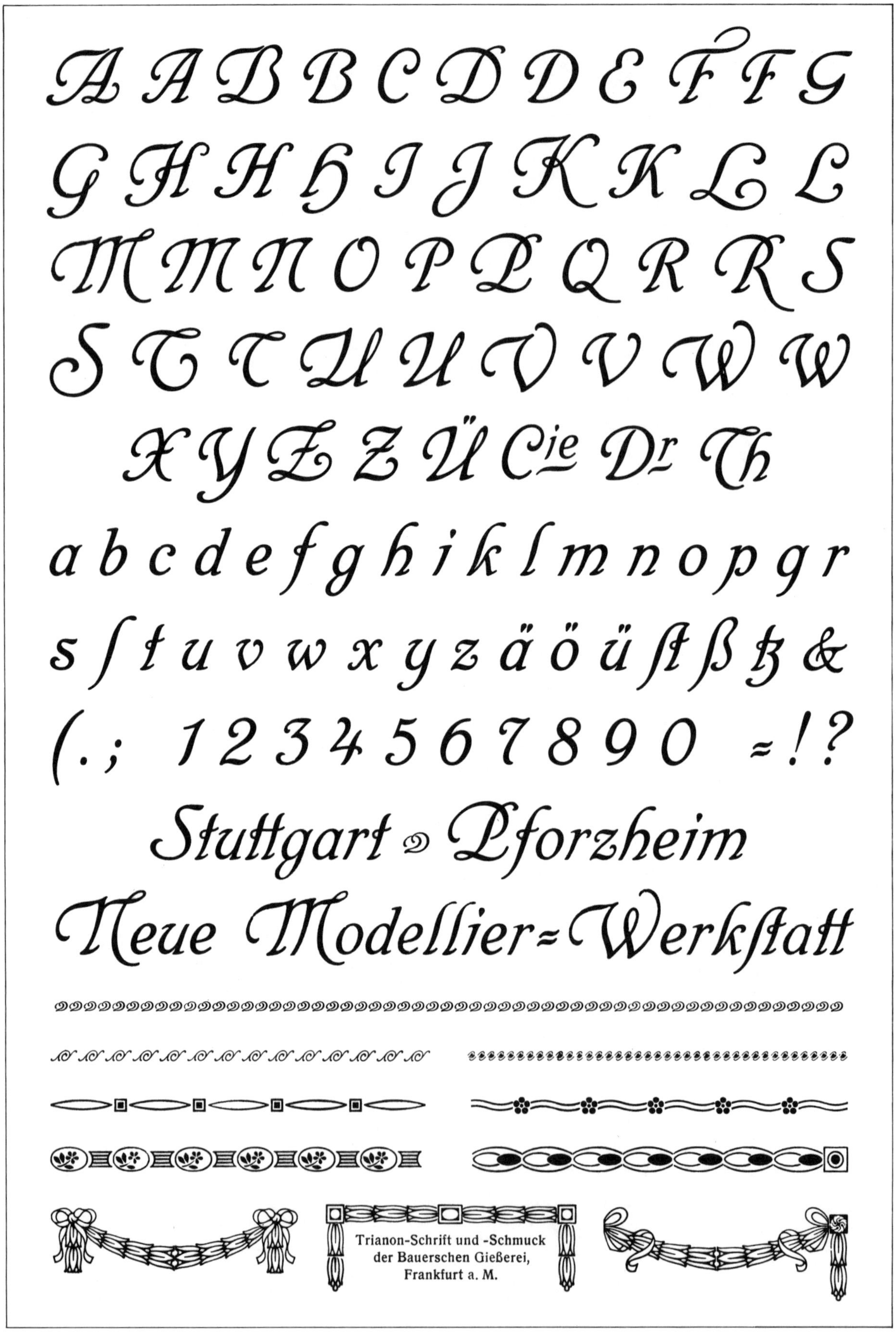

A A B B C D D E F F G

G H H H I J K K L L

M M N O P P Q R R S

S T T U U V V W W

X Y Z Z Ü Cie Dr Th

a b c d e f g h i k l m n o p q r

s ſ t u v w x y z ä ö ü ſt ß tz &

(.; 1 2 3 4 5 6 7 8 9 0 =!?

Stuttgart Pforzheim

Neue Modellier=Werkſtatt

Trianon-Schrift und -Schmuck
der Bauerschen Gießerei,
Frankfurt a. M.

PLATE 122. Alphabets

A B C D E F G H I J K L

M N O P Q R S T U V W

X Y Z 1 2 3 4 5 6 7 8 9 0

a b c d e f g h i j k l m n o p q r

s ſ t u v w x y z ä ö ü ff fl ch ck ß &

Chemnitz Leipzig Bremerhaven

A B C D E F G H

I J K L M N O P

Q R S T U V W X

Y Z Ä Ö Ü

Kunstgewerbeschule Weimar

Goethe Schiller Hauptmann

Rousseau: J. G. Schelter & Giesecke in Leipzig.

PLATE 123. Alphabets

A B C D E F G H J K L M N O P Q R S

T U V W X Y Z Ä Ä Ö Ö Ü Ü

a b c d e f g h i j k l m n o p q r ſ t u v w x y z

ä ä ö ö ü ü ſi ſſ ſt ß tz fi fl ff ck ch ll , . : ; = ! ?)

1 2 3 4 5 6 7 8 9 0

Zum Kongreß der deutſchen Kunſtgewerbevereine

Alte Fraktur: Genzsch & Heyse, Hamburg.

A B C D E F G H J K

L M N O P Q R S T U

(= : ; V W X Y Z Ü . , ! ?

a b c d e f g h i j k l m n o p q

r s ſ t u v w x y z ä ö ü fi fl ff

1 2 3 4 5 ſi ſſ ß tz 6 7 8 9 0

L. Petzendorfer

Initialen Monogramme

Mainzer Fraktur: H. Berthold, Berlin und Bauer & Co., Stuttgart.

A B C D E F G H I J K L

M N O P Q R S T T U V

1 2 3 4 5 W X Y Z 6 7 8 9 0

a b c d e f g h i j k l m n o p

q r s ſ t u v w x y z ʒ ch ck &

ä ö ü ß tz , . = : ; ? !)

Rundgotisch: J. G. Schelter & Giesecke, Leipzig.

A B C D E F G H I J K L

M N O P Q R S T U V W

1 2 3 4 5 X Y Z 6 7 8 9 0

a b c d e f g h i j k l m n o p r

ſ t u v w x y z ä ö ü tz ß ch ck

Bronze (= . : ; ? ! &] Platin

Offenbacher Schwabacher: Rudhardsche Gießerei (Karl und Wilh. Klingspor) in Offenbach a. M.

PLATE 125. Alphabets

A B C D D E E F G H I J K L
M M N N O P Q R S T U V W
X Y Z CH CK AU LA LO LT EI EN ER
EU & 1 2 3 4 5 6 7 8 9 0

A B C D E F G H I J K L M N O P Q R
12345 STUVWXYZ 67890
CH CK AU LA LO LT EI EN ER EU &
PFORZHEIM NOTA MASCHINE

A A B C D E E F G
H H I J J K L M M N
N O P Q R S T U V
W X Y Z & Ä Ö Ü
1 2 3 4 5 6 7 8 9 0

Moderne Grotesk und Lichte Murillo: J. G. Schelter & Giesecke in Leipzig.

A A B C D E E F F G H

H I J J K L M M N N O

P Q R S T U V W W X

1 2 3 4 5 Y Z Ö 6 7 8 9 0

a a b c d e e f g h h i j k l

m n n o p q r r r s t u v

w x y z ä ö ü ß (: ; , - ! ?

Murillo: J. G. Schelter & Giesecke, Leipzig.

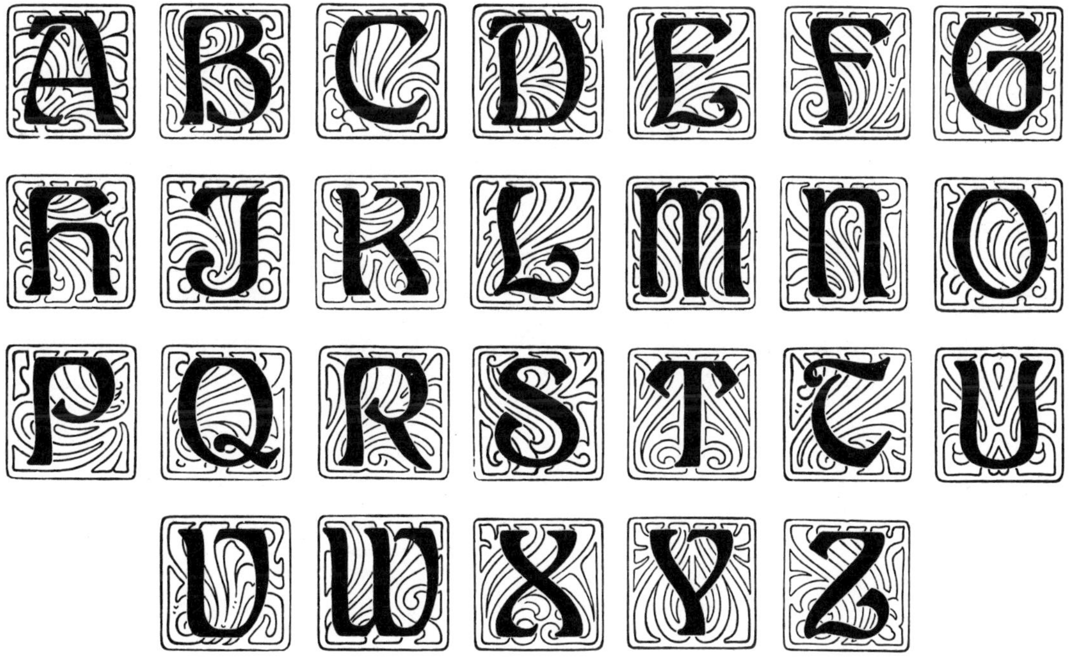

Wettin-Initialen: Gottfried Böttger, Paunsdorf-Leipzig.

A A B C D E F G H H I J K L M N O P Q

12345 RSSTUVWXYZ 67890

Cie ST TT LL FT LA LT Ä Ä Ö Ü &

abcdeefghijklmnopqrstuvwxyzäöü

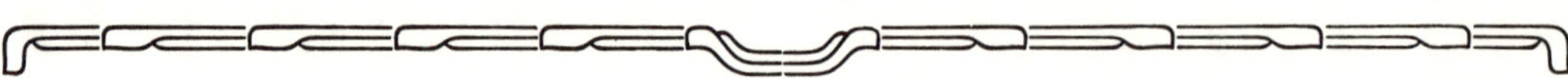

MONOGRAMME UND DEKORATIONEN

Gravier-Anstalt MAGDEBURG Zinkogravuren

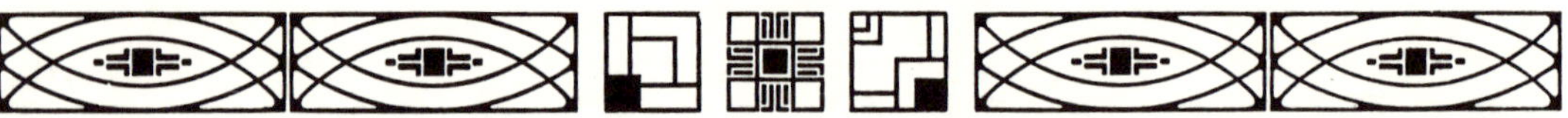

Sezession: H. Berthold A.-G., Berlin SW.

Chippendale-Bordüre und Empire-Kassetten, Mercedes-Einfassung: Wilhelm Woellmers Schriftgießerei, Berlin.

A A B C D E E F G H I J K L M N

N O P Q R S T T U V W X Y Z

1 2 3 4 5 6 7 8 9 0 & Ä Ö Ü

DIE WELT-AUSSTELLUNGEN

DRESDENER KUNSTVEREIN

Zierat und Zierschrift Edda: J. G. Schelter & Giesecke, Leipzig.

PLATE 128. Alphabets

ABCEHKMNRST&
abcdefghijklmnopq
12345 rstuvwz 67890
AU CH CK EI EN ER EU FT
LO LT PH § ST UE
DEUTSCHES LANDHAUS

Romanische Antiqua Schelter & Giesecke, Leipzig.

ABCDEFGHIJKLMN
OPQRSTUVWXYZ
abcdefghiklmnopqr
Brand stuvwxyz Tiegel
SÜDFRANKREICH
Neudecker Maschinenfabrik

Altromanische Antiqua: Schelter & Giesecke, Leipzig.

PLATE 129. Alphabets

A B C D E F G H I J K L M N
O P Q R S T U V W X Y Z Ö È Ê
a b c d e f g h i j k l m n o p q r s t u
v w x y z ä ö ü á â à ç æ & ' . , - ; : ! ?
1907 1 2 3 4 5 6 7 8 9 0 2365
Schmuck- und Mode-Almanach
Kunstanstalt für Medaillen
UNSERE KLEINPLASTIK

Grasset-Antiqua: Genzsch & Heyse, Hamburg.

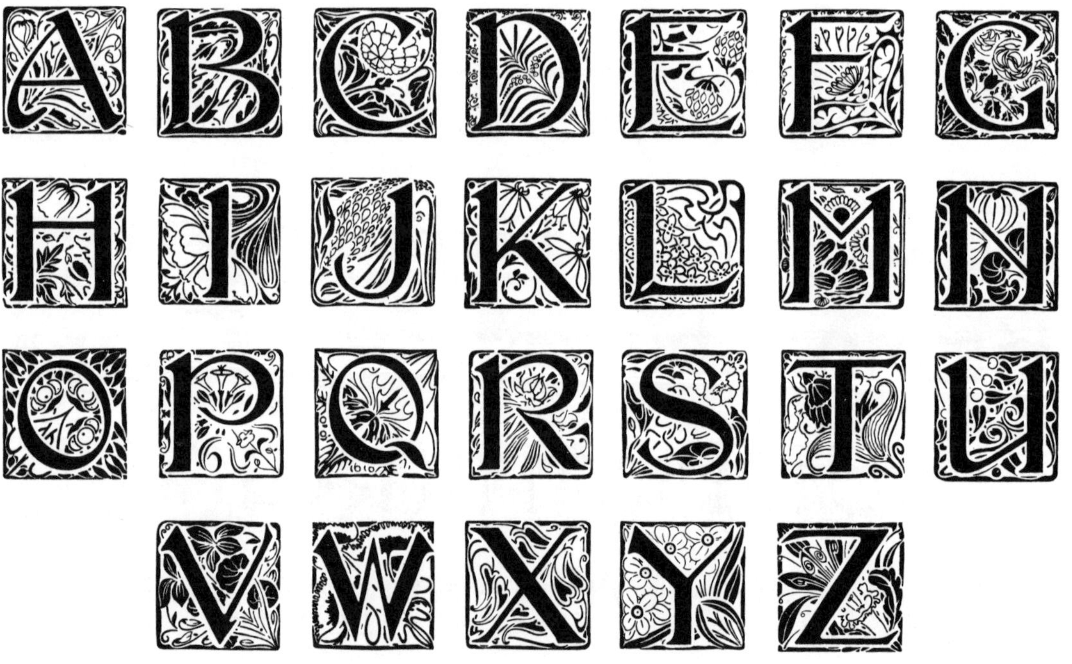

Grasset-Initialen: Genzsch & Heyse, Hamburg.

PLATE 130. Alphabets

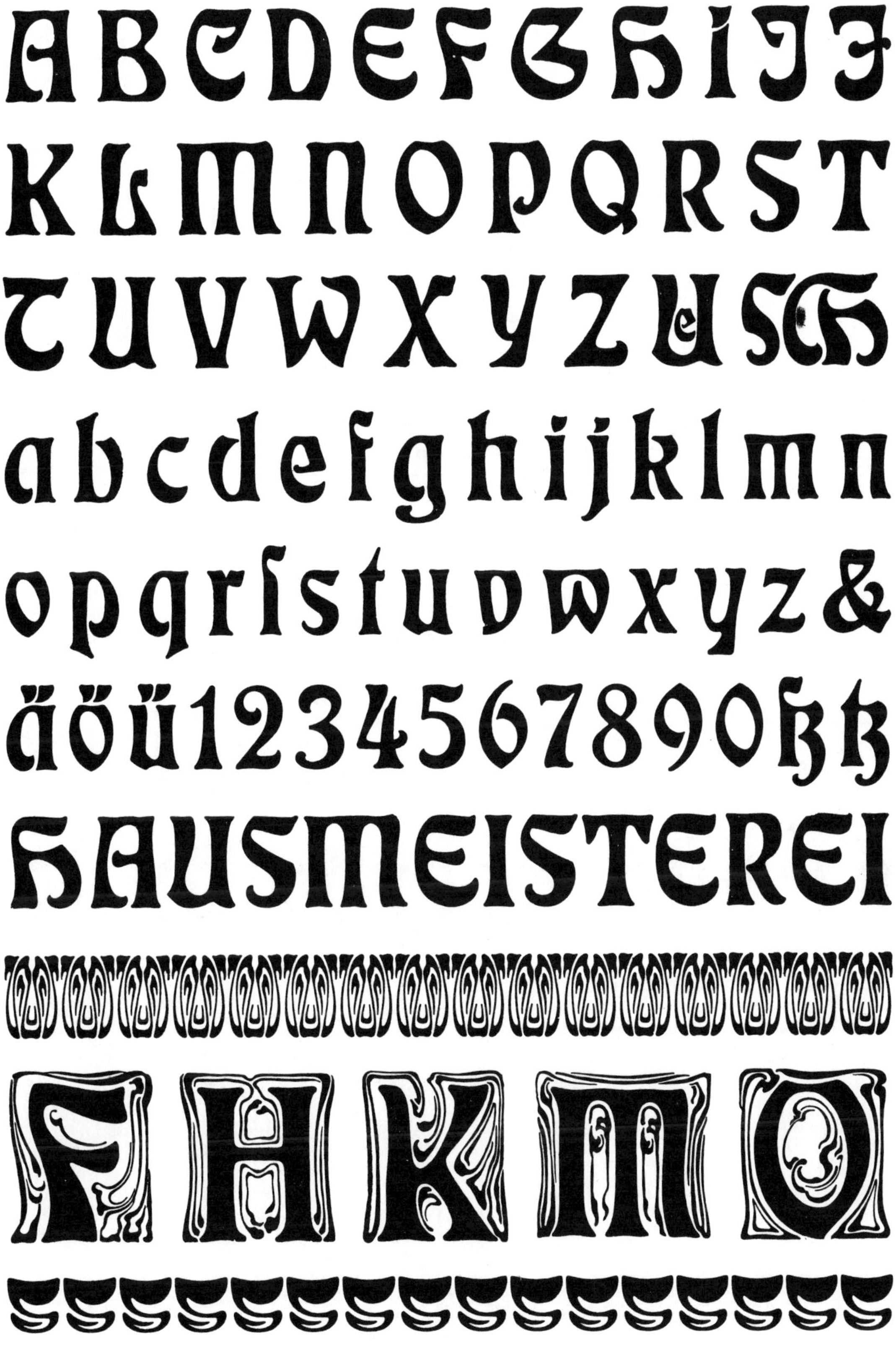

ABCDEFGHIJJ

KLMNOPQRST

TUVWXYZÜSCH

abcdefghijklmn

opqrſstuvwxyz&

äöü1234567890ßß

HAUSMEISTEREI

FHKMO

Eckmann-Schrift: Rudhard'sche Gießerei (Karl und Wilh. Klingspor) in Offenbach a. Main.

PLATE 131. Alphabets

A B C D E F G H I J K L

M N O P Q R S T U V W

X Y Z 1 2 3 4 5 6 7 8 9 0

a b c d e f g h i j k l m n

o p q r ſ s t u v w x y z

Æ Œ & ä ö ü ß tz ch ck

Kunſtgewerbeſchule

A C D E H K

Behrens-Schrift: Rudhard'sche Gießerei (Karl und Wilh. Klingspor) in Offenbach a. M.

A B C D E F G H I J K L M N O

P Q R S T U V W X Y Z Æ Œ Ç

1 2 3 4 5 6 7 8 9 0

a b c d e f g h i j k l m n o p q r ſ s t u v w

x y z ä ö ü æ œ ch ck ff fi fl ft ffi ffl ll ſi ſſ ſt ß

á é í ó ú à è ì ò ù â ê î ô û ë ï ç &

Michelangelo SCHILLER Raffael Dürer

Stella: Bauer'sche Schriftgiesserei in Frankfurt am Main.

A B C D E F G H I J K L M N

O P Q R S T U V W X Y Z &

1 2 3 4 5 Ä Ö Ü 6 7 8 9 0

a b c d e f g h i j k l m n o p q

r s ſ t u v w x y z ä ö ü â à é

ck ch ß tz - : ; ! ?)

Schriftenatlas für Graveure

Neudeutsch, geschnitten vom Kaiserl. Graveur Georg Schiller (C. F. Rühl, Leipzig).

PLATE 133. Alphabets

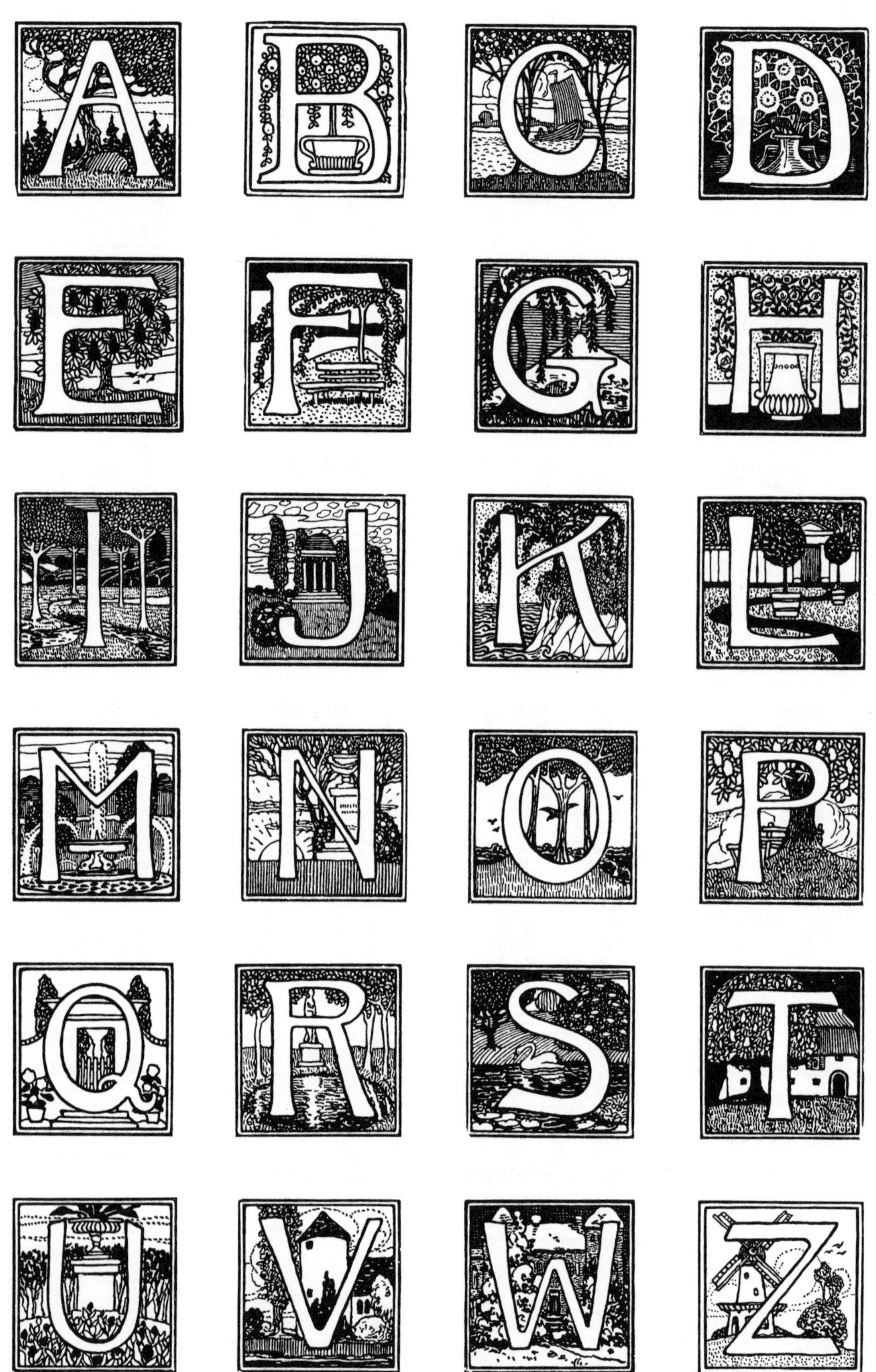

Vogeler-Initialen der Rudhard'schen Gießerei (Karl und Wilh. Klingspor) in Offenbach a. M.

Plate 134. Alphabets

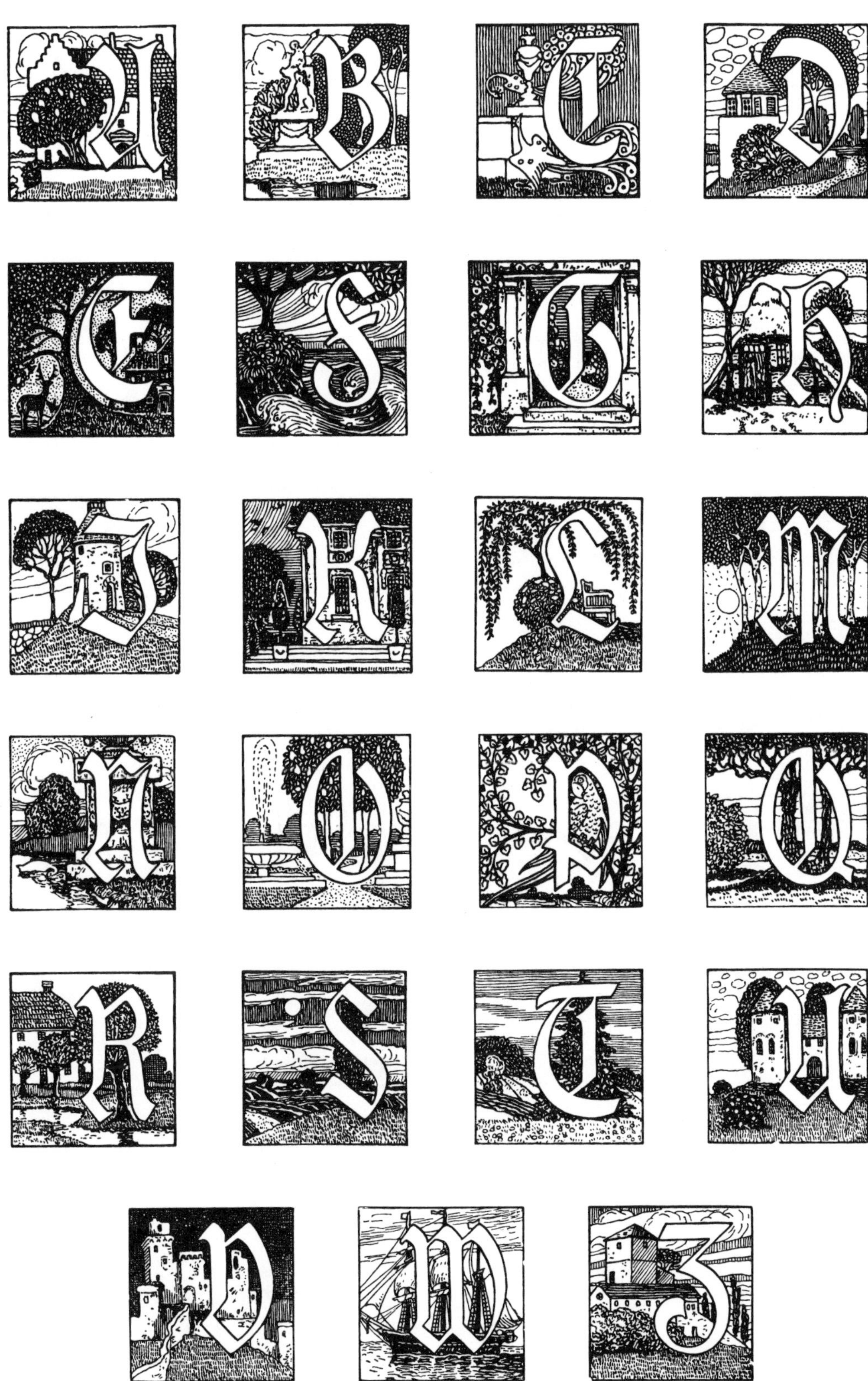

Vogeler-Initialen der Rudhard'schen Gießerei (Karl und Wilh. Klingspor) in Offenbach a. M.

А Б В Г Д Е Ж З И І

a b w ff ph g gh d e je ö o sh s i i

К Л М Н О П Р С Т

k ck l m n o a p r ss t

У Ф Х Ц Ч Ш Щ Ъ

u ph f ch chh ts tsch sch schtsch jerr

Ы Ь Ѣ Э Ю Я Ѳ Й

ui jher je ä é e ö ju iu ja ä f ji

1 2 3 4 5 6 7 8 9 0 №

а б в г д е ж з и і к л м

a b w ff ph g gh d e je ö o sh s i i k ck l m

н о п р с т у ф х ц ч ш

n o a p r ss t u ph f ch chh ts tsch sch

щ ъ ы ь ѣ э ю я ѳ й

schtsch jerr ui jher je ä é e ö ju iu ja ä f ji

Ст. Петербургъ.

St. Petersburg.

Halbfette Antike Russisch: Wilh. Woellmers Schriftgießerei, Berlin.

PLATE 136. Alphabets